JN413097

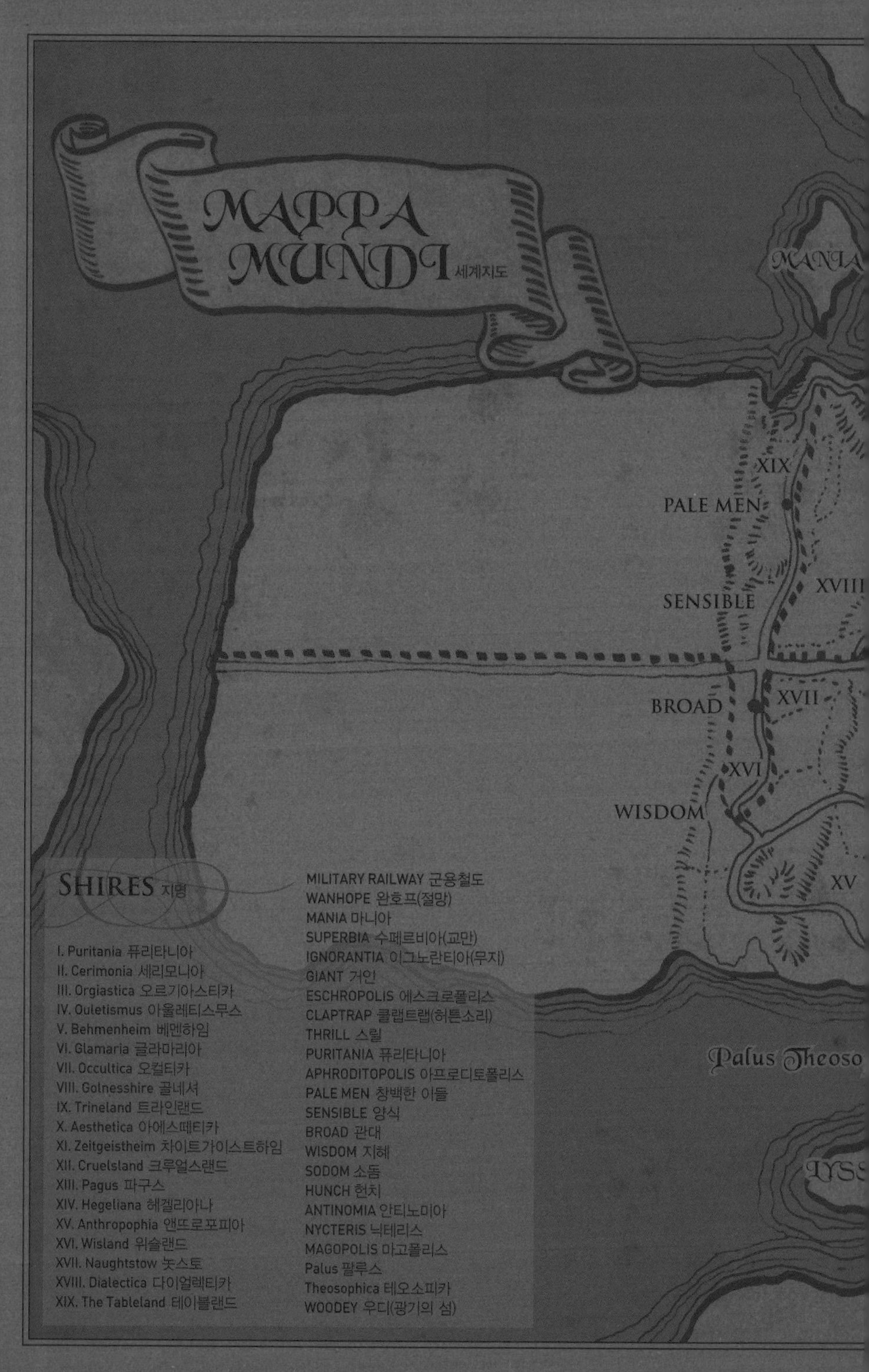
MAPPA MUNDI 세계지도
MANIA
XIX
PALE MEN
XVIII
SENSIBLE
BROAD
XVII
XVI
WISDOM
XV
Palus Theoso
SHIRES 지명
I. Puritania 퓨리타니아
II. Cerimonia 세리모니아
III. Orgiastica 오르기아스티카
IV. Ouletismus 아울레티스무스
V. Behmenheim 베멘하임
VI. Glamaria 글라마리아
VII. Occultica 오컬티카
VIII. Golnesshire 골네셔
IX. Trineland 트라인랜드
X. Aesthetica 아에스떼티카
XI. Zeitgeistheim 차이트가이스트하임
XII. Cruelsland 크루얼스랜드
XIII. Pagus 파구스
XIV. Hegeliana 헤겔리아나
XV. Anthropophia 앤뜨로포피아
XVI. Wisland 위슬랜드
XVII. Naughtstow 놋스토
XVIII. Dialectica 다이얼렉티카
XIX. The Tableland 테이블랜드
MILITARY RAILWAY 군용철도
WANHOPE 완호프(절망)
MANIA 마니아
SUPERBIA 수페르비아(교만)
IGNORANTIA 이그노란티아(무지)
GIANT 거인
ESCHROPOLIS 에스크로폴리스
CLAPTRAP 클랩트랩(허튼소리)
THRILL 스릴
PURITANIA 퓨리타니아
APHRODITOPOLIS 아프로디토폴리스
PALE MEN 창백한 이들
SENSIBLE 양식
BROAD 관대
WISDOM 지혜
SODOM 소돔
HUNCH 헌치
ANTINOMIA 안티노미아
NYCTERIS 닉테리스
MAGOPOLIS 마고폴리스
Palus 팔루스
Theosophica 테오소피카
WOODEY 우디(광기의 섬)

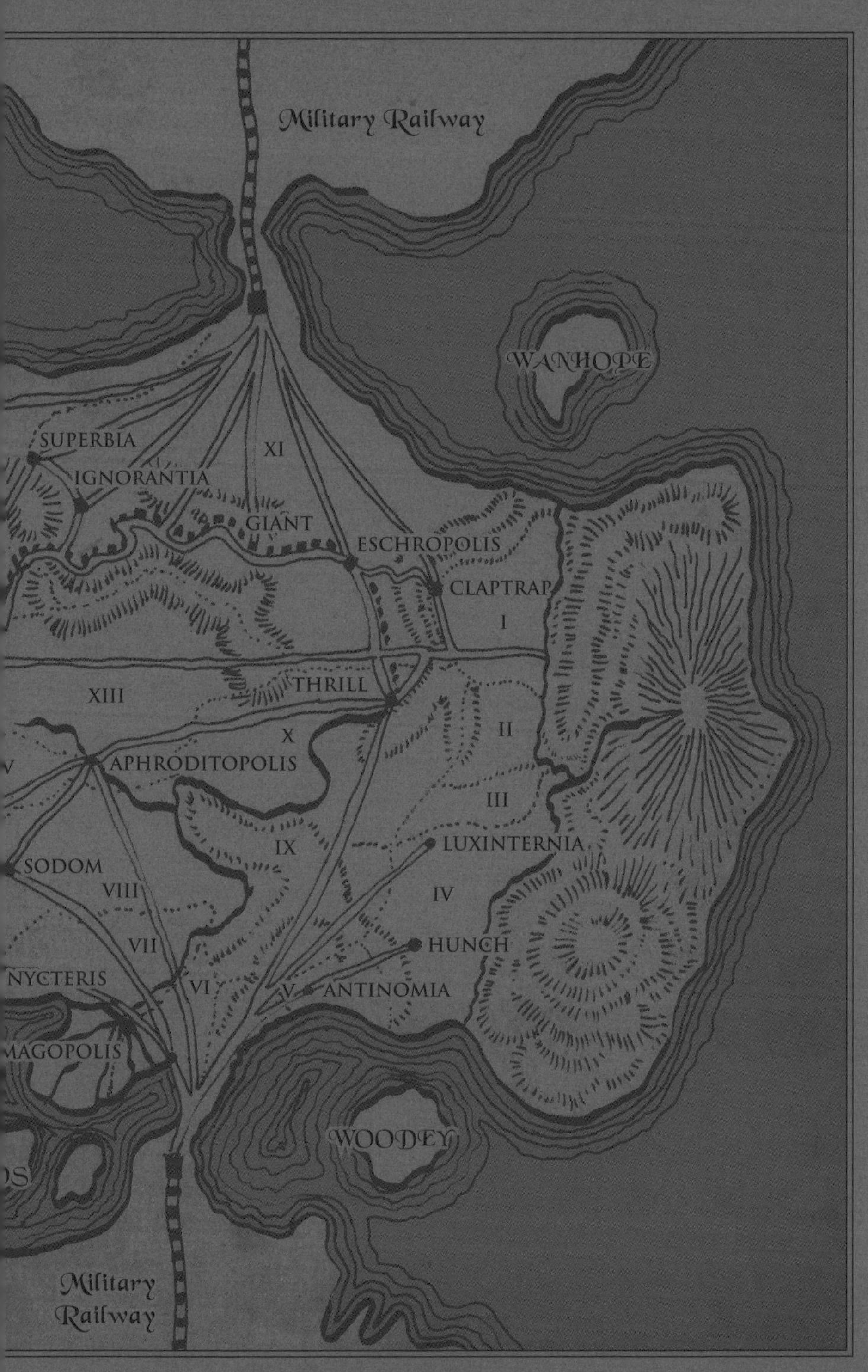
Military Railway
WANHOPE
SUPERBIA
IGNORANTIA
XI
GIANT
ESCHROPOLIS
CLAPTRAP
I
THRILL
XIII
X
II
APHRODITOPOLIS
III
IX
LUXINTERNIA
SODOM
VIII
IV
VII
HUNCH
NYCTERIS
VI
V
ANTINOMIA
MAGOPOLIS
WOODEY
Military
Railway

순례자의
귀향

믿음이란 한 알의 밀알이 땅에 떨어져 죽음으로 많은 열매를 맺음과 같이 진리의 열매를 위하여 스스로 죽는 것을 뜻합니다. 눈으로 볼 수는 없으나 영원히 살아 있는 진리와 목숨을 맞바꾸는 자들을 우리는 믿는 이라고 부릅니다. 「믿음의 글들」은 평생, 혹은 가장 귀한 순간에 진리를 위하여 죽거나 죽기를 결단하는 참 믿는 이들의, 참 믿는 이들을 위한, 참 믿음의 글들입니다.

순례자의 귀향

C. S. 루이스 지음
홍종락 옮김

홍성사.

• CONTENTS •

＊ 일러두기

본문 상단에 있는 짤막한 면주面註는 초판 출간 10년 후 저자가 독자들의 이해를 돕기 위해 달아 놓은 것입니다. 자세한 내용은 '저자의 말'을 참고하시기 바랍니다.

1권

인간 영혼에 심어진 것

모든 영혼이 이것을 추구하고, 이것을 얻으려고 모든 일을 한다.
이것이 존재한다는 사실은 어렴풋이 알지만 그 정체는 제대로 모르고
도달하는 길도 모른다. 다른 일들과 달리 이것에 대해서는
굳은 확신이 없다.

플라톤

인간의 영혼은 희미한 기억을 더듬어 참된 선善으로 돌아가려 한다.
하지만 술 취한 사람처럼 집으로 돌아가는 길을 모른다.

보에티우스

이성은 이것을 추구한다. 무엇인지 확실히 알지도 못하면서
이것에 대한 강렬한 갈망이 이성을 뒤흔든다. 그래서 이성은
다른 모든 기쁨과 즐거움을 제쳐 놓고,
짐작뿐인 이 갈망을 추구한다.

리처드 후커

1
규칙들

나는 한 소년이 나오는 꿈을 꾸었다. 퓨리타니아 땅에서 태어난 소년의 이름은 존이었다. 어느 화창한 아침, 걸을 수 있을 만큼 자란 존은 집의 정원에서 달려 나와 도로에 들어섰다. 도로 건너편에는 깊은 숲이 있었다. 울창한 숲은 아니지만 앵초와 푸른 이끼가 가득했다. 그곳을 바라본 존은 그처럼 아름다운 것은 본 적이 없다고 생각하며 후다닥 도로를 건너 숲속으로 들어갔다. 존이 바닥에 엎드려 앵초꽃을 한 움큼 뽑으려는 찰나, 어머니도 정원 문에서 뛰어나와 도로를 후다닥 건너오더니 존을 번쩍 들어 호되게 때렸다. 그러고 나서 다시는 숲속에 들어가면 안 된다고 말했다. 존은 울었을 뿐, 아무것도 묻지 않았다. 그는 아직 질문을 할 만한 나이가 아니었던 것이다. 그리고 한 해가 지났다. 또 다른 화창한 아침, 존은 작은 새총을 들고 정원으로 나갔다가 나뭇가지에 앉아 있는 새 한 마리를 보았다. 존이 새를 겨냥하고 쏘려는 찰나, 요리사가 정원에서 달려 나오더니 존을 번쩍 들어 호되게 때렸다. 그는 정원에 있는 새는 죽이면 안 된다고 말했다.

"왜요?"

"집사님이 무척 화가 나실 테니까."

"집사님이 누군데요?"

"이 주변 땅의 모든 규칙을 만드시는 분이다."

"왜요?"

"지주님이 그 일을 맡기셨거든."

"지주님은 누군데요?"

"모든 나라의 주인이시다."

"왜요?"

존이 그렇게 묻자, 요리사는 존의 어머니에게 가서 이야기를 했다. 존의 어머니는 자리를 잡고 앉아 오후 내내 존에게 지주님에 대해 말해 줬다. 하지만 존은 그 말을 하나도 이해할 수 없었다. 아직 그런 내용을 이해할 만한 나이가 아니었던 것이다. 그리고 한 해가 지난 어느 어둡고 춥고 습한 아침, 존은 새 옷을 입었다. 그때까지 입은 옷 중에서 가장 보기 흉했지만 그런 것은 존에게 상관이 없었다. 하지만 목이 조이고 겨드랑이가 꽉 끼는 것은 신경이 쓰였다. 온몸이 근질거렸다. 아버지와 어머니가 존을 데리고 길을 나섰는데 양쪽에서 그의 손을 잡았다.(불편할 뿐 아니라 불필요한 일이었다.) 집사님을 보러 간다고 했다. 집사는 도로변의 검은색 큰 돌집에 살았다. 아버지와 어머니가 집사와 이야기를 나누러 먼저 들어갔고, 복도에 혼자 남겨진 존은 바닥에 발이 닿지 않는 높은 의자에 앉아 기다렸다. 편하게 앉아 있을 만한 다른 의자도 있었지만, 아버지가 꼼짝 말고 앉아서 착하게 있지 않으면 집사님이 단단히 화내실 거라고 한 터라 존은 겁이 났다. 그래서 바닥에 발이 닿지 않는 높은 의자에서 꼼짝도 하지 않았다. 옷 때문에 온몸이 근질거려 눈이 튀어나올 지경이었다. 아주 오랜 시간이 지난 후 부모님이 나왔는데 의사의 진찰을 받고 온 사람처럼 표정이 심각했다. 부모님은 존에게 들어가서 집사님을 만나야 한다고 했다. 존이 방으로 들어가 보니 얼굴이 불그레하고 둥근 노인이 있었다. 노인이 아주 친절하고 농담도 많이 해서 존은 두려움이 점차 없어졌다. 두 사람은 낚시도구와 자전거에 대해 즐겁게 이야기를 나누었다. 그렇게 대화가 한창 무르익었을 때, 집사가 일어나서 목청을 가다듬었다. 그다음, 긴 수염이 달린 가면을 벽에서 내리더니 갑자기 얼굴에 썼다. 그러자 그의 모습은 무시무시해졌다. 집사가 말했다. "이제 지주님에 대해 말해 주마. 지주님은 온 땅의 주인이시고 너무너무 친절하게도 우리를 이곳에 살게 해주셨어. 너무너무 친절한 일이지." 그가 '너무 친절한'이라는 말을 노래하는 듯한 괴상한 목소리로 하도 길게 발음해서 존은 웃음이 나오려고 했지만 금세 다시 무서워졌다. 집사는 못에 걸려 있던 큰 카드를 하나 내렸는데 거기엔 작은 글자가 빽빽하게 적혀 있었다. "지주님이 금지하신 모든 일의 목록이다. 받아 보거라." 존은 카드를 받았다. 규칙 중 절반은 존이 들어 보지도 못한 일들이었고, 나머지 절반은 그가 매일 하는 일이며, 안 하는 것이 상상되지 않는 일들을 금지하고 있었다. 규칙의 수가 얼마나 많은지 내용을 일일이 다 기억할 수도 없을 것 같았다. 집사가 말했다. "벌써 어긴 규칙이 있는 건 아니겠지?" 존의 심장이 요동쳤다. 눈이 점점 커지고 어찌할 바를 모르고 있는데 집사가 갑자기 가면을 벗더니 맨얼굴로 존을 보고 말했다. "얘야, 거짓말이 상책이야. 거짓말이 상책이라고. 모든 사람에게 가장 쉬운 길이야." 그러고는 금세 다시 가면을 썼다. 존은 침을 꿀꺽 삼키고 재빨리 말했다. "아닙니다." 집사가 가면 쓴 얼굴로 말했다. "그래야지. 네가 그 규칙 중 하나라도 어기고 지주님이 그 사실을 아신다면 그분이 네게 어떻게 하실지 너도 알 테니 말이다." 존이 말했다. "아뇨, 모릅니다." 가면의 눈구멍 사이로 집사의 눈이 무섭게 번득였다. "지주님은 널 데려다가 바다가재만큼 큰 전갈들과 뱀들이 우글대는 검은 구덩이에 가둬 놓으실 거다. 영원히. 하지만 지주님은 너무나 친절하고 좋은 분이시지. 너무너무 친절하고 좋은 분이라, 그런 분의 마음을 불쾌하게 하고 싶은 생각은 없을 거라 믿는다." 존이 말했다. "예, 없습니다. 하지만, 저, 혹시……." "말해 보거라" 하고 집사가 말했다. "혹시 제가 규칙 하나, 그러니까 작은 규칙 하나를 우연히 어긴다면요. 그 뱀들과 가재들을 막을 수 있는 방법은 없나요?" 집사는 "아!……"라고 말하고는 자리에 앉아 오랫동안 이야기를 했는데 존은 단 한 마디도 이해할 수 없었다. 집사는 말을 마무리하면서 지주님은 소작인들에게 놀라울 정도로 친절하시고 잘 대해 주시지만 사소한 이유만 생겨도 당장 그들 대다수를 고문해 죽이실 게 분명하다고 했다. "그래도 그분을 탓하면 안 돼. 결국 이곳은 그분의 땅이거든. 우리를 이곳에 살게 해주셨으니 얼마나 좋은 분이냐. 우리 같은 사람들을 말이야." 그 다음, 집사는 가면을 벗고 다시 존과 즐겁고 재치 있는 잡담을 나눈 후, 존에게 빵을 하나 건네고 아버지와 어머니가 기다리는 밖으로 데리고 나갔다. 그들이 막 떠나려는 참에 집사가 허리를 굽혀 존의 귀에 대고 이렇게 속삭였다. "내가 너라면 규칙에 그리 신경 쓰지 않을 거다." 그러면서 동시에 수많은 규칙이 적힌 카드를 존의 손에 쥐여 주며 가져가라고 했다.

2
섬

다시 몇 날 몇 주가 지났다. 꿈속의 존은 온갖 규칙과 뱀이 가득한 검은 구덩이 생각 때문에 밤이고 낮이고 마음이 편하지 않았다. 처음에는 모든 규칙을 지켜 보려고 힘껏 노력했지만, 잠자리에 들 무렵 돌아보면 늘 지킨 것보다 어긴 것이 훨씬 많았다. 선하고 친절한 지주님의 끔찍한 고문 생각이 너무나 큰 부담으로 그를 짓눌러, 다음 날 그는 될 대로 되라는 심정으로 어길 수 있는 규칙은 다 어겼다. 너무나 이상하게도, 그렇게 하니 한동안 마음이 편해졌다. 그러나 며칠 후 두려움이 다시 찾아왔는데, 그동안 어긴 끔찍하게 많은 규칙 때문에 두려움은 이전보다 훨씬 심했다.

침실에 규칙 카드를 걸어 놓은 지 이삼 일 후 존은 새로운 사실을 발견했는데, 그것 또한 정말 이해하기 어려웠다. 카드 반대쪽에 상당히 다른 규칙들이 적혀 있었던 것이다. 규칙이 너무 많아 한 번에 다 읽은 적은 없지만 늘 새로운 규칙이 눈에 들어왔다. 카드 앞면의 규칙들과 상당히 유사한 것들도 있었지만 대부분은 정반대였다. 카드 앞면은 얼마나 많은 규칙을 어겼는지 늘 자신을 점검해야 한다고 말하는데, 카드 뒷면은 이렇게 시작되었다.

규칙 1. 잠자리에 드는 순간
모든 규칙을 머리에서 떨쳐 버려라.

앞면에는 어떤 일에 대한 규칙이 무엇인지 조금만 의심스러워도 어른에게 가서 물어보라고 되어 있지만, 뒷면은 이랬다.

규칙 2. 어른들이 보지 않았거든
입 다물고 있어라. 아니면 후회하게 될 테니.

그런 게 한두 개가 아니었다. 꿈속의 어느 날 아침, 존은 바깥 길에서 놀면서 시름을 잊어 보려 했지만 규칙들이 자꾸만 머리에 떠올라 제대로 놀지 못했다. 하지만 조금씩 발걸음을 떼다 보니 어느덧 집에서 아주 멀리 떨어져 처음 보는 곳에 와 있었다. 그때, 뒤쪽 어딘가에서 악기 소리가 들렸다. 아주 듣기 좋고 짧은 소리였다. 현악기의 줄을 한 번 튕긴 소리, 또는 종을 한 번 친 것 같은 소리였다. 그 후, 크고 낭랑한 목소리가 들렸다. 매우 높고 낯선 소리여서 아주 멀리

서, 별보다 더 먼 곳에서 들려오는 것 같았다. 목소리는 이렇게 말했다. '오너라.' 존이 주위를 둘러보니 도로변에 돌담이 하나 있었다. 거기에 창(정원 담장에서는 그런 것을 본 적이 없었다)이 하나 나 있었다. 창에는 유리도 창살도 없었다. 담장에 뚫린 네모반듯한 구멍이 전부였다. 창을 통해 앵초가 가득한 푸른 숲이 보였다. 그러자 아주 오래전, 앵초를 따러 다른 숲으로 들어갔던 일이 문득 떠올랐다. 너무 오래 전 일이라 기억하는 순간에도 아득하게 느껴졌다. 존이 그 기억을 붙잡으려 애쓰는 동안, 숲 너머에서 달콤함과 아픔이 밀려왔다. 그 느낌이 너무 강렬해 존은 아버지 집도, 어머니도, 지주에 대한 두려움도, 규칙들이 주던 부담도 한순간에 잊어버렸다. 정신의 기능이 모두 멈추었다. 잠시 후 존은 자기도 모르는 사이 흐느끼고 있었고, 해는 구름에 가려 보이지 않았다. 존은 자신에게 무슨 일이 벌어진 것인지 알 수 없었다. 이 숲에서 벌어진 일인지, 다른 숲에서 벌어진 어릴 때의 일인지조차도 확신할 수 없었다. 멀리 숲 끝자락에 걸려 있던 안개가 잠시 벌어지는 듯하더니 그 틈새로 잔잔한 바다가 보였다. 바다 한가운데 섬이 있었는데, 부드러운 잔디가 내리막을 이루며 만까지 죽 이어져 있었다. 잡목 숲 사이로 신처럼 지혜롭고 짐승처럼 자의식이 없는, 창백한 피부에 가슴이 작은 산요정들과 수염이 발까지 내려오는 키 큰 마법사들이 숲속 푸른 의자에 앉아 있는 게 보였다. 그러나 이런 것들을 머릿속에 그리면서도 마음 한편에서는 이것들이 그가 본 것들과 다르며, 자신에게 닥친 일은 뭔가를 본 것이 아니었음을 알았다. 하지만 존은 너무 어려서 무엇이 어떻게 다른지 알 수 없었고, 그 무한한 달콤함이 사라지고 나자 텅 빈 듯한 공허함이 너무 커서 무엇이든 그것이 남긴 것을 그러쥐고 싶어졌다. 그러나 숲 속으로 들어갈 마음은 아직 없었다. 얼마 후 그는 집으로 발길을 돌렸고, 흥분과 서글픔을 느끼며 수없이 되뇌었다. "이제 내가 뭘 원하는지 알겠어." 처음 그 말을 할 때만 해도 꼭 그런 건 아니라고 알고 있었지만, 잠자리에 들 무렵에는 어느덧 그 말을 믿고 있었다.

3
동쪽 산

존에게는 평판이 안 좋은 나이 든 외삼촌이 있었다. 그는 존의 아버지 농장 옆에 있는 보잘것없는 작은 농장의 소작인이었다. 어느 날 존이 정원에 있다가 들어와 보니 집안이 어수선했다. 외삼촌은 얼굴이 잿빛이 되어 앉아 있었고 어머니는 울고 있었다. 아버지도 침통한 얼굴로 꼼짝 않고 앉아 있었다. 그리고 그 가운데에 가면을 쓴 집사가 있었다. 존은 어머니 쪽으로 슬그머니 돌아가 무슨 일이냐고 물었다.

"가엾은 조지 외삼촌이 해지 통고를 받으셨단다."

"왜요?" 존이 물었다.

"소작 기간이 끝났어. 지주님께서 외삼촌에게 해지 통고를 보내셨단다."

"소작 기간이 얼마나 되는지 모르셨어요?"

"그래, 우린 정말 몰랐다. 여러 해 더 남은 줄 알았어. 지주님께서 이렇게 급작스럽게 통고를 보내 외삼촌을 내보내실 줄은 전혀 몰랐다."

집사가 끼어들었다. "아, 하지만 이건 통고가 필요한 일이 아닙니다. 아시다시피 지주님은 원하실 때면 언제나, 누구든 내보낼 권리를 갖고 계십니다. 우리를 이곳에 머물게 해주시는 은혜가 그저 고마울 따름이지요."

"아무렴요, 아무렴요." 어머니가 말했다.

"그야 두말할 것도 없지요." 아버지가 말했다.

조지 외삼촌이 말했다. "불평하는 게 아닙니다. 하지만 이건 너무 힘들군요."

집사가 말했다. "천만의 말씀입니다. 당신은 그저 성으로 가셔서 성문을 두드리고 지주님을 뵙기만 하면 됩니다. 아시다시피 그분이 당신을 이곳에서 내보내시는 건 다른 곳에서 훨씬 더 편안하게 지내게 해주시려는 거니까요. 그렇지 않습니까?"

조지 외삼촌이 고개를 끄덕였다. 목소리도 안 나오는 듯했다.

문득 아버지가 시계를 쳐다봤다. 그러고는 집사를 올려다보며 말했다.

"가실까요?"

"그럽시다." 집사가 말했다.

존은 어머니의 지시에 따라 침실로 올라가서 보기 흉하고 불편한 옷을 입었다. 온몸이 근질대고 겨드랑이가 꽉 끼는 옷을 입고 아래층으로 내려온 존은 작은 가면을 받았다. 그의 부모도 가면을 썼다. 꿈속의 그들은 조지 외삼촌에게도 가면을 씌우고 싶어 했지만 그가 어찌나 몸을 떨던지 가면을 쓸 수가 없었다. 그래서 그들은 그의 맨얼굴을 봐야 했다. 그의 표정이 무시무시해지자 다들 다른 쪽을 바라보며 못 본 체했다. 그들은 조지 외삼촌을 간신히 일으켜 세운 뒤 다함께 길로 나섰다. 해는 동서로 뻗은 도로 한쪽 끝으로 지고 있었다. 그들은 눈부신 서쪽 하늘을 등지고 걸었고, 존은 저 앞 동쪽 산맥으로 밤이 드리우는 것을 보았다. 길은 내리막이 되어 동쪽으로 이어지며 개천에 닿았다. 개천 이쪽은 경작이 이루어져 푸르른 반면, 반대편은 방대하고 검은 황야가 오르막을 이루고 있었다. 황야 너머에는 험한 바위와 골짜기가 작은 산을 이루었고 그 위로 더 높은 산들이 솟아 있었다. 전체 황무지 위로 우뚝 솟은 산이 하나 있었는데 어찌나 크고 어두운지 존은 더럭 겁이 났다. 지주님의 성이 거기 있다고 했다.

그들은 내리막을 따라 동쪽으로 한참을 내려가 개천에 이르렀다. 그들은 아주 느릿느릿 걸었다. 뒤쪽의 석양은 보이지 않았다. 그들 앞의 풍경은 시시각각 더 어두워지고 있었고, 어둠 속 산꼭대기로부터 차가운 동풍이 불어닥쳤다. 그들은 잠시 멈춰 섰고, 조지 외삼촌은 그들 모두를 한두 번 둘러보고 나서 어린아이처럼 우스꽝스러운 목소리로 이렇게 말했다. “오, 이런! 오, 이런!” 그다음 그는 개천을 건너 황야를 오르기 시작했다. 사방이 너무 어두웠고 황야에는 오르막과 내리막이 많아 그의 모습은 금세 시야에서 사라졌다. 이후 누구도 그를 다시 보지 못했다.

집사가 집 쪽으로 방향을 돌리고 가면을 풀면서 말했다. "자, 우리도 모두 때가 오면 떠나야 합니다."

"그렇지요." 아버지는 그렇게 말하고 파이프 담배에 불을 붙였다. 담배에 불이 붙자 집사를 보고 말했다. "조지 외삼촌의 돼지 몇 마리는 상을 탔어요."

집사가 말했다. "저라면 기르겠습니다. 지금은 팔 때가 아니거든요."

"그 말씀이 옳겠군요." 아버지가 말했다.

존은 그 뒤에서 어머니와 나란히 걸었다.

"어머니."

"왜 그러니, 얘야?"

"우리도 아무 날에나 통고 없이 저렇게 쫓겨날 수 있나요?"

"그래, 그렇단다. 하지만 그럴 가능성은 낮아."

"하지만 우리도 저렇게 될 수 있잖아요."

"네 나이에 그런 생각을 하면 못쓴다."

"왜요?"

"건전하지 않아. 넌 아직 어리잖아."

"어머니."

"응?"

"우리 쪽에서도 통고 없이 계약을 파기할 수 있나요?"

"무슨 말이니?"

“그러니까, 지주님은 원하시면 언제든지 우릴 농장에서 쫓아낼 수 있잖아요. 우리도 언제든지 내킬 때 농장을 떠날 수 있나요?”

“아니, 물론 안 돼.”

“왜 안 돼요?”

“소작 조건에 들어 있단다. 우리는 지주님이 원하실 때 가야 하고, 지주님이 원하시는 한 있어야 한다.”

“왜요?”

“소작 조건은 지주님이 만드신 거니까.”

“만약 우리가 떠나면 어떤 일이 벌어질까요?”

“지주님이 무척 화를 내시겠지.”

“우리를 검은 구덩이에 넣으실까요?”

“아마 그러실 거다.”

“어머니.”

“왜 그러니, 얘야?”

“지주님이 외삼촌을 검은 구덩이에 넣으실까요?”

“가엾은 외삼촌에 대해 어떻게 그런 말을 할 수 있니? 물론 그러지 않으실 거다.”

“하지만 외삼촌은 규칙을 다 어겼잖아요?”

“규칙을 다 어겼다고? 조지 외삼촌은 아주 좋은 분이셨다.”

“그런 말은 처음 들어요.” 존이 말했다.

갈망을 되찾겠다는 욕심은 그것이
되돌아올 진짜 기회를 막아 버린다.

4
라헬 대신 레아[1]

나는 몸을 뒤척이며 꿈속으로 더욱 깊이 빠져들었다. 존은 키가 자라면서 호리호리해졌다. 이제 더 이상 아이가 아닌 청년이었다. 그는 아름다운 섬을 보기를 바라며 도로를 따라 내려가 담장에 난 창을 들여다보는 일이 큰 낙이었다. 처음에는 섬이 잘 보였고 그 음악과 음성도 들었다. 그리고 음악이 들릴 때만 창으로 숲속을 들여다보았다. 그러나 시간이 지나면서 섬은 잘 보이지 않았고 그 소리들도 거의 들리지 않았다. 몇 시간이고 숲을 들여다보고 있어도 그 너머의 바다나 섬은 보이지 않았고, 열심히 귀를 기울여도 바람에 흔들리는 나뭇잎 소리밖에는 들리지 않았다. 그 섬의 모습과 바다를 넘어 들려오는 감미로운 음악이 가져다준 것은 그야말로 열망뿐이었지만, 그것들을 다시 보고 듣고 싶은 열망이 너무나 강렬해져 그 열망을 이루지 못하면 죽을 것만 같았다. 심지어 이렇게 혼잣말을 하기도 했다. "그것들을 다시 경험할 수만 있다면 카드에 적힌 규칙 따윈 몽땅 어길 수 있어. 검은 구덩이 속에 그 섬이 보이는 창이 있다면 기꺼이 그 안으로 들어가 영원히 살 거야." 그러고 나자 숲을 탐험해 보면 숲 너머 바다로 내려가는 길을 찾을 수 있을지도 모른다는 생각이 들었다. 존은 다음 날엔 무슨 일이 있어도 숲에 들어가 하루 종일 지

1 창세기에 나오는 야곱의 두 아내(창세기 29장 참조.)－편집자.
* 이후 별도의 표시가 없으면 옮긴이 혹은 편집자 주.

내 보기로 결심했다. 아침이 되자 온 세상이 신선하고 화창했다. 밤새 비가 내린 데다 동틀 녘 불어온 남풍으로 구름이 모두 흩어져 있었다. 존은 아침을 먹자마자 도로로 나섰다. 바람 소리, 새들의 지저귐, 수레바퀴 소리 등으로 그날 아침은 꽤 소란스러웠다. 그래서 담장과 창에 이르기 한참 전에 음악 소리가 들려왔을 때, 존은 자신이 바라던 곡조와 비슷하지만 뜻밖의 장소에서 울린 그 소리를 자기가 정말 들은 건지 확신할 수가 없었다. 그는 한동안 도로에 붙박인 듯 서 있었다. 꿈을 꾸는 나는 그의 생각을 들을 수 있었다. '저 소리를 따라 도로에서 벗어나 저 위로 올라가면, 그다음은 완전히 운에 맡겨야 해. 하지만 그 창으로 가면 확실하지. 거기선 숲으로 들어갈 수 있어. 해변과 섬을 잘 찾아볼 수 있다구. 아니, 난 반드시 섬을 찾고 말 거야. 그럴 각오가 되어 있어. 하지만 새로운 길로 가면 그럴 수가 없겠지. 뭐든 주어지는 상황을 그냥 받아들여야 할 거야.' 그래서 그는 자신이 아는 장소로 갔고 창을 통해 담을 넘어 숲속으로 들어갔다. 나무 사이로 여기저기, 이리저리 거닐며 이쪽도 보고 저쪽도 보았다. 그러나 바다도 해변도 없었고 어느 방향으로도 숲은 끝이 보이지 않았다. 정오가 되자 날이 너무 더워져 존은 주저앉아 부채질을 했다. 섬이 보이지 않게 된 뒤로 자주 슬픔과 절망을 느끼던 그였다. 그러나 지금 느끼는 감정은 분노에 가까웠다. "그걸 꼭 가져야겠어." 존은 계속 혼잣말을 하다 이렇게 말했다. "다른 뭔가라도 가져야겠다구." 그 순간, 그래도 자신에게는 숲이 있다는 생각이 들었다. 예전 같으면 사랑했을 숲이다. 그런데 오전 내내 숲 생각은 한 번도 하지 않았다. 존은 다짐했다. '좋아, 난 숲을 즐길 거야. 숲을 즐기고 말 거다.' 그렇게 이를 악물고 이마를 잔뜩 찌푸린 채 꼼짝도 않고 앉아 있다 보니 이윽고 땀이 뚝뚝 떨어졌다. 그러나 노력하면 할수록 즐길 것이 없다는 생각만 들었다. 숲에는 풀과 나무가 있었다. "하지만 풀과 나무를 가지고 무엇을 하지?" 존이 혼잣말을 했다. 그러고 나자 어쩌면 상상을 통해 옛날 감정을 다시 느낄 수 있을지 모른다는 생각이 들었다. 그 섬이 그에게 준 것은 결국 감정뿐이지 않은가? 존은 다시 눈을 꼭 감고 이를 앙다물었다. 그리고 머릿속으로 그 섬의 모습을 떠올렸다. 하지만 섬에 집중할 수 없었다. 그 감정이 시작되는지 살피고 싶은 마음이 계속 떠나지 않았기 때문이다. 그러나 어떤 감정도 일지 않았다. 바로 그때, 눈을 막 뜨려는 찰나, 누군가 말을 거는 소리가 들렸다. 소리는 아주 가까운 데서 났는데 매우 감미로웠고, 숲에서 들었던 옛 소리와는 전혀 달랐다. 주위를 둘러본 존은 전혀 뜻밖의 것을 보았지만 놀라지는 않았다. 바로 옆 풀밭에 그와 같은 또래의 갈색 여자가 웃으며 앉아 있었다. 그녀는 알몸이었다.

갈색 여자가 말했다. "네가 원하던 게 바로 나야. 너의 유치한 섬보다 내가 나아."

존은 황급히 일어나 그녀를 붙잡았고 숲속에서 그녀와 간음을 저질렀다.

5
이가봇[2]

그 후로 존은 틈만 나면 숲으로 갔다. 항상 그녀와 육체관계를 가진 것은 아니었지만 그렇게 끝날 때가 많았다. 가끔씩 그녀에게 자기 이야기를 했는데, 자신의 용기와 영리함을 과시하는 거짓말이었다. 그녀는 그가 한 말을 모두 기억했고, 어떤 날에는 그에게서 들은 이야기를 그대로 다시 해주기도 했다. 가끔은 존과 그녀가 함께 숲을 누비며 바다와 섬을 찾아보기도 했지만, 자주는 아니었다. 시간은 흘러 숲속의 나뭇잎이 떨어지기 시작했고 하늘은 회색일 때가 더 많았다. 이즈음 존은 숲에서 자고 숲에서 깼다. 해는 낮았고 세찬 바람에 나뭇잎이 떨어지고 있었다. 여자는 여전히 그곳에 있었는데, 존은 그녀의 모습이 지긋지긋했다. 그는 그녀가 그 사실을 안다는 걸 눈치챘고, 그녀는 그럴수록 오히려 미소를 머금고 그를 더 빤히 쳐다보았다. 존은 주위를 둘러보고 나서 숲이 얼마나 작은지 알았다. 그가 너무나 잘 아는 도로와 들판 사이, 나무들이 약간 있는 정말 얼마 안 되는 좁고 긴 땅이었다. 그가 좋아하는 것은 그 안에 하나도 없었다.

존이 말했다. "이제 난 돌아오지 않을 거야. 내가 원했던 것은 이곳이 아니야. 있잖아, 내가 원했던 건 네가 아니야."

갈색 여자가 말했다. "그러셨어? 그럼 꺼져. 하지만 가족은 데리

2 히브리어로 "영광이 떠났다"는 뜻.(사무엘상 4:21 참조.)

고 가야 해."

그 말과 함께 그녀는 두 손을 입에 대고 소리를 질렀다. 그러자 모든 나무 뒤에서 갈색 여자애들이 슬그머니 나왔다. 하나하나가 그녀와 똑같았다. 작은 숲은 금세 그들로 가득 찼다.

"애들은 뭐야?"

그녀가 말했다. "우리 딸들이지. 네가 아버지란 걸 몰랐어? 내가 아기도 못 낳는 줄 알았어, 바보야? 자, 애들아." 그녀가 무리를 향해 말했다. "아버지와 함께 가거라."

존은 잔뜩 겁이 나서 담장을 넘어 도로로 들어섰다. 그리고 최대한 빨리 집으로 달려갔다.

6
무덤에서 누구를 찾느냐? 그는 여기 계시지 않다.[3]

그날부터 집을 떠날 때까지 존은 행복하지 않았다. 무엇보다 그동안 어긴 모든 규칙의 무게가 그를 짓눌렀다. 매일 숲으로 가던 동안에는 지주를 거의 잊고 있었는데, 이제 그 모든 일의 대가를 감당해야 했다. 또, 섬을 마지막으로 본 지가 너무 오래되어 섬을 바라는 법, 섬을 찾아 나서는 법을 거의 잊어버린 터였다. 처음에는 갈색 여

3 예수의 무덤에 찾아 간 여자들에게 천사가 한 말.(누가복음 24:5-6 참조.)

자를 만날까 봐 담장의 창으로 돌아가기가 두려웠지만, 그녀의 가족이 어디서든 그와 함께 있었기에 장소는 문제가 아니라는 사실을 깨닫게 되었다. 산책 도중 앉아서 쉴라치면 어느새 조그만 갈색 여자애가 나타나 옆에 앉았다. 저녁에 아버지 어머니와 함께 식사할 때도 그에게만 보이는 갈색 여자가 가만가만 들어와 그의 발치에 앉곤 했다. 가끔 그의 어머니가 그를 눈여겨봤고 뭘 빤히 쳐다보느냐고 묻기도 했다. 그러나 그들로 인해 가장 괴로운 순간은 그가 지주와 검은 구덩이에 대한 두려움에 사로잡힐 때였다. 늘 똑같았다. 아침이 되면 존은 두려움에 사로잡힌 채 깨어나 카드 앞면을 꺼내 읽고 오늘부터 꼭 규칙을 지키리라 결심했다. 그날 하루, 규칙을 지키기는 하지만 그에 따른 긴장은 참을 수 없을 정도였다. 그는 이런 말로 스스로를 위로하곤 했다. 시간이 가면 더 쉬워질 거야. 내일이면 더 쉬워지겠지. 그러나 다음 날은 늘 더 힘들었고, 셋째 날이 최악이었다. 셋째 날, 죽도록 지친 몸과 엉망진창이 된 마음을 추스르고 비틀대며 침대로 가면 거기에 늘 갈색 여자가 기다리고 있었다. 그런 밤이면 존은 그녀의 감언이설에 맞설 의욕이 나지 않았다.

갈색 여자가 장소를 가리지 않고 나타난다는 것을 알게 되면서 존은 슬며시 담장의 창으로 돌아갔다. 큰 기대는 없었다. 그저 무덤을 돌아보는 사람의 심정으로 그곳을 찾은 것뿐이었다. 겨울이 한창인 숲은 헐벗고 어두웠으며 나무들은 젖어 있었다. 다시 보니 배수로나 다를 게 없는 개울에는 낙엽과 진흙이 가득했다. 그가 넘어 다니던 담장도 부서져 있었다. 하지만 존은 많은 겨울 저녁, 담장 안을 들여다보며 오랫동안 서 있었다. 그리고 자신의 비참함이 바닥까지 이르렀다고 생각했다.

어느 날 밤, 숲에서 돌아오던 존은 터덜터덜 걸으며 울기 시작했다. 그 음악을 듣고 섬을 봤던 첫날이 생각났다. 그리고 그 갈망이 떠올랐다. 그러나 그때 존은 섬 자체가 아니라 그것을 그토록 달콤하게 갈망했던 그 순간을 갈망했다. 갈망은 뜨거운 파도처럼 점점 더 달콤하게 부풀어 오르다가 마침내 더 이상 참을 수 없을 듯한 지경에 이르렀다. 하지만 그러고도 다시 갈망이 더 달콤하게 다가오나 싶다가 그 위로 짤막한 음악 소리가, 현악기의 줄을 튕기거나 종을 한 번 친 것처럼 너무나 선명하게 울렸다. 그와 동시에 마차 한 대가 그의 곁을 지나갔다. 존이 고개를 돌려 마차를 쳐다봤을 때 머리가 하나 보였는데, 이미 창에서 얼굴을 돌린 뒤였다. 존은 '오너라' 하는 목소리를 들었다고 생각했다. 그리고 마차 저 너머, 서쪽 지평선을 이루는 언덕들 사이로 반짝이는 바다와 구름처럼 희미한 섬의 모습을 보았다고 생각했다. 그가 처음 본 바다와 섬에 비하면 그것은 아무것도 아니었다. 게다가 훨씬 더 멀리 떨어져 있었다. 그러나 존은 마음을 정했다. 그날 밤 그는 부모님이 잠들 때까지 기다렸다가 필수품 몇 가지만 싸들고 뒷문으로 몰래 빠져나와 섬을 찾기 위해 서쪽으로 방향을 잡았다.

2권

스릴

너를 위하여 새긴 우상을 만들지 말고
또 위로 하늘에 있는 것의 어떤 형상도 만들지 말라.

출애굽기

그러므로 인간 영혼은 이것들이 무엇인지 알려고
자기와 유사한 대상들을 들여다보지만, 그런 용도로 충분한 것은 없습니다.
그리고 인간 영혼은 이렇게 말합니다.
"모든 것의 왕王도, 내가 들여다본 것들도 그것과 전혀 다르다.
그렇다면 그것은 무엇과 같은 걸까?"
오, 디오니시우스의 아들이시여. 이 질문이 모든 불행의 원인입니다.
이 질문이 영혼에 일으키는 진통이 모든 불행의 원인입니다.

플라톤[1]

선의 모조품들을 좇아가 봐야 소용없습니다.
그것들이 약속을 지킨 적은 없으니까요.

단테

마녀는 대담하게 나서서
진짜 같은 가짜 아가씨를 만들었다.
플로리멜과 똑같은 체형과 얼굴인, 너무나 생생하고
진짜 같은 가짜를 만들어 많은 이들이 그것을 진짜라고 오인했다.[2]

스펜서

1 플라톤이 한 말이 아니라는 설도 있다.–저자.
2 《선녀여왕》에서 인용.

1
어리석은 자가 이르되[3]

나는 여전히 잠자리에 누워 꿈을 꾸고 있었다. 칠흑처럼 어둡고 몹시 추운 어느 밤, 존이 서쪽을 향해 터벅터벅 걷고 있었다. 그렇게 오래 걷다 보니 날이 밝았다. 존은 길가의 작은 주막 문을 열고 나와 빗자루로 마당을 쓰는 여자를 보았다. 그는 주막으로 들어가 아침식사를 주문했고, 식사가 준비되는 동안 방금 불을 피운 난로 옆, 딱딱한 의자에 앉아 기다리다 잠이 들었다. 그가 깨어났을 때는 창으로 해가 비쳐 들고 식탁에 아침 식사가 놓여 있었다. 또 다른 여행자가 식사 중이었다. 빨간 머리의 덩치 큰 사내였다. 끝까지 꽉 채운 단추 위로 솟은 세 겹 턱에는 면도를 안 해 빨간 수염이 까칠하게 나 있었다. 두 사람 모두 식사를 마쳤을 때 여행자는 일어나 목청을 가다듬고 난로를 등지고 섰다. 그는 다시 한 번 목청을 가다듬고 말했다.

3 *Dixit Insipiens*.(시편 14:1 참조. "어리석은 자는 그의 마음에 이르기를 하나님이 없다 하는도다……")

"좋은 아침이요, 젊은 양반."

"예, 어르신." 존이 말했다.

"서쪽으로 가는 중이지요, 아마, 젊은이?"

"그-그렇습니다."

"젊은이는 나를 모를 수도 있겠구려."

"이곳은 처음입니다."

낯선 이가 말했다. "불편하게 여기진 마시오. 난 계몽 선생이오. 이름이 꽤 널리 알려졌지. 길이 갈라지기 전까지는 같이 가는 게 어떻소. 젊은이에게 도움이 되고 싶소만."

그의 제의에 존은 대단히 고맙다고 했다. 두 사람이 주막에서 나오니 말쑥한 작은 마차 한 대가 기다리고 있었는데, 앞쪽에 통통하고 작은 조랑말이 매여 있었다. 조랑말의 눈이 초롱초롱하고 마구는 너무 잘 닦여 있어서 아침 햇살에 어느 쪽이 더 반짝이는지 분간하기 어려웠다. 두 사람이 마차에 오르고 계몽 선생이 작고 통통한 조랑말에 채찍질을 하자 마차는 지극히 평화로운 분위기로 느긋하게 도로를 달렸다. 곧 그들은 대화를 시작했다.

"어디서 오는 길이신가, 미남 청년?" 계몽 선생이 말했다.

"퓨리타니아에서 왔습니다, 어르신." 존이 말했다.

"떠나기 십상인 장소로구먼, 그렇지?"

존이 목청을 높였다. "그렇게 생각하신다니 기쁩니다. 저는 혹시라도……."

계몽 선생이 말했다. "난 산전수전 다 겪은 사람일세. 자기를 개선하기 바라는 젊은이라면 누구라도 나의 공감과 지지를 받을 수 있지. 퓨리타니아! 음, 자네는 지주를 두려워하도록 배우고 자랐겠구먼."

"저, 솔직히 말하면 가끔은 정말 걱정이 됩니다."

"마음 편히 먹게나, 이 친구야. 그런 사람은 없네."

"지주님이 없다고요?"

"그런 건 절대로 없네. 그런 개체는 존재하지 않는다고 할 수도 있겠지. 이전에도 없었고 앞으로도 결코 없을 걸세."

"그게 정말 확실합니까?" 존이 소리를 질렀다. 그의 마음속에서 큰 희망이 솟아올랐다.

"확실하다마다. 날 보게, 젊은이. 하나 물어보겠네. 내가 다른 사람의 말에 쉽게 속아 넘어갈 위인처럼 보이는가?"

존이 황급히 말했다. "아, 아닙니다. 전 그저 궁금했을 뿐입니다. 그런데, 어쩌다 사람들이 지주가 있다고 믿게 되었을까요?"

"지주는 집사들의 발명품일세. 나머지 사람들을 꼼짝 못하게 하려고 만들어 낸 거지. 물론 집사들은 경찰과 한통속이야. 머리가 비상한 작자들이라니까, 집사들 말이야. 이해타산이 정말 밝아요. 영리한 놈들. 젠장, 존경하지 않을 수 없다니까."

"그럼 집사들은 지주를 믿지 않는다는 말씀입니까?"

"믿는다고 봐야겠지. 그런 황당무계한 이야기를 믿을 법한 작자들이니까. 대부분 생각이 단순한 늙은이들이거든. 어린아이 같다고 할까. 현대과학에 대한 지식이 전혀 없어요. 들은 내용은 아무거나 그대로 믿는 거야."

존은 잠시 말이 없었다. 그리고 다시 입을 열었다.

"하지만 지주가 없다는 걸 어르신은 어떻게 아시나요?"

"크리스토퍼 콜럼버스, 갈릴레오, 지구는 둥글다, 인쇄기의 발명, 화약!" 계몽 선생의 외침이 어찌나 컸던지 조랑말이 주춤거렸다.

"다시 말씀해 주시겠어요?" 존이 말했다.

"뭐?" 계몽 선생이 말했다.

"잘 이해가 안돼서요." 존이 말했다.

"음, 이건 지극히 명백한 문제네. 퓨리타니아 사람들이 지주를 믿는 건 과학적 훈련을 받지 못했기 때문이야. 예를 하나 들어 보지. 지구가 둥글다는 말, 아마 처음 들을 거야. 지구는 오렌지처럼 둥글다고, 이 친구야!"

"저, 처음 듣는 이야기 아닙니다." 존은 약간 실망하며 말했다. "아버지는 늘 지구가 둥글다고 하셨어요."

계몽 선생이 말했다. "아냐, 아냐, 이 친구 보게. 자넨 아버님 말씀을 오해한 게 분명해. 퓨리타니아 사람들이 지구가 평평하다고 생각한다는 건 잘 알려진 사실이거든. 내가 그런 문제를 잘못 알고 있을 가능성은 별로 없어. 그럼, 말도 안 돼지. 그 외에도 고생물학적 증거가 있어."

"그건 뭡니까?"

"거, 퓨리타니아에서는 지주가 이 모든 도로를 만들었다고 하잖나. 하지만 도로가 지금처럼 좋지 않았던 시절을 옛날 사람들이 기억한다는 건 불가능한 일이야. 더욱이, 과학자들은 옛 도로들이 전혀 다른 방향으로 나 있는 흔적들을 곳곳에서 발견했네. 여기서 어떤 추론이 나올지는 자명해."

존은 아무 말도 하지 않았다.

계몽 선생이 말을 되풀이했다. "여기서 어떤 추론이 나올지는 자명하다고 내가 말했네."

"아, 예, 예, 물론이죠." 존이 볼을 약간 붉히며 황급히 말했다.

"그리고 인류학이 있네."

"죄송하지만 저는 그게 뭔지……."

"저런, 당연히 모르겠지. 자네가 알아야 할 연구가 아니거든. 인류학자는 저기 낙후된 마을 여기저기를 다니며 시골 사람들이 지주에 대해 말하는 이상한 이야기들을 모으는 사람이야. 글쎄, 어느 마을 사람들은 지주가 코끼리 코처럼 크고 긴 코가 있다고 생각한다네. 그럴 리 없다는 건 누구나 알 수 있는 일 아닌가."

"그렇군요."

"더 좋은 소식이 있어. 그 마을 사람들이 그렇게 생각하게 된 경위를 우리가 안다는 거야. 모두가 동네 동물원에서 탈출한 코끼리에서 시작된 거야. 어떤 늙은이가, 아마도 술 취한 상태였겠지, 어느 날 밤에 산을 돌아다니는 그놈을 본 거야. 그래서 지주에게 코끼리 코가 있다는 이야기가 생겨난 거라네."

"사람들이 코끼리를 다시 잡았나요?"

"사람들이라니, 누구 말인가?"

"인류학자들 말입니다."

"오, 이 친구야, 내 말을 오해했군. 이건 인류학자들이 있기 오래 전에 벌어진 일이라네."

"그럼 그들이 그 일을 어떻게 아나요?"

"음, 그건 말이지……. 자네가 과학의 작동 원리를 잘 모른다는 걸 알겠구먼. 간단하게 말하지. 자네는 전문적인 설명을 알아듣지 못할 테니 말이네. 간단히 말하면, 탈출한 코끼리가 지주의 코끼리 코 이야기의 출처임이 분명한 줄 어떻게 아느냐? 그다음 마을에서 탈출한 뱀이 뱀 이야기의 출처임이 분명한 줄 알기 때문이네. 이런 식으로 죽 이어지지. 이런 걸 귀납법이라고 한다네. 젊은 친구, 가설은 누적 과정을 거쳐 확립되는 걸세. 쉽게 말하면, 동일한 추측을 충분히 자주 하면 그것은 더 이상 추측이 아니라 과학적 사실이 된다, 이걸세."

존은 한동안 생각한 뒤 이렇게 말했다.

"알 것 같습니다. 대부분의 지주 이야기가 사실이 아닐 테니, 그 나머지도 사실이 아니겠지요."

"음, 초보자가 가질 수 있는 확신은 그 정도가 한계일 거야. 하지만 자네가 과학적 훈련을 받으면 달라질 걸세. 지금은 그럴 듯하다 싶은 정도인 온갖 얘기들이 실은 상당히 확신할 수 있는 것들임을 알게 될 거라구."

조랑말이 끄는 마차는 어느새 몇 킬로미터를 이동해 오른쪽으로 샛길이 갈라지는 지점에 이르렀다. 계몽 선생이 마차를 세우며 말했다. "자네가 서쪽으로 가는 길이라면 우리는 여기서 헤어져야 하네.

혹시 나와 함께 갈 생각이라면 얘기가 달라지겠지. 저 으리으리한 도시가 보이나?" 존이 샛길을 내다보니 나무 하나 없는 평야에 골함석으로 지은 오두막들이 엄청나게 모여 있는데, 대부분은 오래되어 녹슬어 있었다.

계몽 선생이 말했다. "저곳이 클랩트랩[4] 시야. 한때는 보잘것없는 촌동네였다고 하면 못 믿을 걸세. 내가 처음 왔을 때 주민이 사십 명에 불과했네. 지금은 천이백사만 삼백육십일 명의 인구를 뽐내고 있지. 그중에는 나를 포함해 세상에서 가장 영향력 있는 홍보 담당자와 과학 대중화 전도사들이 포진해 있다구. 이런 전례 없는 상황 전개에 내가 적지 않게 기여했다는 사실이 무척 자랑스럽다네. 하지만 인쇄기의 발명이 다른 어떤 개인의 활동보다 더 중요했다는 말을 덧붙여야겠지. 이건 절대 점잖 빼는 소리가 아닐세. 자네가 우리와 합류하고 싶다면……."

존이 말했다. "저, 감사합니다만, 저는 큰 도로로 더 가볼까 합니다."

그는 마차에서 내려 계몽 선생에게 작별 인사를 하려고 했다. 그때 갑자기 머릿속에 떠오른 생각이 있어 말을 꺼냈다.

"어르신 말씀을 제가 정말 이해했는지 확신이 서지 않습니다. 지주가 없다는 것이 절대적으로 확실한가요?"

"절대 확실하네. 내 명예를 걸고 장담하지."

4 Claptrap. '허튼소리'라는 뜻.

그 말과 함께 그들은 작별의 악수를 했다. 계몽 선생은 샛길로 조랑말을 몰아 가며 채찍질을 했고 얼마 후 시야에서 사라졌다.

2
언덕

존은 너무나 가뿐하게 앞으로 달려가다 어느새 작은 언덕의 정상에 이르러 멈추었다. 언덕을 오르느라 지쳐서가 아니라 너무 행복해서 움직일 수 없었기 때문이다. 그는 "지주는 없다" 하고 외쳤다. 마음을 짓누르던 큰 부담이 벗겨져 금세라도 날아오를 것 같았다. 주위의 땅에 드리운 서리가 은빛으로 빛났고 하늘은 파란 유리 같았다. 산울타리에는 울새가 앉아 있었고 저 멀리서 수탉이 홰를 쳤다. "지주는 없다." 존은 아버지 집, 그의 침실에 걸려 있던 오래된 규칙 카드를 떠올렸다. 집안 전체를 우울하고 어둡게 만들던 그것을 생각하며 웃었다. "지주는 없다. 검은 구덩이는 없어." 존은 뒤로 돌아 지금까지 따라온 도로를 바라보았다. 그러고 있으려니 기쁨으로 숨이 막혀 왔다. 아침 햇살을 받은 동쪽 산들이 푸른색과 보라색과 검붉은 색을 띠며 구름처럼 하늘까지 쌓여 있었다. 크고 둥근 경사지 위로 그림자들이 지나갔고 산 웅덩이에선 물이 반짝였다. 산의 맨 꼭대기, 험준한 바위들 위로 해가 솟아올라 가만히 미소 짓고 있었다. 그 바위들의 모습은 성으로 쉽사리 오해할 만했다. 그러고 보니 존은 지금까지 그 산을 제대로 쳐다본 적이 없었다. 지주가 거기 산다고 생각한 동안에는 너무나 무서웠기 때문이다. 그러나 지주가 없다는 걸 알게 된 지금, 동쪽 산은 아름다웠다. 한동안 그는 섬이 그보다 더 아름다울 수 있을까 싶었고, 서쪽이 아니라 동쪽으로 가는 것이 더 지혜로운 일이 아닐까, 생각했다. 그러나 이젠 방향은 더 이상 중요해 보이지 않았다. 그는 이렇게 말했다. "세상 한쪽 끝에 산이 있고 다른 쪽 끝에 섬이 있다면, 모든 길은 아름다움으로 이어지겠구나. 세상은 참으로 영광스러운 곳이구나."

바로 그때 존은 한 남자가 언덕 위로 올라오는 것을 보았다. 꿈을 꾸는 나는 그 사람의 이름이 미덕 씨Mr. Vertue라는 것을 알았다. 존과 같은 나이거나 그보다 조금 나이가 많았다.

"이 장소의 이름이 어떻게 됩니까?" 존이 물었다.

"여호와 이레라고 하지요." 미덕이 말했다.

그들은 발길을 돌려 서쪽으로 걸었다. 얼마쯤 갔을까, 미덕이 존의 얼굴을 슬쩍 쳐다보며 살짝 웃었다.

"왜 웃으십니까?" 존이 물었다.

"무척 기분이 좋아 보여서요."

"평생 지주를 무서워하며 살았는데 실은 내가 자유인이었다는 걸 막 알게 되었다면 당신이라도 기분이 좋을 걸요."

"오, 그렇게 된 거군요?"

"지주를 믿지 않으시죠, 믿으시나요?"

"지주에 대해선 아는 바가 없어요. 소문만 들었을 뿐이에요."

"그에게 꼼짝 못하고 사는 삶이 마음에 들진 않으실 겁니다."

"마음에 들지 않아요? 난 누구에게도 꼼짝 못하고 살지 않을 겁니다."

"그에게 검은 구덩이가 있다면 그쪽도 별 수 없을 걸요."

"마음에 안 드는 명령을 받느니 차라리 검은 구덩이에 들어가는 쪽을 택하겠어요."

"음, 옳은 말씀이군요. 전 아직도 잘 믿어지지 않아요. 규칙을 지킬 필요가 없다는 게. 저 울새가 다시 나타났네요. 마음이 내키면 저 놈을 쏠 수 있고, 그렇게 해도 간섭할 이가 없다는 거잖아요!"

"쏘고 싶으세요?"

"그건 잘 모르겠어요." 존이 새총을 만지작거리며 말했다. 그는 햇빛이 비치는 풍경을 둘러보며 자신의 큰 행복을 떠올렸다. 그리고 다시 울새를 바라보며 말했다. "아뇨, 쏘고 싶지 않아요. 그런 걸 원하진 않아요. 그래도, 마음이 내키면 쏠 수 있어요."

"그러기로 하면 쏠 수 있다는 말씀이겠지요."

"같은 말 아닌가요?"

"전혀 다르지요."

3
약간 남쪽으로

존은 그에게 좀더 물어보고 싶은 눈치였다. 하지만 그때 두 사람은 한 여성을 보게 되었다. 그녀는 걸음이 느렸기에 그들이 금세 그녀를 따라잡았고 인사를 건넸다. 고개를 돌린 그녀는 피부가 조금 검기는 했지만 젊고 예뻤다. 그녀는 친절하고 솔직했지만 갈색 여자들처럼 음탕하지 않았고, 그녀와 함께 걷다 보니 두 젊은이에게 온 세상은 더 유쾌한 곳이 되었다. 그들이 먼저 이름을 밝히자 그녀도 이름을 말했다. 메디아 하프웨이스라고 했다.

"어디로 가시는 길이세요, 미덕 씨?" 그녀가 물었다.

"희망을 품고 여행하는 것이 도착하는 것보다 낫지요." 미덕이 말했다

"그냥 운동할 겸 산책 나오신 길이라는 말씀인가요?"

미덕이 다소 혼란스러워하며 말했다. "아닙니다. 저는 순례 중입니다. 그렇게 다그치시니 내 목적지가 분명하지 않다는 건 인정해야겠군요. 하지만 목적지가 어디인지는 중요한 문제가 아닙니다. 그런 사변을 펼친다고 해서 더 잘 걷게 되는 건 아니니까요. 중요한 것은 하루에 50킬로미터를 걷는 일이에요."

"왜요?"

"규칙이니까요."

존이 말했다. "하하! 그러니까 그쪽도 실은 지주를 믿으시는군요."

"천만의 말씀. 그게 지주의 규칙이라고 말한 적은 없습니다."

"그럼 누구 규칙입니까?"

"내 규칙이에요. 내가 만든 규칙이라고요."

"하지만 왜요?"

"음, 그것도 사변적인 질문이에요. 나는 최선의 규칙을 만들었어요. 더 나은 규칙을 찾게 되면 그것을 받아들일 거예요. 그동안은 모종의 규칙을 정해 놓고 지키는 게 중요해요."

"그쪽은 어디로 가세요?" 메디아가 존을 보고 물었다.

그러자 존은 길동무들에게 그 섬에 대해 이야기하기 시작했다. 처음에 섬을 어떻게 봤는지 말하고 그것을 찾을 수만 있다면 모든 것을 포기할 각오가 되어 있다고도 했다.

그녀가 말했다. "그럼 제 아버지를 만나 보셔야 해요. 스릴 시에 사세요. 이 언덕을 다 내려가면 왼쪽으로 돌아가는 길이 있어요. 그리로 삼십 분쯤 가면 되요."

"아버님이 그 섬에 가보셨나요? 그 길을 아시나요?"

"그 비슷한 이야기를 종종 하세요."

존이 미덕을 보고 말했다. "우리가 같이 갑시다. 갈 데가 정해진 것도 아니잖아요. 그 섬보다 더 나은 곳은 있을 수 없어요."

미덕이 말했다. "절대 안 돼요. 나는 도로를 계속 따라가야 하거든요. 죽 가야 한다고요."

존이 말했다. "왜 그래야 하는지 모르겠군요."

"아마 댁은 모르실 거요." 미덕이 말했다.

그들은 언덕길을 죽 내려와 풀이 난 좁은 길에 이르렀다. 왼쪽으로 난 그 길은 숲으로 이어졌다. 그때 존은 잠시 머뭇거렸다. 그러나 해는 뜨겁고, 거친 자갈길에 지친 발이 아프고, 미덕에게 조금 화가 나기도 하고, 무엇보다도 메디아가 그쪽으로 방향을 잡았기 때문에 그 길로 가기로 마음먹었다. 그들은 미덕에게 작별 인사를 했다. 미덕은 뒤도 안 돌아보고 다음 언덕을 향해 뚜벅뚜벅 걸어갔다.

4
순탄한 길

좁은 길에 들어서자 두 사람은 좀더 천천히 걸었다. 발밑으로 느껴지는 풀이 부드러웠고, 바람이 들이치지 않는 그곳은 쏟아지는 햇살로 따스했다. 얼마 후 감미롭고 구슬픈 종소리가 들려왔다.

"스릴 시의 종소리예요." 메디아가 말했다.

그들은 점점 더 가까이 걸었고 얼마 후엔 팔짱을 꼈다. 그러다 어느 순간 두 사람은 키스했다. 그들은 걸으면서 키스도 하고 슬프고 아름다운 것들에 대해 천천히 이야기도 나누었다. 그늘진 숲과 다정한 여자, 나른한 종소리와 함께 있다 보니 존의 머릿속에 섬과 갈색 여자가 언뜻언뜻 떠올랐다.

존이 말했다. "내가 평생 찾던 게 바로 이거야. 갈색 여자들은 너무 천하고 그 섬은 너무 고상해. 이것이 진짜야."

메디아가 깊은 한숨을 내쉬며 말했다. "이것이 사랑이에요. 진짜 섬으로 가는 길이지요."

꿈속의 그들은 도시가 보이는 곳까지 이르렀다. 아주 오래된 그 도시에는 담쟁이덩굴로 덮인 첨탑과 작은 탑들이 빽빽이 들어차 있었다. 풀이 자란 작은 골짜기 안에 자리 잡은 도시 양쪽으로 강물이 구불구불 느리게 흘렀다. 그들은 폐허가 된 성벽과 성문을 지나 어떤 문 앞에 이르러 노크를 했고, 문이 열리자 안으로 들어갔다. 메디아는 아치형 지붕에 스테인드글라스 창이 있는 어두운 방으로 존을 데려갔다. 사람들이 두 사람 앞에 근사한 음식을 날라다주었다. 음식과 함께 나이 지긋한 하프웨이스 씨가 나타났다. 그는 부드러운 은발에 부드럽고 은은한 목소리를 가진 노신사로, 길게 늘어진 옷을 입고 미끄러지듯 움직였다. 수염이 길고 너무나 근엄해 보여서 존은 가면을 쓴 집사의 모습을 떠올렸다. 그리고 이렇게 생각했다. '하지만 집사보다 훨씬 나아. 무서워할 게 없으니까. 게다가 저 사람은 가면도 필요 없어. 저게 진짜 얼굴이니까.'

5
라헬 대신 레아

식사를 하면서 존은 노신사에게 섬에 대해 물었다.

하프웨이스 씨는 존의 눈을 들여다보며 말했다. "자네는 이곳에서 그 섬을 찾게 될 걸세."

"하지만 섬이 어떻게 이런 도시 한복판에 있을 수 있습니까?"

노신사가 말했다. "장소는 따로 필요 없거든. 섬은 어디에나 있고 어디에도 없네. 섬은 구하는 자를 들여보내지 않아. 그것은 영혼의 섬일세. 퓨리타니아에서도 지주의 성은 네 안에 있다고 말하지 않던가?"

존이 말했다. "하지만 저는 성을 원하는 게 아닙니다. 저는 지주도 믿지 않습니다."

"진실이 뭐라고 생각하나? 그들이 지주에 대해 말한 내용은 잘못된 것이었지만, 그렇다고 틀린 것만은 아니네. 상상력이 아름다움으로 포착해 내는 것은 그것이 이전부터 존재했든 아니든 진실이 분명하네. 그들이 찾으려고 꿈꿨던 지주를 우리는 우리 마음속에서 찾네. 자네가 추구하는 섬 말일세. 자네는 이미 그 속에 살고 있어. 그 나라의 자녀들은 조국에서 멀리 떨어지는 법이 없지."

식사를 마치자 노신사는 하프를 꺼내 들었다. 그의 손이 하프의 현을 주욱 뜯자 존은 돌담 창가에서 들었던 음악이 생각났다. 그리고 그때의 목소리가 떠올랐다. 그것은 하프웨이스 씨의 목소리처럼 그저 은은하고 감미롭고 구슬프기만 한 게 아니라 바다 소리, 온갖 새소리, 때로는 바람과 우렛소리 등 낯선 배경음으로 가득한 크고 고결한 소리였다. 존은 눈을 뜬 채로 섬의 모습을 보기 시작했다. 모습만이 아니었다. 그 모습에 섞여 알싸한 바다 냄새와 진한 소금기가 느껴졌다. 마치 섬의 모래사장에서 몇 미터 떨어진 바닷물 속에 있는 것 같았다. 존은 그 어느 때보다 많은 것을 볼 수 있었다. 그러나 모래 바닥에 발을 내딛고 물을 헤치며 해변으로 가려는 순간 음악이 그쳤다. 섬의 광경도 일시에 사라졌다. 존은 어스름한 방에 돌아와 있었고 메디아 옆, 낮고 긴 의자에 앉아 있었다.

"이제 다른 노래를 들려주겠네." 하프웨이스 씨가 말했다.

존이 흐느끼며 외쳤다. "아, 안 됩니다. 그 노래 다시 들려주세요. 제발 다시 불러 주세요."

"하룻저녁에 두 번 듣는 건 좋지 않아. 다른 노래도 많다네."

"첫 번째 노래를 다시 들을 수만 있다면 죽어도 좋습니다." 존이 말했다.

하프웨이 씨가 말했다. "그래, 그래. 자네가 제일 잘 알겠지. 문제될 게 뭐가 있겠나? 다른 길 못지않게 섬으로 가는 빠른 길인데 말일세." 그는 너그러운 미소를 지으며 고개를 가로저었다. 노래를 부른 후라 그런지 존은 그의 말소리와 말투가 바보 같다는 생각을 피할 수 없었다. 그러나 크고 깊은 음악의 파고가 다시 시작되자 그의 머릿속의 모든 것을 휩쓸어 버렸다. 이번에는 처음 몇 음이 이전보다 더 큰 즐거움을 선사하는 듯했고, 처음에 놓쳤던 멋들어진 악절이 귀에 들어오기도 했다. 존은 혼자 중얼거렸다. "이번에는 훨씬 좋을 거야. 침착하고 편안하게 들어야지. 즐거움을 하나도 놓치지 말아야지." 존은 잘 듣기 위해 더 편안한 자세를 취했고 메디아는 그의 손 위에 슬며시 제 손을 놓았다. 둘이 함께 그 섬에 갈 거라 생각하니 존은 기분이 좋았다. 그리고 그 섬의 광경이 다시 떠올랐다. 이번에는 뭔가 달라져 있었다. 머리에 면류관을 쓴 여인이 해변에서 그를 기다리고 서 있었다. 그녀 때문에 존은 섬에 주의를 기울이지 못했다. 그녀는 아름다웠다. 신성한 아름다움이었다. 존이 말했다. "마침내, 갈색의 흔적이 없는 여인을 만났어." 그는 여왕을 안으려고 두 팔을 뻗은 채 해변으로 걸어가기 시작했다. 그녀를 향한 자신의 사랑이 너무나 크고 순결하게 느껴졌고, 서로 너무나 오랫동안 떨어져 있었기에 그녀와 자신에 대한 연민이 주체할 수 없이 그를 흔들었다. 그가 그녀를 안으려는 찰나 노래가 끝났다.

존이 소리쳤다. "다시 불러요, 다시 불러 주세요. 두 번째는 더 좋았어요."

하프웨이스 씨가 어깨를 으쓱하며 말했다. "그렇게 원한다면야 불러 줘야지. 안목 있는 청중을 만나니 좋구먼." 그는 세 번째로 그 노래를 불렀다. 이번에는 더 많은 것이 귀에 들어왔다. 몇몇 음악적 효과가 어떻게 만들어지는지 알 수 있었고, 특히 괜찮은 부분들이 귀에 들어왔다. 그런데 곡이 조금 길게 느껴졌다. 이번에는 섬의 영상이 좀더 어슴푸레했지만 존은 그다지 개의치 않았다. 그는 한 팔로 메디아를 안았고 두 사람은 볼을 맞대고 누웠다. 하프웨이스 씨 노래가 언제 끝나나 싶어졌다. 마침내 가수의 목소리가 흐느낌과 더불어 끊어지며 마지막 악절이 끝났다. 고개를 든 노신사는 두 젊은이가 서로를 품에 안고 누워 있는 모습을 보았다. 그는 일어나서 이렇게 말했다.

"자넨 자네의 섬을 발견했네. 두 사람은 서로의 마음에서 섬을 발견했어."

그는 눈가를 훔치며 까치발로 방에서 나갔다.

6
이가봇

"메디아, 사랑해." 존이 말했다.

"우린 진짜 섬에 도착했어요." 메디아가 말했다.

"그런데 오, 맙소사! 우린 왜 그리도 오래 육체를 참아 왔던가?"

"그렇지 않으면 위대한 왕자[5]도 감옥에 누워 있게 되지요."[6] 그녀가 한숨을 쉬었다.

"누구도 우리 사랑의 신비를 이해하지 못할 거야." 그가 말했다.

그 순간 빠른 구둣발자국 소리가 요란하게 들리더니 키 큰 젊은이가 손에 등불을 들고 방으로 성큼성큼 들어왔다. 머리카락이 새까맣고 입이 우체통의 편지 구멍처럼 곧은 그는 여러 가지 금속 줄을 몸에 매달고 있었다. 그는 그들을 보자마자 요란한 웃음을 터뜨렸다. 두 연인은 후다닥 일어나 서로 떨어졌다.

"이런, 브라우니. 또 실력 발휘하는 거냐?" 그가 말했다.

"날 그렇게 부르지 마." 메디아가 발을 구르며 말했다. "전에도 말했잖아. 그렇게 부르지 말라고."

젊은이는 그녀에게 외설적인 몸짓을 하고는 존을 보고 말했다.

"자네, 우리 늙다리 바보 아버지에게 넘어갔나 보군."

"오빠 그렇게 말할 권리 없어." 메디아가 말했다. 그다음 볼이 새

5 '완전한 사랑'을 말함.
6 이 대사는 존 던의 시 〈황홀〉의 시구다.

빨개진 채 존을 보고 가슴을 들썩거리며 말했다. "다 끝났어요. 우리의 꿈은, 산산조각 났어요. 우리의 신비는, 더럽혀졌어요. 당신에게 사랑의 모든 신비를 가르쳐 주려 했는데, 이제 당신을 영원히 잃었네요. 우린 헤어져야 해요. 난 가서 죽어 버릴 거예요." 그 말을 하고 나서 그녀는 방에서 뛰쳐나갔다.

7
그는 여기 계시지 않다

젊은이가 말했다. "저 애는 신경 쓰지 말게. 저런 위협을 백 번도 더 했으니까. 저 애는 그냥 갈색 여자야. 본인이 그걸 모를 뿐이지."

존이 소리쳤다. "갈색 여자라고요! 그럼 그쪽 아버님은……."

"아버지는 평생 브라우니들을 위해 일하셨네. 그런데 본인은 그걸 몰라, 늙은 멍텅구리가. 그들을 뮤즈니 영이니 하는 허튼 이름으로 부르지. 아버지의 직업은 사실 뚜쟁이라네."

"그럼 그 섬은 어떻게 된 겁니까?" 존이 말했다.

"그 이야기는 아침에 하자고. 자네가 생각하는 그런 섬이 아니야. 있잖나, 나는 아버지와 소중한 여동생이 있는 이곳에 살지 않는다네. 에스크로폴리스에 집이 있지. 내일 그리로 돌아갈 거야. 실험실로 자네를 데려가 진짜 시를 몇 편 보여 주겠네. 공상 말고. 진짜를 말이야."

"대단히 감사합니다." 존이 말했다.

젊은 하프웨이스 씨는 존에게 방을 하나 내주었고 이후 집안의 모든 사람이 잠자리에 들었다.

8
거창한 약속

거스 하프웨이스가 하프웨이스 씨 아들의 이름이었다. 그는 잠자리에서 일어나자마자 존을 아침 식사 자리로 불렀다. 식사 후에 같이 떠날 참이었다. 그들을 방해하는 사람은 없었다. 하프웨이스 씨는 아직 자고 있었고 메디아는 언제나 침실에서 아침을 먹기 때문이다. 식사를 마친 후, 거스는 존을 집 옆의 창고로 데려가 바퀴 달린 기계를 보여 주었다.

"이게 뭡니까?" 존이 물었다.

젊은 하프웨이스가 말했다. "내 오래된 버스." 그는 고개를 한쪽으로 기울인 채 뒤로 물러서더니 그것을 잠시 바라보았다. 그리고 경건한 목소리로 말하기 시작했다.

"그녀는 시詩야. 시대정신의 딸이지. 아틀란타[7]가 그녀의 속도를 따라잡을 수 있겠어? 아폴로가 그녀의 아름다움을 따라갈 수 있겠어?"

존에게 아름다움이란 그의 섬을 보게 해주는 것뿐이었다. 그러

7 그리스 신화에 나오는 여자. 달리기가 빨라 남자들과 멧돼지 사냥을 했다.

나 존은 기계를 보고 있어도 섬이 떠오르지 않아서 그냥 입을 다물었다.

거스가 말했다. "모르겠나? 우리 선조들은 소위 신과 여신들의 이미지를 만들었어. 하지만 그것들의 실상은 회칠한 갈색 남녀들이었네. 그들을 아주 오래 쳐다보면 누구나 그 사실을 알게 되지. 모두 자기기만과 추잡한 감상일 뿐이야. 하지만 여기에는 진정한 예술이 있네. 그녀에겐 관능적인 요소가 전혀 없지, 아닌가?"

존은 톱니바퀴와 전선이 감긴 기계를 쳐다보며 말했다. "그렇군요. 갈색 여자와 같은 면은 전혀 없네요." 그보다는 고슴도치나 뱀의 둥지와 더 비슷했다.

거스가 말했다. "내 생각도 그래. 진정한 힘, 그렇지? 속도, 냉혹, 엄격, 웅장한 형태, 그렇지? 그리고." (이 대목에서 그는 목소리를 낮추었다.) "아주 비싸기도 하다네."

그는 존을 기계 안에 앉히고 본인도 옆자리에 앉았다. 그러고 나서 여기저기 레버를 당기기 시작했는데 한동안은 아무 일도 없었다. 그러다가 섬광과 요란한 소리와 함께 기계가 공중으로 날아오르더니 앞으로 돌진했다. 존이 숨도 고르기 전에 그들은 눈에 익은 큰길을 가로질러 북쪽으로 갔다. 돌이 많은 들판들이 철조망 울타리로 네모반듯하게 구획된 평평한 지역이었다. 얼마 후 그들은 모든 집이 강철로 지어진 도시 안에 서 있었다.

3권

시대정신의 소굴을 지나

교묘한 행위들이 사람들 사이에서 높임을 받고……
늘 고귀하게 여겨지던 소박한 선이
조롱받고 완전히 사라졌다.

투키디데스

이제 그보다 못한 자들, 분주한 말썽꾼들이
세상의 주인이 되었다. 우리의 영광은 사라졌고
찬란하던 땅은 낡고 생기가 없어졌다.

아논

무지한 자일수록 자신의 작은 교구와
작은 예배당이 문명과 철학이 활약하며 힘써 도달한
수준의 정점이라고 굳게 확신한다.

버나드 쇼

1
에스크로폴리스

그다음 거스는 큰 방으로 존을 데리고 들어갔는데 마치 큰 욕실처럼 보였다. 방에는 강철과 유리가 가득했고 벽은 거의 전면이 창이었다. 사람들이 떼지어 모여 있었는데 약처럼 보이는 것을 마시면서 목청껏 소리 높여 이야기하고 있었다. 모두 젊거나, 젊어 보이게 빼입고 있었다. 여자들은 머리가 짧고 가슴이 납작한 데다 엉덩이도 평평해서 남자처럼 보였고, 남자들은 창백한 달걀 모양의 얼굴에 잘록한 허리, 큰 엉덩이 때문에 여자처럼 보였다. 머리가 길거나 수염이 난 소수만이 여자답게, 혹은 남자답게 보였다.

존이 속삭였다. "무엇 때문에 저렇게 화가 난 거죠?"

거스가 말했다. "화가 난 게 아니야. 예술에 대해 대화하는 거야."

그는 존을 방 한가운데로 데려가 이렇게 말했다.

"자! 여기 제 아버지에게 속았다가 순도 100퍼센트 진짜 음악으로 깨끗해지기 원하는 사람이 있습니다. 신新낭만주의적 음악으로 시작하면 좋을 것 같습니다."

똑똑한 이들이 모두 모여 상의한 끝에 빅토리아나나가 먼저 노래하는 게 낫겠다는 결론을 내렸다. 존은 빅토리아나나가 일어났을 때 학생인 줄 알았다. 그러나 자세히 보니 실은 쉰 정도 되었음을 알 수 있었다. 그녀는 노래를 시작하기 전에 하프웨이스 씨의 예복을 과장되게 흉내 낸 드레스를 걸쳤다. 집사의 가면과 비슷한 가면도 썼는데, 코가 새빨갛게 칠해져 있고 한쪽 눈이 감겨 늘 윙크하는 모습이라는 점만 달랐다.

똑똑한 이들의 절반이 외쳤다. "대단해! 퓨리타니아 분위기가 물씬 나."

그러나 수염 난 남자들을 포함한 나머지 절반은 거들먹거렸고 매우 경직되어 보였다. 빅토리아나나는 작은 장난감 하프를 가져와 연주하기 시작했다. 장난감 하프의 소리는 너무나 이상해서 존은 그 소리를 음악이라고 생각할 수 없었다. 그녀가 노래를 부르자 그의 머릿속에 섬과 약간 비슷한 영상이 떠올랐는데, 그 섬이 아니라는 것을 즉시 알 수 있었다. 존은 곧 그의 아버지와 집사와 나이 든 하프웨이스 씨와 비슷해 보이는 사람들이 광대 복장을 하고 나와 뻣뻣한 동작으로 춤을 추는 모습을 보았다. 그다음에는 여자 어릿광대가 등장해 모종의 사랑 이야기를 노래했다. 그런데 갑자기 섬 전체가 화분 속의 엽란葉蘭으로 바뀌면서 노래가 끝났다.

"대단해." 똑똑한 이들이 말했다.

"마음에 들었으면 하네." 거스가 존에게 말했다.

"글쎄요." 존은 의심스럽다는 듯 말문을 열었다. 무슨 말을 해야 할지 알 수 없었다. 그러나 말을 할 기회도 없었다. 바로 그 순간 깜짝 놀랄 일이 벌어졌기 때문이다. 빅토리아나는 가면을 벗어 던지고 존에게 걸어와 따귀를 힘껏 두 번 때렸다.

똑똑한 이들이 말했다. "그거야. 빅토리아나는 용기가 있어. 빅키, 당신의 생각에 다 동의하는 건 아니지만 그 용기만은 높이 산다니까."

빅토리아가 존에게 말했다. "원한다면 얼마든지 날 핍박해 봐. 궁지에 몰린 나를 보니 사냥 본능이 깨어나겠지. 당신은 언제나 다수의 소리를 따르겠지만 나는 끝까지 싸울 거야. 그러니 어디." 그리고 울기 시작했다.

존이 말했다. "정말 미안해요. 하지만……."

빅토리아나가 흐느끼며 말했다. "좋은 노래였다는 거 나도 알아. 위대한 가수들은 모두 생전에 핍박을 당했지. 나도 피-핍박받았으니 위대한 가수인 게 틀림없어."

"딱 걸렸구먼." 빅토리아나가 실험실을 나설 때 똑똑한 이들이 말했다.

"그 여자가 갔으니까 하는 말인데, 솔직히 말해 그 여자 노래는 좀 구식이야." 누군가가 말했다.

"그냥 들어 줄 수가 없어." 또 다른 사람이 말했다.

"따귀를 맞아야 할 쪽은 그 여자였지." 세 번째 사람이 말했다.

"평생 응석만 부리고 듣기 좋은 말만 들었어. 그게 그 여자의 문제야." 네 번째 사람이 말했다.

"맞아." 나머지 사람들이 한목소리로 말했다.

2
남풍

거스가 말했다. "누구 다른 분이 노래를 불러 주시면 좋겠군요."

"내가 하지." 서른 개의 목소리가 동시에 소리쳤다. 그중 단연 우렁찬 목소리가 있었는데, 다른 이들이 채 움직이기도 전에 목소리의 주인공이 방 한가운데로 들어섰다. 수염을 기른 그는 빨간색 셔츠와 악어가죽으로 만든 샅주머니[1]만 걸치고 있었다. 그는 아프리카 톰톰을 두들기며 노래를 부르기 시작했고, 절반만 가린 호리호리한 몸을 이리저리 흔들며 잉걸불처럼 이글거리는 눈으로 사람들 모두를 노려보았다. 이번에 존은 섬의 모습을 전혀 볼 수 없었다. 대신, 엉킨 뿌리들과 털 난 야채 줄기들이 가득한 진초록 공간이 보였다. 그 안에서 어떤 형체들이 몸을 움직이고 비틀었는데 식물이 아니라 사람들이었다. 진초록은 점점 더 어두워졌고 뜨거운 열기로 휩싸였다. 그러다 갑자기 어둠 속에서 움직이던 모든 형체들이 한데 모여 하나의 음란한 이미지를 만들어 냈고 그 이미지가 방 전체를 채웠다. 그리고 노래가 끝났다.

1 Codpiece. 15~16세기 유럽의 남자들이 바지 앞 샅 부분에 차던 장식용 천.

똑똑한 이들이 말했다. "대단해. 너무나 노골적이야! 너무나 남성적이야."

존은 눈을 껌뻑이며 주위를 둘러보았다. 똑똑한 이들은 하나같이 담담하게 별 일 없었다는 듯 담배를 피우며 약물 같은 음료를 마시고 있었다. 그 광경을 보자 그는 마음이 불편해졌다. 저들은 뭔가 다른 것을 느낀 게 분명하다는 생각이 들었기 때문이다. '만약 그렇다면, 저들은 정말 마음이 순수한 사람들이겠구나.' 그렇게 추측하자 자신이 여기서 제일 저질이라는 생각이 들면서 부끄러워졌다.

"마음에 드셨습니까, 예?" 수염 기른 가수가 말했다.

"저, 저는 이해를 못한 것 같습니다." 존이 말했다.

"마음에 들게 만들어 드리지, 그럼." 노래를 부른 이는 톰톰을 다시 꺼내들었다. "그것이 당신이 줄곧 정말 원했던 거였으니까."

존이 소리쳤다. "아닙니다, 아니에요. 그게 아니라는 건 확실해요. 섬에 대해 오래 생각하고 있으면 늘 그것, 그와 같은 것을 얻게 되는 건 사실이에요. 하지만 그것이 제가 원하는 것일 리는 없어요."

"아니라고? 왜 아니라는 거요?"

"그것이 제가 원하던 바라면, 그것을 얻을 때 제가 왜 그렇게 실망하겠습니까? 정말 음식을 원하는 사람에게 음식을 주었을 때 그가 실망할까요? 그뿐 아니라 제가 이해할 수 없는 것은……."

"당신이 이해하지 못하는 것? 내가 설명해 주지."

"음, 이런 거예요. 여러분이 하프웨이스 씨의 노래를 반대한 이유는 그 노래가 결국 갈색 여자로 이어지기 때문인 것 같아요."

"맞아."

"음, 그럼 검은 여자들로 이어지는 노래가 그보다 나을 게 뭐가 있죠?"

낮은 휘파람 소리가 실험실 전체에 울려 퍼졌다. 존은 자신이 끔찍한 실수를 저질렀음을 깨달았다.

수염을 기른 가수가 달라진 목소리로 말했다. "이봐. 무슨 소리야? 내 노래에 그런 것이 들어 있다는 말은 아니겠지, 맞아?"

"저, 저는 그저, 제가 잘못 말한 것 같습니다." 존이 더듬거렸다.

가수가 말했다. "다시 말해, 예술과 포르노그래피의 차이도 분간 못하는 작자로군!" 그는 단호한 걸음으로 존에게 다가가더니 그의 얼굴에 침을 뱉고 획 돌아서서 방을 나갔다.

똑똑한 이들이 소리쳤다. "잘했어, 팰리. 그놈 꼴좋다."

"음탕한 짐승 같은 놈." 한 사람이 말했다.

"야! 퓨리타니아 놈아!" 한 여자가 말했다.

"저 자식 발기불능일 거야." 또 다른 사람이 속삭였다.

거스가 말했다. "너무 심하게들 그러지 마세요. 욕망을 잔뜩 억제하고 있어서 그래요. 이 친구는 억제를 합리화하는 것뿐이에요. 좀 더 형식을 갖춘 것은 잘 받아들일지도 몰라요. 당신이 노래하는 게 어때요, 글러글리?"

3
생각의 자유

글러글리는 즉시 일어났다. 그녀는 전봇대처럼 키가 큰 데다 빼빼 말랐고 입은 비뚤어져 있었다. 사방이 조용해지자 실험실 한복판에 서서 몸짓을 취하기 시작했다. 우선 양손을 허리에 대고 손을 이상한 방식으로 교묘하게 틀어 마치 손목이 빠진 것처럼 보이게 했다. 그다음 발끝을 안쪽으로 해서 이리저리 뒤뚱뒤뚱 걸었다. 그 후에는 몸을 비비 꼬아 골반이 빠진 것처럼 보이게 만들었다. 마침내 그녀는 몇 번 끙 소리를 내고 말했다.

"글로볼 아볼 우클 오글 글로볼 글루글 글루." 그리고 입술을 오므리고 아이들이 유아방에서 내는 우스꽝스러운 소리를 냈다. 그다음 자기 자리로 돌아가 앉았다.

"대단히 감사합니다." 존이 정중하게 말했다.

그러나 글러글리는 대답하지 않았다. 어릴 때 당한 사고로 말을 못하게 되었기 때문이다.

"자네 마음에 들었으면 좋겠군." 젊은 하프웨이스가 말했다.

"이해를 못했습니다."

글러글리의 유모나 보호자로 보이는 안경 쓴 여자가 말했다.

"아, 그건 당신이 아름다움을 찾고 있기 때문이야. 여전히 당신의 섬을 생각하고 있잖아. 풍자가 현대 음악을 움직이는 힘이라는 것을 깨달아야 해."

"야만적인 환멸의 표현이지." 누군가가 말했다.

"현실은 무너졌어." 다량의 약물을 마신 뚱뚱한 청년이 벌렁 드러누운 채 행복하게 웃으며 말했다.

"우리의 예술은 잔인해져야 해." 글러글리의 유모가 말했다.

새파랗게 젊은 똑똑한 이가 말했다. "이 나라에 전쟁이 나면서 우리는 이상을 잃었어. 진흙과 홍수와 피 속에서 이상이 빠져나갔지. 그래서 우리는 더없이 냉혹하고 잔인해져야 하는 거야."

존이 소리쳤다. "하지만 이것 봐요. 그 전쟁은 여러 해 전에 끝났어요. 전쟁에 참여한 이들은 여러분의 아버지들이라구요. 그분들은 모두 정착해서 평범하게 살고 있어요."

"퓨리타니아 놈! 부르주아놈!" 똑똑한 이들이 소리를 질렀다. 모두가 일어선 듯 보였다.

"입 조심하게." 거스가 존의 귀에다 속삭였다. 그러나 이미 누군가 존의 머리를 쳤고, 그 충격으로 그가 몸을 웅크리자 다른 사람이 뒤에서 그를 때렸다.

"그건 진흙과 피였어." 주위의 여자들이 분노에 차서 야유했다.

존은 자기를 노리는 여러 공격을 이리저리 피하면서 말했다. "글쎄요, 여러분이 그 전쟁을 기억할 만큼 나이가 많다면, 왜 그렇게 젊은 척 가장하는 거죠?"

그들이 악을 썼다. "우리는 젊어. 우리가 새로운 운동이야. 우리가 반란이라고."

"우리는 인도주의를 극복했어." 수염 난 남자들 중 하나가 고함을 지르며 존의 무릎을 걷어찼다.

"내숭도 극복했지." 이 말과 함께 몸집이 작고 깡마른 노파가 옷을 잡아 뜯으려 그의 목을 노렸다. 그와 동시에 여섯 명의 여자가 손톱을 세우고 그의 얼굴을 향해 달려들었다. 그는 등과 배로 발길질 당했고, 누군가의 발에 걸려 정면으로 엎어졌다가 일어서면서 다시 맞았다. 걸음아 날 살려라 하고 실험실에서 달아나는데 온 세상 유리가 다 깨지는 듯한 소리가 주위를 가득 메웠다. 존이 거리로 달려 나오자 에스크로폴리스의 모든 개가 추격에 합류했고, 뒤따르던 사람들은 똥을 던지면서 이렇게 외쳤다.

"퓨리타니아 놈! 부르주아 놈! 호색한!"

4
배후 인물

존은 더 이상 달릴 수 없어서 주저앉았다. 추격자들의 소음은 잦아들었고 뒤돌아보니 에스크로폴리스도 보이지 않았다. 그는 오물과 피로 범벅이 되었고 숨 쉬는 것만으로도 힘들었다. 한쪽 손목에 뭔가 이상이 생긴 듯했다. 너무 지쳐 걸어갈 힘마저 없었기에 가만히 앉아 잠시 생각에 잠겼다. 그러자 하프웨이스 씨에게 돌아가고 싶다는 생각이 들었다. '맞아. 그의 노래를 오래 듣다 보면 메디아에게 이르게 될 거야. 그녀에겐 갈색의 기미가 있지만 그의 노래를 듣다 보면 그 섬의 모습이 먼저 떠올랐잖아. 그런데 똑똑한 이들은 섬을 보여 주지도 않고 갈색 여자나 그보다 못한 것들에게 바로 이끌고 갔지. 하프웨이스 씨와 함께하면서 섬만 계속 볼 순 없을까? 언제나 결국엔 메디아로 넘어가고 마는 걸까?' 그 순간, 그가 줄곧 원했던 것은 하프웨이스 씨의 노래가 아니라 그 섬 자체였다는 생각이 떠올랐다. 그가 이 세상에서 원하는 것은 그것뿐이었다. 존은 그 사실을 기억해 내고 여행을 계속하기 위해 통증을 무릅쓰고 일어섰다. 그리고 서쪽이 어느 쪽인지 보려고 주위를 살폈다. 그는 여전히 평평한 지역에 있었지만 저만치 앞으로 산들이 보였고, 그 위로 해가 지고 있었다. 도로는 그 방향으로 뻗어 있었다. 존은 도로를 따라 절뚝거리며 걷기 시작했다. 얼마 후 해는 사라졌고 하늘에 구름이 덮이더니 차가운 비가 내리기 시작했다.

절뚝거리며 1.6킬로미터쯤 걸어갔을 때였다. 큰 시가를 물고 사유지 울타리를 고치는 사람이 보였다. 존은 발걸음을 멈추고 바다로 가는 길을 아느냐고 물었다.

"몰라요." 사내는 쳐다보지도 않고 말했다.

"이 지역에서 하룻밤 묵을 만한 곳을 아십니까?"

"몰라요." 사내가 말했다.

"빵 한 조각 주실 수 있나요?" 존이 물었다.

맘몬이 말했다. "물론 안 돼지. 모든 경제 법칙에 어긋나는 일이니까. 그쪽의 거지근성을 부추기게 될 거고." 존이 가지 않고 있자 그가 한마디 했다. "가던 길 계속 가시오. 괜히 근처에서 어슬렁대지 말고."

존은 절뚝거리며 다시 걸었다. 10분쯤 지났을까. 갑자기 맘몬이 그를 부르는 소리가 들렸다. 존은 발걸음을 멈추고 뒤로 돌았다.

"왜 그러세요?" 존이 소리쳤다.

"돌아와요." 맘몬이 말했다.

존은 너무 지치고 배가 고팠기 때문에 맘몬의 야박함이 누그러졌기를 바라며 자존심을 누르고 도로 걸어갔다.(그 길은 참으로 길게 느껴졌다.) 그가 앞서 대화를 나눴던 장소에 다시 이르자, 맘몬은 말없이 일을 마무리한 후 이렇게 말했다.

"옷은 어떻게 찢어진 거요?"

"에스크로폴리스에서 똑똑한 이들과 싸움이 났습니다."

"똑똑한 이들?"

"모르십니까?"

"들어 본 적 없소."

"에스크로폴리스를 아십니까?"

"아느냐고? 내가 에스크로폴리스 주인이오."

"무슨 말씀이신가요?"

"그들이 무얼 먹고 살 것 같소?"

"거기까진 미처 생각 못했네요."

"그들 모두 나를 위해 글을 쓰거나 내 땅을 붙여먹고 살아가지. '똑똑한' 것이란 그들이 남는 시간에 하는 허튼 짓거리인가 보군. 떠돌이를 두들겨 패지 않을 때 말이지." 이렇게 말하며 그는 존을 흘낏 쳐다보았다. 그는 하던 일을 계속했다.

"기다릴 거 없소." 이내 그가 말했다.

5
체포되다

그때 나는 돌아누웠고 곧바로 다시 꿈을 꾸었다. 어둠 속에서 비를 맞으며 서쪽으로 터벅터벅 걸어가는 존은 너무나 괴로웠다. 계속 가기에는 너무 지쳤고 멈추기에는 너무 추웠다. 얼마 후 북풍이 불면서 비는 물러갔고, 물웅덩이에 살얼음이 끼고, 나무의 헐벗은 가지들이 서로 부딪쳤다. 그리고 달이 얼굴을 내밀었다. 존이 추워서 이를 딱딱 부딪치며 고개를 들자 양쪽으로 높은 절벽이 솟은 긴 골짜기가 보였다. 골짜기 저 끝에는 높은 절벽이 가로막고 있었고 중간에 좁은 통로 하나가 간신히 나 있었다. 달빛이 절벽을 하얗게 비추었고 그 한복판에 사람 머리 모양을 한 거대한 그림자가 드리웠다. 존이 어둠 속에서 지나온, 뒤쪽의 산이 던진 그림자였다.

너무 추워 바람 속에 있을 수 없었던 존은 비틀거리며 골짜기를 올라가 마침내 절벽 앞에 이르렀다. 통로로 들어갈 생각이었다. 그러나 거대한 바위를 돌아 통로가 보이는 곳에 들어서자 무장한 사람들이 화롯가에 앉아 있는 모습이 보였다. 그들은 존을 보자 벌떡 일어나 길을 막았다.

“이리로 통과할 수 없소.” 그들의 대장이 말했다.

“그럼 어디로 통과할 수 있나요?” 존이 물었다.

“어디로 가시오?”

“바다를 찾으려고 합니다. 제가 서쪽에서 봤던 섬을 찾아 출항

하려고요."

"그럼 당신은 통과할 수 없소."

"누구 명령입니까?"

"이 지역이 전부 시대정신의 소유임을 모르는 건가?"

존이 말했다. "죄송합니다. 몰랐습니다. 저는 무단출입을 할 생각은 없습니다. 다른 길로 돌아가도록 하겠습니다. 그분의 땅을 통과하지 않겠습니다."

대장이 말했다. "이 바보야. 넌 지금 그분의 땅에 있어. 이 고개는 그 땅에서 나가는 길이야. 들어가는 길이 아니라고. 그분은 이방인들을 환영하시지. 그분이 문제 삼는 대상은 도망자들이야." 대장은 부하 중 한 사람을 불러 말했다. "어이, 계몽. 이 도망자를 주인님께 데려가."

한 젊은이가 앞으로 나와 존의 두 손에 수갑을 채웠고, 수갑에 달린 긴 사슬을 어깨에 걸고 확 잡아당기더니 골짜기 아래로 내려가기 시작했다. 존은 그를 따라 끌려갔다.

6
우물 오염시키기

그들은 존이 올라왔던 길을 거슬러 골짜기를 내려갔다. 정면에서 비추는 달빛이 환했다. 달 아래로 아까 본 그림자를 던진 산이 있었다. 다시 보니 정말 사람 같았다.

존이 말했다. "계몽 선생님, 정말 맞으십니까?"

"아닐 이유라도 있소?" 수비대원이 말했다.

"지난번 뵈었을 때와 모습이 너무 달라서요."

"우리는 만난 적이 없소."

"예? 퓨리타니아 경계에 있는 주막에서 절 만나 조랑말 마차로 8킬로미터 정도 태워 주시지 않았습니까?"

"아, 그렇소? 그건 우리 아버지겠군. 늙은 계몽 선생. 허영 많고 무식한 늙은이. 거의 퓨리타니아 사람 수준이지. 우리 가족끼리는 아버지 이야기 안 해요. 난 지기스문트 계몽이오. 아버지와 싸운 지 오래 되었소."

그들은 한동안 말없이 길을 갔다. 그러다 지기스문트가 다시 입을 열었다.

"미리 말해 주면 수고를 덜 수 있겠군. 탈출은 생각도 마시오. 탈출해서 나갈 곳은 없으니까."

"제 섬과 같은 곳이 있을지 모르지 않습니까?"

"섬이 있으면 좋겠다고 간절히 바라고 있소?"

"그렇습니다."

"무엇인가를 간절히 바라다가 그것이 실제로 이루어지는 것을 상상해 본 적 없소?"

존은 잠시 생각한 후 대답했다. "있습니다."

"당신의 섬은 상상과 같소. 아니오?"

"그런 것 같군요."

"당신은 그것을 원하다가 상상하게 된 거요. 그러니까 대단히 미심쩍단 말이지. 그뿐이 아니오. 내 질문에 답해 보시오. 섬의 모습이 갈색 여자로 끝나지 않았던 적이 있소? 단 한 번이라도 말이야."

"모르겠습니다. 하지만 나는 그들을 원하지 않았어요."

"아니, 당신은 그들을 소유하고 싶어 했소. 그다음에는 자신이 괜찮은 사람이라는 만족감을 원했고. 그래서 섬이 나온 거지."

"무슨 말씀이신지……."

"섬은 당신의 음욕을 자신에게 감추기 위해 세운 가식이었소."

"하지만…… 섬의 환상이 갈색 여자로 끝날 때 너무나 실망스러웠단 말이에요."

"그렇지. 당신은 둘 다 가질 수 없다는 걸 알고 실망한 거야. 그러나 망설이지 않고 가질 수 있는 걸 가졌어. 갈색 여자를 거부하지 않았잖아."

그들은 다시 한동안 말이 없었다. 그 사이 앞쪽에 있는 이상한 모양의 산은 점점 더 커졌다. 존이 다시 입을 열었을 때는 피곤에 지쳐 반쯤은 졸고 있었다.

"제 섬만 있는 게 아닙니다. 돌아가야겠군요. 동쪽으로 돌아가 산으로 가봐야겠어요."

"그 산은 존재하지 않소."

"어떻게 아십니까?"

"거기 가본 적 있소? 밤이나 해가 환히 떠오를 때 말고 그 산을 본 적이 있소?"

"없습니다."

"당신의 선조들은 소작 기간이 끝나면 산에 있는 지주의 성에서 살게 된다는 생각이 마음에 들었나 보군. 갈 데가 없는 것보다는 그쪽이 훨씬 유쾌하잖아."

"그렇겠군요."

"그것 역시 사람들이 믿고 싶은 것을 믿게 된 또 다른 사례야."

"하지만 모든 게 다 그런 식이란 말입니까? 저 앞에 보이는 모든 것이 제가 봤으면 하고 바라기 때문에 저기 있다는 겁니까?"

지기스문트가 말했다. "대부분은 그렇지. 예를 들어 볼까. 당신, 우리 앞에 있는 저것이 산이라고 생각하고 싶을 거야. 그래서 산이라고 믿고 있지."

존이 소리를 질렀다. "뭐라고요? 저게 뭡니까?"

꿈속의 존은 겁에 질려 아이처럼 두 손으로 눈을 가리고 거인을 보지 않으려 했다. 그러나 젊은 계몽이 그의 손을 치우고 얼굴을 들어 올려 시대정신을 보게 만들었다. 산만 한 크기의 시대정신은 눈을 감은 채 돌 거인처럼 앉아 있었다. 계몽은 암석 가운데 난 작은 문을 열어 존을 그 안으로 던져 넣었다. 언덕 기슭에 만들어진 그 구덩이는 거인 맞은편에 있어서 쇠창살을 통해 거인이 안을 들여다볼 수 있게 되어 있었다.

"이제 곧 눈을 뜨실 거야." 계몽은 그렇게 말한 후 문을 잠그고 떠났다.

7

현실 직시

존은 수갑을 찬 채로 차갑고 악취 나는 지하 감옥에 밤새 누워 있었다. 아침이 되자 창살에 빛이 조금씩 들어왔다. 주위를 둘러본 존은 그 말고도 감옥 안에 다양한 성별과 나이의 죄수들이 많이 있음을 알게 되었다. 그러나 그들은 그에게 말을 걸지 않았고, 빛을 피해 옹송그리며 모여 있었다. 창살에서 멀찍이 거리를 두고 구덩이 속으로 최대한 깊이 들어가 있었다. 존은 맑은 공기를 조금이라도 쏘이면 나을 것 같아 기다시피 해서 창살로 다가갔다. 그러나 바깥에 있는 거인을 보자마자 마음이 확 꺾이고 말았다. 그가 보고 있는 사이 거인이 눈을 떴고, 존은 공포에 질려 자기도 모르게 창살에서 떨어졌다. 꿈속의 거인은 바라보는 대상을 투명하게 만드는 능력이 있었다. 존은 지하 감옥 안을 둘러보다가 동료 죄수들의 모습에 놀라 황급히 물러났다. 악마들이 우글대는 것 같았다. 존은 옆에 앉은 여자를 보았는데, 처음에는 여자인 줄도 몰랐다. 얼굴을 통해 두개골이 들여다보이고 그 안으로 뇌가 보이고 코의 여러 관, 후두, 여러 분비선 사이로 움직이는 타액과 혈관의 피가 보였다. 몸 아래쪽에서는 폐가 스펀지처럼 움직였고 간과 똬리를 튼 뱀 같은 내장이 보였다. 그녀에게서 눈을 떼자 노인이 눈에 들어왔다. 그의 모습은 더 끔찍했다. 노인에겐 암이 있었다. 존은 그 끔찍한 광경을 보지 않으려고 주저앉아 머리를 숙였는데, 그때 자기 오장육부가 다 눈에 들어왔다.

그때 나는 구덩이에 갇힌 채 거인의 눈앞에서 숱한 나날을 보낸 이들의 모습을 보았다. 그 모두를 둘러본 존은 엎드려 두 손으로 눈을 가린 채 외쳤다 "여기가 검은 구덩이다. 지주는 없을지 모르지만, 검은 구덩이 이야기는 사실이구나. 난 미쳤다. 난 죽었어. 지옥에 영원히 갇혔구나."

8
앵무병

간수는 매일 죄수들에게 음식을 가져다주었는데, 접시를 내려놓으면서 한마디씩 던졌다. 식사가 고기일 때면 그들이 시체를 먹고 있음을 상기시켰고, 도살 과정을 세세히 짚어 주기도 했다. 짐승의 장기가 나오는 날엔 해부학 강의를 장황하게 늘어놓고 그것이 그들 속의 동일 부위와 얼마나 비슷한지 알려 주었다. 저녁 식사 때는 거인이 언제나 감옥 안을 들여다보았기 때문에 그 일이 더 쉬웠다. 계란이 나오면 해충덩어리 가금家禽의 월경 배출물이라며 비아냥거렸고 여성 죄수들에게 몇 마디 농담을 던지기도 했다. 그렇게 하루하루가 지나갔다. 그러다 음식이 우유밖에 없던 어느 날, 간수는 우유통을 내려놓으며 말했다.

"우린 젖소의 분비물을 먹는 신세야. 젖소의 다른 분비물을 먹는 모습을 상상하면 그게 어떤 건지 쉽게 알 수 있잖아."

다른 누구보다 구덩이에 머문 기간이 짧았던 존은 간수의 그 말을 듣자 머릿속에서 번쩍하고 불꽃이 이는 듯했다. 그는 깊은 한숨을 내쉰 후 크고 분명한 목소리로 불쑥 말을 꺼냈다.

"세상에! 드디어 당신이 헛소리를 한다는 걸 알겠어요."

"무슨 소리야?" 간수가 그쪽으로 몸을 획 돌리며 말했다.

"같지 않은 것을 같다고 하잖아요. 우리가 우유를 땀이나 똥과 같은 것으로 생각하게 만들려 하고 있어요."

"그럼 어디 말해 보시지. 관습상의 구분 말고 둘 사이에 어떤 차이가 있지?"

"당신 거짓말쟁인가요, 아니면 바보인가요? 자연이 쓰레기로 내놓는 것과 음식으로 저장하는 것의 차이점이 안 보인단 말인가요?"

간수가 비웃으며 말했다. "자연이 목적과 의식을 지닌 사람이라도 되나? 그럼 여지주女地主쯤 되겠구먼. 물론 그런 것을 믿을 수 있다고 상상하면 위로가 되겠지." 그렇게 말하고 그는 거들먹거리며 감옥을 나가려 했다.

존이 그 뒤에다 대고 소리쳤다. "그런 건 모릅니다. 나는 지금 벌어지는 상황을 말하는 거예요. 우유는 송아지를 먹여 살리지만 똥은 그렇게 못해요."

간수가 소리를 지르며 돌아왔다. "이봐. 더 이상은 못 참아. 이건 대역죄야. 널 주인님 앞으로 끌고 가겠어." 그는 존의 사슬을 홱 잡아당겨 문 쪽으로 끌고 가기 시작했다. 존은 끌려 나가면서 다른 사람들에게 소리쳤다. "이게 다 속임수라는 거 안 보여요?" 그러자 간수는 그의 입을 힘껏 갈겼고 존은 입안에 피가 가득 고여 말을 할 수 없었다. 그가 말없이 있는 동안 간수는 죄수들에게 말했다.

"보다시피 이놈이 논증을 펼치려 하는군. 자, 누가 말해 봐. 논증이 뭐지?"

혼란스러운 중얼거림이 일었다.

간수가 말했다. "자, 자. 지금쯤이면 교리문답을 알고 있어야지. 거기, 너."(그는 소년 정도밖에 안 돼 보이는 죄수를 가리켰다. 그의 이름은 '달인達人 앵무'였다.) "논증이 뭔가?"

달인 앵무가 말했다. "논증이란 논증자의 욕망을 합리화하려는 시도입니다."

간수가 대답했다. "아주 좋아. 그런데 발 앞쪽을 벌리고 서고 뒷짐을 져야지. 이제 좀 낫군. 자, 지주의 존재를 증명하는 논증에는 어떻게 대답하면 되지?"

"'당신은 집사니까 그렇게 말하는 거야.' 이렇게 대답하면 됩니다."

"잘했어. 그런데 고개를 들어야지. 맞아. 그럼 팰리 씨의 노래가 하프웨이스 씨의 노래만큼 갈색이라는 점을 증명하는 논증에는 어떻게 대답하면 되지?"

달인 앵무가 말했다. "그 논증을 격퇴하는 방법은 대체로 두 가지면 충분합니다. 첫째, '당신은 퓨리타니아 사람이라서 그렇게 말하는 거야', 둘째, '당신이 호색한이라 그렇게 말하는 거야' 이렇게 쏘아붙이면 됩니다."

"좋아. 한 가지만 더 확인하자. 2 더하기 2는 4라는 믿음에 근거한 논증에는 어떻게 대답하나?"

"이렇게 대답하면 됩니다. '당신이 수학자라서 그렇게 말하는 거야.'"

간수가 말했다. "정말 착하구나. 돌아올 때 근사한 걸 가져다주마. 이젠 널 손볼 차례군." 그러면서 그는 존을 발로 차고 쇠창살을 열었다.

9
거인 사냥꾼

밖으로 나온 존은 눈을 깜빡였다. 그나마 좀 깜빡이다 만 것은 거인의 그림자 아래 있어 눈이 부실 정도는 아니었기 때문이다. 거인은 화가 잔뜩 나 입에서 연기를 내뿜고 있었다. 그 모습은 보통 산이 아니라 화산처럼 보였다. 존은 이제 끝장이라고 생각하고 모든 것을 포기했다. 그러나 간수가 그를 거인의 발 앞으로 끌고 가서 목청을 가다듬고 "이 죄수의 죄목은……"이라고 말했을 때, 별안간 소동이 일면서 말발굽 소리가 들렸다. 간수가 그쪽으로 고개를 돌렸고, 거인도 존에게서 그 끔찍한 눈을 거두고 그쪽을 보았다. 끝으로 존도 그쪽을 돌아봤다. 경비대원 일부가 커다란 검은 종마種馬를 끌고 오고 있었다. 말 위엔 파란 망토를 두른 이가 앉아 있었는데, 망토에 달린 모자를 푹 눌러 써서 얼굴이 보이지 않았다.

"주인님, 또 다른 죄수입니다." 경비대장이 말했다.

그러자 거인이 거대하고 육중한 손가락을 아주 천천히 들어 지하 감옥의 입구를 가리켰다.

"아직은 아니지." 모자 쓴 인물이 말했다. 그는 수갑이 채워진 두 손을 뻗어 손목을 재빨리 움직였다. 그러자 쇠사슬이 끊어져 말발굽 아래 바위에 떨어지면서 쨍그랑 소리가 났다. 경비대원들은 고삐를 놓고 그에게서 눈길을 떼지 못한 채 뒤로 물러났다. 말 탄 사람이 망토를 벗어 던지자 강철의 섬광이 존의 눈을 찔렀고 거인의 얼굴에도 비치었다. 그 사람은 꽃다운 나이의 여성이었다. 키가 어찌나 큰지 거인족 같았고, 강철 갑옷으로 무장해 태양처럼 빛을 내며 칼을 뽑아 들고 있었다. 거인은 의자에 앉은 채 몸을 앞으로 굽히고 그녀를 바라보았다.

"넌 누구냐?"

"내 이름은 이성理性이다." 처녀가 말했다.

거인이 낮은 목소리로 말했다. "빨리 통행증 발급해 줘. 우리 영토 지나가게 해주고 원하는 속도로 빨리 떠나게 해주라고."

이성이 말했다. "아직 아니라니까. 떠나기 전에 세 가지 수수께끼를 내겠다. 너와 내가 내기를 하는 거지."

"뭘 걸고 말이냐?" 거인이 물었다.

"네 놈의 머리." 이성이 말했다.

산속에 잠시 침묵이 흘렀다.

마침내 거인이 말했다. "좋다. 피할 수 없다면 부딪쳐야지. 수수께끼를 내 봐."

이성이 말했다. "첫 번째 문제다. 어두운 곳에 있는 물체, 심해의 물고기, 사람 몸속에 있는 내장의 색깔은 무엇인가?"

거인이 말했다. "모르겠는데."

이성이 말했다. "좋아. 두 번째 문제다. 어떤 사람이 원수와 함께 집으로 가고 있었다. 그의 집은 강 건너에 있었는데, 유속이 너무 빨라 강을 헤엄쳐 건널 수 없고 수심이 너무 깊어 걸어서 건널 형편도 아니었다. 원수보다 빨리 갈 수도 없었다. 그가 길을 가는 동안 아내가 사람을 보내 이렇게 전했다. '아시다시피 강을 건너는 다리는 하나뿐이에요.' 자, 대답해 봐라. 원수가 건널 수 없게 다리를 끊어야 할까, 아니면 내가 건널 수 있게 다리를 그냥 둬야 할까?"

거인이 말했다. "너무 어렵군."

이성이 말했다. "좋아. 세 번째 수수께끼는 맞춰 보도록 해라. 어떤 규칙에 따라 원본과 복사본을 구분하는가?"

거인은 우물거리고 중얼거렸을 뿐, 대답하지 못했다. 이성이 박차를 가하자 종마가 거인의 이끼 낀 무릎으로 뛰어올라 앞다리 위로 전력 질주했고 그녀는 검으로 거인의 심장을 찔렀다. 그러자 울부짖음과 함께 산사태가 나는 것 같은 소리가 울렸고, 거인이 있던 자리에는 거대한 시체만 남았다. 시대정신은 이리저리 뻗은 작은 바위 언덕으로 변하고 말았다. 그의 첫인상에 걸맞은 모습이었다.

4권

길로 되돌아오다

헛된 생각, 부풀려진 희망, 엉터리 평가, 제멋대로의 상상 등을 제하고 나면
많은 이들의 마음이 초라하게 쪼그라든다.
거기엔 우울함과 언짢음, 불쾌감만 남을 것이라는 사실을
누가 의심하겠는가?

베이컨

1
원하는 바대로 내버려 두라

경비대원들은 달아났다. 이성은 말에서 내려 거인의 무릎이었던 작은 언덕의 이끼에 칼을 문질러 깨끗하게 닦아 냈다. 그리고 구덩이의 문으로 가서 칼을 휘둘렀다. 문이 부서지면서 구덩이 속이 들여다 보이고 악취가 풍겨 나왔다.

그녀가 말했다. "다들 나오세요."

그러나 안에서는 미동도 없었다. 존은 죄수들이 함께 울부짖으며 이렇게 말하는 소리를 들었다.

"또 다른 소망충족의 꿈일 뿐이야. 또 다른 소망충족의 꿈일 뿐이라고. 다시 속아 넘어가지 마."

곧 달인 앵무가 구덩이 입구로 와서 말했다. "우릴 속이려고 해봐야 소용없어. 한 번 속지 두 번 속을 줄 알아!"

"앵무병은 정말 골치 아프군." 이성은 그렇게 말하고 발길을 돌려 검은 말에 올라탔다.

"같이 가도 될까요? 아가씨?" 존이 물었다.

"얼마든지요. 지치지만 않는다면." 이성이 말했다.

2
원형과 모형

꿈속에서 나는 그들이 함께 출발하는 모습을 보았다. 존은 이성이 탄 말 안장 옆에서 걸었다. 그들은 존이 붙잡히던 밤에 지났던 바위투성이 골짜기를 올라갔다. 골짜기의 통로를 지키던 이들은 보이지 않았고 말발굽 소리만 메아리쳐 울렸다. 얼마 후 산악 지대를 빠져나온 그들은 풀이 무성한 내리막을 타고 그 너머 지역으로 들어섰다. 나무가 거의 없어 황량했고 날씨는 추웠다. 그러나 주위를 둘러본 존은 풀밭 위로 피어난 크로커스 한 송이를 보았다. 여러 날 만에 처음으로 예전의 그 달콤함이 존의 마음을 파고들었다. 그 섬 위를 선회하는 새들의 울음소리와 모래사장에 부서지는 파도의 푸른 빛깔이 번개처럼 나타났다가 순식간에 사라졌다. 존은 그것들의 잔상을 붙잡으려 했다. 그의 눈이 촉촉하게 젖었다.

존은 이성에게 고개를 돌려 물었다.

"말씀해 주십시오, 아가씨. 서쪽에 그 섬 같은 곳이 있습니까, 아니면 그냥 제 마음의 느낌일 뿐일까요?"

"당신이 모르니 나도 말해 줄 수가 없네요."

"하지만 아시잖습니까."

“나는 당신이 아는 것만 말해 줄 수 있어요. 당신의 마음속 어두운 곳에 있는 것들을 밝은 곳으로 끌어낼 수 있지요. 하지만 지금 당신은 자신의 마음속 어디에도 없는 것을 묻고 있어요.”

“만약 그것이 내 느낌일 뿐이라면 나쁜 느낌일까요?”

“좋고 나쁘고에 대해서는 할 말이 없어요.”

존이 말했다. “제 말은 이런 뜻이에요. 여기에 대해서는 말씀해 주실 수 있을 거예요. 섬은 언제나 갈색 여자로 끝나고 실제로는 갈색 여자에서 시작된다는 말이 사실입니까? 사람들은 그것이 가장이라고 하더군요. 모두 음욕을 숨기기 위한 장치라고요.”

“그 말을 어떻게 생각해요?”

존이 말했다. “그런 부분이 상당히 있어요. 둘 다 달콤하고 둘 다 갈망이 가득하거든요. 섬이 갈색 여자로 이어지고요. 둘은 아주 비슷해요.”

이성이 말했다. “참으로 비슷하지요. 하지만 내가 냈던 세 번째 수수께끼 기억해요?”

“원형과 모형에 대한 수수께끼요? 전 이해를 못했어요.”

“음, 이제 이해하게 될 거예요. 우리가 방금 떠나온 지역의 사람들은 그 섬을 향한 당신의 사랑이 갈색 여자들에 대한 사랑과 상당히 비슷하다는 것을 알아봤어요. 그래서 섬이 갈색 여자의 모형이라고 하죠. 당신이 날 따라온 이유는 내가 당신의 어머니와 비슷하기 때문이고, 나에 대한 당신의 신뢰는 어머니에 대한 사랑의 복제품이라고 말하겠죠. 그러고는 어머니를 향한 당신의 사랑이 갈색 여자들에 대한 사랑의 복제품이라고 말할 거예요. 원점으로 돌아오는 거지요."

"그런 주장에는 뭐라고 대답해야 할까요?"

"이렇게 말하면 돼요. '둘 중 하나가 나머지의 복제품이겠지요. 그런데 어느 것이 어느 것의 복제품인가요?'"

"그런 생각은 미처 못 해봤는데요."

이성이 말했다. "아직 생각이 충분히 쌓일 만한 나이가 아니잖아요. 하지만 두 가지가 비슷할 경우, 첫 번째 것이 두 번째 것의 모방인지, 두 번째가 첫 번째 것의 모방인지, 아니면 둘 다와 전혀 다른 세 번째 것의 모방인지 잘 따져 봐야 해요."

"세 번째 것은 뭔가요?"

"인간의 모든 사랑은 지주님을 향한 사랑의 복제품이라고 생각한 이들이 있었지요."

"하지만 사람들은 그런 생각을 검토해 보았고 분명히 거부한 걸요. 여러 과학으로 그것이 틀렸음이 입증되었어요."

"그랬을 리가 없어요. 그들의 과학은 이 땅이 그 동쪽이나 서쪽에 있을 수도 있는 어떤 것과 어떤 관계인지 관심이 없으니까요. 그들은 어떤 두 가지가 유사할 때 아름다운 것이 언제나 추한 것의 복제품이라는 점을 연구를 통해 입증했다고 할 거예요. 하지만 그들이 그렇게 말하는 유일한 이유는 모든 것 중에서 가장 아름다운 것, 즉 지주나 당신이 말하는 산들과 섬 같은 것들이 이 땅의 복제품이라고 이미 결정했기 때문이에요. 그들은 연구 끝에 그런 교리에 도달한

척하죠. 하지만 실제로는 교리를 먼저 가정한 후 그에 따라 연구 결과를 해석해요."

"하지만 그렇게 가정하는 데는 그럴 만한 이유가 있을 겁니다."

"이유 같은 건 없어요. 그들은 그것에 대해 말해 줄 수 있는 유일한 사람들의 말에 더 이상 귀를 기울이지 않거든요."

"그들이 누구죠?"

"내 여동생들이에요. 이름은 철학과 신학이지요."

"여동생이라고요! 아버님은 누구신가요?"

"예상보다 빨리 알게 될 거예요."

어느덧 날이 저물고 있었고 그들 앞에 작은 농장이 보였다. 그들은 그리 들어가 농부에게 하룻밤 묵을 수 있겠느냐고 물었다. 농부는 흔쾌히 승낙했다.

3
존재하는 것은 인식된 것이다

다음 날 아침, 그들은 여행을 계속했다. 꿈속에서 그들은 작은 언덕들로 이루어진 지역을 통과했다. 그곳의 도로는 골짜기의 지형에 따라 이리저리 구부러졌다. 존은 이성이 탄 말 안장 옆에서 걸었다. 두 손을 묶었던 사슬은 그녀가 거인을 죽인 순간 끊어졌지만 수갑은 여전히 손목에 남아 있었고, 끊어진 쇠사슬이 양손에 절반씩 매달려 있었다. 그날은 공기가 더 포근했고 산울타리를 이룬 식물들에는 꽃봉오리가 잔뜩 매달려 있었다.

존이 말했다. "어제 하신 말씀을 생각해 봤습니다. 그 섬이 제가 갈색 여자를 처음 만난 장소와 상당히 비슷하긴 하지만, 그녀가 그림자이고 섬이 실체일 수도 있겠더라구요. 그 점은 알 것 같습니다. 그런데 한 가지 걸리는 것이 있어요."

"뭔가요?" 이성이 물었다.

"거인의 감옥에서 봤던 광경을 잊을 수 없습니다. 우리의 내부가 정말 그렇게 생겼다면, 우리가 상상하는 것이 겉으로 아무리 그럴싸해 보여도 속은 여전히 끔찍할 게 분명해요. 추한 것이 항상 원본은 아니며 아름다운 것이 항상 사본은 아니라는 것은 대체로 그럴 듯합니다. 하지만 인간의 상상, 즉 우리 안에서 나오는 것들을 놓고 보면, 거인의 말이 분명히 옳지 않나요? 거기서만큼은 좋아 보이는 것이 실은 나쁜 것을 가리는 위장막에 불과하고, 거인의 눈을 피한 덕분에 아직 투명해지지 않은 부분에 지나지 않을 가능성이 훨씬 높다는 겁니다."

이성이 대답했다. "그 말에 대해서는 두 가지를 지적해야겠네요. 첫째, 그 섬이 당신의 상상이라고 누가 말했나요?"

"저, 그 섬이 실재한다고 말씀하시지 않았잖아요."

"실재하지 않는다고 하지도 않았지요."

"하지만 이쪽이 아니면 저쪽이라고 생각했습니다."

"세상에, 증거가 나오기 전까지는 어느 한쪽으로 정해 버리면 안 돼요. 불확실한 상태로 지낼 줄 모르세요?"

"시도해 본 적이 없습니다."

"그런 상태로 지내는 법을 배워야 해요. 그래야 나와 멀리까지 함께 갈 수 있어요. 어렵지 않아요. 에스크로폴리스에서야 그럴 수가 없지요. 거기 사는 사람들은 한 주에 한 번이나 하루 한 번씩 견해를 내놓아야 해요. 그렇지 않으면 맘몬 씨가 당장 밥줄을 끊어 버리니까요. 하지만 여기 시골길에서야 답을 얻지 못한 질문을 머리에 담고 하루 종일, 그다음까지도 종일 걸어갈 수 있어요. 마음을 정할 때까지 아무 말 안 해도 돼요."

"하지만 답을 너무나 알고 싶어서, 질문이 해결되지 않으면 죽을 것 같다면요, 그런데 증거가 안 나타난다면 어떻게 하나요?"

"그럼 죽어야지요. 그럼 끝나겠지요."

그들은 한동안 말없이 계속 걸었다.

존이 말했다. "지적할 점이 두 가지 있다고 하셨는데, 두 번째는 무엇입니까?"

"두 번째는, 당신이 지하 감옥에서 본 것이 실재라고 생각해요? 우리가 정말 그와 같다고?"

"물론이에요. 피부가 그것들을 가리고 있을 뿐이지요."

"그럼 내가 거인에게 물었던 것과 똑같은 질문을 해야겠군요. 어둠 속에 있는 물체는 어떤 색깔이지요?"

"그거야 아무 색깔도 아니겠지요."

"그럼 모양은요? 보거나 만질 수 있는 것, 혹은 보고 만졌던 이전의 여러 모양에 근거한 추측 외에 당신이 그 모양에 대해 조금이라도 아는 게 있나요?"

"없는 것 같습니다."

"그래도 거인이 당신을 어떻게 속였는지 모르시겠어요?"

"잘 모르겠습니다."

"거인은 우리 내장이 눈에 보인다면 어떤 모양일지 속임수를 써서 보여 주었어요. 다시 말해 현실이 아닌 것, 세상이 현재와 다른 방식으로 만들어졌을 경우의 모습을 보여 준 거예요. 그러나 현실 세계에서 우리 내장은 눈에 보이지 않아요. 그것들은 색깔과 모양을 갖춘 물체가 아닌, 느낌으로 존재하지요. 지금 이 순간 느껴지는 당신 손과 발의 따스함, 숨을 들이쉴 때의 상쾌함, 든든한 아침 식사가 주는 뱃속의 편안함, 다음 식사를 기다리게 하는 허기. 이런 것들이 실재에요. 당신이 지하 감옥에서 본 온갖 스펀지와 관들은 거짓이에요."

"하지만 사람의 배를 가르면 그 안에 들어 있는 내장들이 보일 것 아닙니까."

"배를 가른 사람은 온전한 상태가 아니에요. 그리고 빨리 꿰매지 않으면 장기가 아니라 그의 죽음을 보게 될 거에요. 죽음이 흉하다는 사실을 부정하는 게 아니에요. 그러나 거인은 당신을 속여 생명이 흉하다고 믿게 만들었어요."

"암에 걸린 사람을 잊을 수가 없습니다."

"당신이 본 것은 현실이 아니에요. 흉한 덩어리도 거인의 속임수였고요. 그것의 실재는 고통이었고, 고통에는 색깔도 모양도 없지요."

"그것이 속임수로 만든 덩어리보다 낫나요?"

"사람에 따라 다르겠지요."

"이제 좀 알 것 같습니다."

"사물을 실제 모습 그대로 보지 않으면 아주 이상한 형태로 보인다는 게 놀랍지 않나요? 사람 몸에서 장기를 끄집어내어 실제 장기에 없는 모양과 색깔을 부여하거나, 갈망을 마음속 어두운 곳에서 끄집어내어 실제 갈망에는 없는 자의식을 부여하면 괴물처럼 끔찍해 보일 수밖에 없지 않겠어요?"

"그럼 제가 거인의 눈길 아래에서 봤던 장면에는 조금의 진실도 없는 겁니까?"

"그런 영상은 의사들에게 유용하지요."

존이 말했다. "그럼 저는 깨끗한 거군요. 그런 것들과는 달라요."

이성이 미소를 지었다. "그것도 봐요. 거인의 마술에는 진실이 섞여 있어요. 당신이 본 흉한 광경을 가끔 기억하는 건 해로울 게 없어요. 당신이 속한 종족은 교만할 처지가 아니거든요."

존은 그 말이 무슨 뜻인가 싶어 고개를 들었다. 그녀와 함께 다니기 시작한 후 처음으로 겁이 났다. 그러나 그런 인상은 오래 가지 않았다. 존이 말했다. "보세요. 작은 주막이 있어요. 좀 쉬면서 뭔가 먹는 게 어때요?"

4
달아나다

따스한 오후가 되어 그들은 다시 길을 나섰고, 존은 이성의 두 번째 수수께끼가 떠올라 그 의미를 물었다.

그녀가 말했다. “거기에는 두 가지 의미가 있어요. 우선 다리는 추론을 뜻해요. 시대정신은 논증을 허용하는 동시에 금지하고 싶어 했어요.”

“어떻게 말입니까?”

“그들의 말을 들어 봤을 거예요. 누가 그들 앞에서 논증을 펼치려 하면 그가 자신의 욕망을 합리화한다고, 그러므로 대꾸할 필요도 없다고 합니다. 그러나 상대방이 그들의 말에 귀를 기울이면, 자신의 주장이 옳다는 것을 보이기 위해 논증을 펼쳐요.”

“알겠습니다. 그 문제는 어떻게 해결해야 할까요?”

“그들에게 타당한 추론이란 게 존재하는지 묻는 거예요. 그들이 ‘아니’라고 말하면, 추론을 통해 이루어진 그들의 주장 역시 무너지게 되지요. ‘그렇다’고 대답한다면, 당신의 논증도 함께 검토해 보고 그 자체의 공과에 따라 반박해야 해요. 타당한 추론이 존재한다면, 당신의 추론도 그중 하나일 수 있으니까요.”

존이 말했다. “알겠습니다. 그럼 두 번째 해석은 뭔가요?”

이성이 말했다. “둘째, 다리는 거인이 즐겨 쓰는 교리를 뜻해요. 소망충족의 꿈이라고 부르죠. 이번에도 그자는 이 교리를 쓰면서도 쓰지 않기를 바라는군요."

"그것이 어떻게 가능한지 모르겠군요."

"거인은 지주가 소망충족의 꿈이라고 사람들에게 계속 말하지 않았나요?"

"예. 그 말은 맞아요. 그가 한 말 중에 유일하게 옳다고 보는데요."

"생각해 보세요. 거인과 지기스문트, 그리고 에스크로폴리스 사람들, 하프웨이스 씨가 지주와 규칙 카드, 개천 너머 산악 지대의 존재를 갈망할까요? 거기다가 검은 구덩이의 가능성까지 갈망하면서 살아간다는 게 정말 사실일까요?"

존은 도로에 가만히 서서 생각에 잠겼다. 처음에는 어깨만 조금 들썩이다 곧 허리에 양손을 얹고 웃기 시작했는데, 저러다 큰일 나겠다 싶을 때까지 웃었다. 웃음이 거의 멎어 갈 때, 거인의 속임수가 정말 엄청나고 뻔뻔하고 단순하다는 생각이 다시 들면서 더 크게 웃었다. 한참을 그러다 거의 평정을 되찾고 다시 호흡을 가다듬기 시작했을 무렵, 빅토리아나와 글러글리와 거스 하프웨이스의 모습이 머리에 떠올랐다. 지주가 존재하고 그가 에스크로폴리스로 간다는 소문을 들으면 그들이 어떤 얼굴을 할까 생각하니 도저히 참을 수가 없어 또 한 번 웃음보를 터뜨렸다. 어찌나 신나게 웃었던지 시대정신의 부서진 쇠사슬들이 손목에서 완전히 떨어져 나갔다. 그러나 그 동안 이성은 앉아서 그를 지켜보기만 했다.

마침내 그녀가 말했다. "논증의 나머지 부분을 들어 봐요. 생각만큼 웃을 일이 아닐 수도 있어요."

"아, 예. 논증 말이지요." 존은 말하면서 눈물을 훔쳤다.

"거인은 소망충족 이론이 어떤 방향으로는 쓰이지 않기를 바랐어요. 어떤 방향인지 이제 알겠나요?"

"잘 모르겠는데요."

"거인의 규칙을 받아들이면 어떤 결과가 따라오는지 모르겠어요?"

"모르겠습니다." 존의 목소리가 커졌다. 섬뜩한 불안이 밀려왔기 때문이다.

이성이 말했다. "거인과 그의 모든 부하들에게는 지주에 대한 불신이 소망충족의 꿈이라는 걸 알아야 해요."

"전 그자의 규칙을 받아들이지 않을 겁니다."

이성이 말했다. "거인의 영토에 머물렀으면서 그로부터 아무런 유익도 얻지 못했다면 어리석은 일이겠죠. 소망충족의 교리에는 어느 정도 설득력이 있어요."

"어느 정도 있을지 모르지만 많지는 않습니다."

"내가 분명히 말하고 싶은 것은, 그 교리의 설득력이 어느 정도이건 지주의 존재를 부정하는 쪽이 아니라 지지하는 쪽에 힘을 실어준다는 거예요. 당신의 경우는 특히 더 그래요."

"내 경우가 왜 특별히 그렇다는 겁니까?" 존이 샐쭉하게 대꾸했다.

"지주는 당신이 평생 동안 가장 무서워했던 대상이기 때문이에요. 당신이 싫어하는 대상이니까 받아들여야 한다는 말이 아니에요.

당신이 어떤 대상의 실재를 따져 봐야 한다면 지주에 대한 믿음을 가장 먼저 고려해야 한다는 거예요."

이성이 이런 말을 하는 사이 둘은 작은 언덕의 꼭대기에 이르렀다. 존은 숨이 차니 좀 쉬자고 간청했다. 뒤를 돌아보니 완만한 기복이 있는 땅 너머로 거인의 영토의 경계에 해당하는 검은 산맥이 보였다. 그 뒤쪽으로 옛 동쪽 산들이 높이 솟아 있었는데, 어두운 하늘을 배경으로 석양빛을 받아 눈에 확 들어왔다. 오래전 존이 퓨리타니아에서 봤을 때보다 작아 보이지 않았다.

마침내 존이 말했다. "나를 어디로 데려가시는지 모르겠습니다. 길이 하도 꼬불꼬불해서 어디가 어딘지도 모르겠구요. 말의 속도를 따라가려니 너무 힘이 드네요. 괜찮으시다면 여기서부터는 혼자 여행할까 합니다."

이성이 말했다. "좋으실 대로 하세요. 하지만 여기서 왼쪽 길로 가라고 강력히 권하고 싶네요."

"어디로 가는 길인데요?" 존이 의심스럽다는 듯 물었다.

"당신이 왔던 큰길이 나타날 거예요."

존이 말했다. "그거 괜찮네요. 아가씨, 이제 떠나는 저를 축복해 주세요."

처녀가 말했다. "축복할 게 없어요. 난 축복이나 저주 같은 건 취급 안 해요."

존은 작별 인사를 하고 그녀가 알려 준 길로 갔다. 그리고 그녀가 시야에서 사라지자마자, 고개를 숙이고 달리기 시작했다. 어리석은 존, 그는 이성이 따라올지 모른다고 생각했다. 계속 달리다 보니 그는 어느새 고갯길을 오르고 있었다. 비탈이 너무 가팔라 숨이 차서 더 이상 달릴 수가 없었다. 고갯마루에 이르자 길은 산등성이를 따라 좌우 두 갈래로 갈라졌다. 한쪽 길은 동쪽으로, 다른 길은 서쪽으로 뻗어 갔는데 과연 그쪽이 큰길이었다. 그는 잠시 멈춰 이마의 땀을 훔쳤다. 오른쪽 길로 접어들어 지는 해를 향해 다시 여행을 계속했다.

5권

거대한 협곡

어떤 도로로 걸어가도 어떤 바닷길로 배를 몰아도
북극 너머의 세계로 닿는
경로는 찾지 못할 것이다.

핀다로스[1]

하루살이들은 도움을 줄 수 없다. 그들을 보라.
꿈처럼 속수무책이고 무력하기만 하다.
하루살이 같은 인간들이 사슬에 묶여 있는데
그들의 눈은 어둠 속에 있다.

아이스킬로스[2]

아아, 자신을 모르고 하나님은 더 모르며
세상이 어떻게 시작되었고 인간은 어떻게 타락했는지 모르는
그들이 무엇인들 제대로 가르칠 수 있겠는가?

밀턴

1 Pindar. 주전 5세기경의 그리스 서정시인.
2 Aeschylus. B.C. 525~456, 그리스의 비극 작가.

1
거대한 협곡

길은 곧 오르막으로 바뀌었고 조금 올라가니 황량한 고원이 나왔다. 경사는 좀 덜했지만 거기서도 계속 오르막이 이어졌다. 1.6킬로미터 정도를 걸었을 때 석양을 받고 선 한 남자의 모습이 보였다. 처음엔 가만히 서 있던 그 인물은 결정을 못 내린 듯 왼쪽으로 몇 발자국 갔다가 다시 오른쪽으로 몇 발자국 갔다. 그러다 뒤를 돌아보더니 놀랍게도 잘 아는 사람을 대하듯 존을 불렀다. 얼굴에 비치는 석양빛 때문에 처음에 존은 그가 누군지 알아보지 못했다. 그와 손을 맞잡은 후에야 상대가 미덕이라는 것을 알았다.

존이 소리쳤다. "왜 이렇게 지체하셨습니까? 우리가 헤어졌을 당시 그쪽 걸음이면 지금쯤 저보다 한 주 여행길 정도는 앞서 나갈 수 있었을 텐데요."

미덕이 말했다. "그렇게 말씀하시는 걸 보니 그쪽 길이 좀 쉬웠나 보군요. 산을 넘지 않았나요?"

"샛길로 왔습니다." 존이 말했다.

"큰길을 따라갔더니 곧장 산을 오르게 되더군요. 그래서 하루에 16킬로미터도 못갈 때가 많았어요. 하지만 그건 중요하지 않아요. 등반이 뭔지 제대로 배웠고 땀과 함께 군살을 쫙 뺐으니까요. 이곳에 온 지는 여러 날 되었어요. 지체하게 된 원인은 따로 있구요."

미덕은 존에게 앞으로 나오라고 손짓했고 두 사람은 함께 비탈 꼭대기로 갔다. 그 순간 존은 비명을 지르며 한두 걸음 뒤로 물러섰다. 발 아래로 벼랑이 펼쳐져 있었기 때문이다. 존은 다시 조심스럽게 벼랑 끝으로 다가가 아래를 내려다보았다.

죽 이어지던 도로가 경고 한마디 없이 공중에서 끝났고 그다음은 거대한 협곡이었다. 마치 도로가 두 쪽으로 갈라진 것처럼 깊은 골짜기가 패어 있었다. 협곡의 폭은 11킬로미터는 돼 보였고 왼편은 남쪽으로, 오른편은 북쪽으로 끝없이 이어졌다. 해가 정면에서 비치는 바람에 도로 반대쪽에 그늘이 져서 흐릿해 보였지만, 신록과 나무들의 크기로 볼 때 기름진 땅인 것 같았다.

미덕이 말했다. "절벽을 살펴봤어요. 절반 정도까지는 내려갈 수 있을 듯해요. 좀더 가까이 와봐요. 저기 튀어나온 바위 보이죠?"

"난 높은 곳은 딱 질색이에요." 존이 말했다.

"저것 말입니다." 미덕이 300미터 아래에 있는 좁고 긴 녹색 바위를 가리키며 말했다.

"난 저기 절대로 못 가요."

"에이, 저기까진 쉽게 다다를 수 있어요. 그다음 어떻게 될지 모른다는 게 문제죠. 내 생각에 저 바위는 선반처럼 툭 튀어나와 있는 것 같아요. 내려가 볼 수는 있지만 저기서 더 내려갈 수 없을 경우, 도로 올라올 수 있을지 확신이 서질 않아요."

"그럼 저기까지 간다는 건 미친 짓이네요."

"내 생각은 달라요. 아마 규칙에 맞는 일일 거예요."

"무슨 규칙이요?"

미덕이 말했다. "생존 확률이 백분의 일만 되면 시도해 봐야 한다는 규칙이에요. 하지만 성공할 가능성이 전혀 없다면 그 자체로 자멸 행위일 테니 시도하면 안 되지요."

"그건 내 규칙은 아니에요." 존이 말했다.

"천만에요. 아시다시피, 우리 모두에겐 같은 규칙이 적용돼요."

"나에게 해당한다 해도, 따를 수 없는 규칙이네요."

미덕이 말했다. "난 그쪽이 이해가 안 돼요. 하지만 등반 실력이 형편없다면 성공 가능성이 전혀 없을지도 모르겠네요……. 그럼 얘기가 달라지겠지요."

그때 다른 이의 목소리가 들렸다. "내가 아래까지 업어 주지 않는 한, 두 사람 모두 성공 가능성이 전혀 없어요."

그 소리에 두 젊은이가 고개를 돌렸다. 벼랑 꼭대기, 의자처럼 튀어나온 바위 위에 한 노파가 앉아 있었다.

"오, 마더 커크[3]시군요, 그렇지요?" 미덕이 그렇게 말하고 존에게

3 Mother Kirk. '어머니 교회'라는 뜻.

나지막이 이런 말을 덧붙였다. "저 할멈, 벼랑 근처에서 여러 번 봤어요. 누구는 저 할망구에게 투시력이 있다고 하고 누구는 미쳤다고 하죠."

존도 목소리를 낮추어 말했다. "난 저 할머니 못 믿겠어요. 마녀 할멈처럼 보이잖아요." 그러고는 노파를 바라보며 큰 소리로 말했다. "할머니께서 어떻게 우리를 아래까지 업어 주신다는 겁니까? 우리가 할머니를 업는다면 몰라도."

마더 커크가 말했다. "지주님이 주신 능력으로 할 수 있어요."

"그러니까 할머니도 지주를 믿으시는군요." 존이 말했다.

"어떻게 안 믿을 수 있겠어요, 젊은이. 내가 그분의 며느린데."

"시아버님이 좋은 옷을 안 해주시는군요." 존이 노파의 시골 망토를 흘낏 쳐다보고 말했다.

"평생 입을 수 있는 옷이지요." 노파가 차분하게 대답했다.

미덕이 존에게 속삭였다. "할멈에게도 한번 맡겨 봐야 해요. 조금이라도 가능성이 있는 한, 어떤 것도 무시해선 안 돼요." 그러나 존은 조용히 하라고 인상을 쓰고 다시 노파에게 말을 걸었다.

"할머니께서 믿으시는 지주라는 분, 아주 이상한 분 같지 않나요?"

"뭐가 이상하다는 거죠?"

"그분은 왜 도로를 이렇게 벼랑으로 끝나게 만드셨을까요? 여행자들이 어둠 속에서 목이 부러지기 딱 좋지 않습니까?"

노파가 말했다. "오 저런, 원래 저렇게 만드신 게 아니에요. 처음

도로가 만들어졌을 때는 온 세계를 잇는 좋은 길이었어요. 이 협곡은 도로보다 훨씬 뒤에 생겼죠."

미덕이 말했다. "할머니 말씀은 지각변동 같은 게 있었다는 거군요."

마더 커크가 말했다. "음, 오늘 밤엔 젊은이들을 아래로 업고 갈 일은 없을 것 같군요. 그러니 이야기를 들려주는 게 낫겠네. 이리 와서 내 옆에 앉아요. 현명하지 못해서 노파의 이야기를 들어야 하다니 둘 다 부끄러운 줄 알아야 해요."

2
마더 커크 이야기

두 사람이 자리에 앉자 노파는 다음과 같은 이야기를 들려주었다.

"옛날 옛적에 이 나라에는 소작인이 없었어요. 그때는 지주님이 직접 경작을 하셨거든요. 동물들만 있었고 지주님과 그분의 자녀들이 동물을 보살피셨지요. 매일 아침 그들은 산에서 내려와 젖소의 젖을 짜고 양떼를 목초지로 데려갔어요. 당시에는 모든 동물이 순했기 때문에 양떼를 지키는 일도 힘이 덜 들었어요. 늑대가 양떼 사이에 들어와도 해를 끼치지 않았고 울타리도 필요 없었지요. 그러던 어느 날, 지주님이 하루 일을 마치고 집으로 돌아가시면서 주변 땅과 짐승들, 농작물이 자라나는 모습을 둘러보셨어요. 그때 혼자만 누리기엔 그 모든 것이 너무 좋다는 생각을 하셨지요. 그래서 그분은 그 땅을 소작을 주기로 하셨어요. 첫 번째 소작인은 젊은 기혼남이었어요. 먼저 지주님은 영지 한복판, 토양이 제일 비옥하고 공기도 제일 맑은 곳에 농장을 만드셨어요. 그 지점이 바로 두 사람이 지금 앉아 있는 곳이에요. 지주님은 젊은 부부에게 온 땅을 맡기실 생각이었지만 그 땅을 모두 경작하는 건 두 사람에게 너무 벅찬 일이었어요. 지주님은 그들이 농장을 운영하게 하고 나머지 땅은 당분간 공원으로 남겨 둘 생각이셨어요. 나중에 그들이 자녀를 낳으면 공원을 여러 경작지로 쪼개 차차 나누어 주면 될 테니까요. 그때 지주님이 만드신 소작 조건은 지금 여러분이 아는 것과 많이 달랐다는 걸 알아야 해요. 지주님은 영구 소작권을 허락하셨는데, 그들을 절대 내쫓지 않기로 약속하신 겁니다. 하지만 그들 쪽에서는 원할 때 농장을 떠날 수 있었어요. 아들 중 한 사람이 그곳에 남아 농장을 운영할 수만 있으면, 그들은 산으로 올라가 지주님과 함께 살 수 있었어요. 지주님은 그것이 좋은 계획이라고 생각하셨어요. 산에서 난 그분의 자녀들이 이방인들과 어울리면 마음이 넓어질 테니 말이에요. 그들의 생각도 같았구요. 그런데 지주님은 소작인들을 들이시기 전에 한 가지 하실 일이 있었어요. 그때 이 땅에는 지주님이 낮에 자녀들과 함께 내려와 일하시다 목이 마를 때 드실 요량으로 심어 두신 과일 나무가 가득했어요. 아주 좋은 과일이었고 산 위에는 훨씬 많다고 해요. 하지만 향이 너무 강해서 산에서 난 이들만 먹어야 했어요. 그들만 제대로 소화시킬 수 있는 음식이었으니까요. 그때까지는 이 땅에 짐승들밖에 없었기 때문에 그 산사과가 모든 숲에서 자라도 문제 될 게 없었어요. 아시다시피 동물은 몸에 좋은 것만 가려 먹잖아요. 그러나 이제 사람들이 살게 되었기 때문에, 지주님은 그들이 그것을 먹고 상하게 될까봐 걱정하셨어요. 하지만 그렇다고 해서 나무들을 다 파내어 이 땅을 사막으로 만들 수는 없는 일이었어요.

그래서 그분은 젊은 부부에게 솔직히 말하는 게 낫겠다고 마음먹고 농장 한복판에서 자라는 커다란 산사과 나무를 바라보며 이렇게 말씀하셨어요. '더 잘됐어. 저들이 분별력을 배워야 한다면 처음부터 배우는 것이 나을 거야. 처음에 분별력을 배우지 못한다 해도 어쩔 수 없는 일이지. 농장에서 산사과를 다 치워도 언젠가는 다른 곳에서 보게 될 테니까.' 그래서 지주님은 사과나무를 그냥 두시고 젊은 부부를 농장으로 데려오셨어요. 그들에게 모든 상황을 설명할 수 있는 만큼 다 설명하셨죠. 사과는 절대 먹으면 안 된다고 경고하신 후 집으로 돌아가셨어요. 한동안 젊은 부부는 아주 잘 처신했어요. 동물들을 돌보고 농장을 잘 관리하고 산사과는 먹지 않았지요. 아내가 누군가를 새로 사귀지 않았다면 그렇게 죽 이어졌을지도 몰라요. 이 새로운 인물도 땅을 가진 지주였어요. 산에서 태어났고 지주님의 자녀 중 하나였으니까요. 하지만 아버지와 다투고 나서 독립해 나갔어요. 그는 다른 지역에서 상당한 토지를 확보했는데 그의 영토가 이 땅과 닿아 있어요. 그자는 땅 욕심이 끝이 없어 늘 이 지역도 차지하고 싶어 했고 어느 정도는 뜻을 이루었어요."

"그자의 소작인은 만나 본 적이 없는데요." 존이 말했다.

노파가 말했다. "소작 관리인을 만난 적이 없을 거예요. 그러니 모를 수밖에요. 하지만 '똑똑한 이들은 만나 봤지요. 맘몬 씨의 소작인들이지요. 맘몬 씨는 시대정신의 소작인이고, 시대정신은 원수에게서 바로 봉토를 받은 소작 관리인이에요."

존이 말했다. "똑똑한 이들이 자기들에게도 지주가 있다는 말을 들으면 깜짝 놀라겠군요. 그들은 할머니가 말씀하신 원수라는 작자도 지주 못지않게 미신이라고 생각할 걸요."

마더 커크가 말했다. "하지만 사업은 원래 그렇게 운영되는 거예요. 힘없는 사람들은 자신들의 주인인 거물들을 몰라요. 거물들도 힘없는 사람들이 그런 걸 알기를 바라지 않고요. 밑바닥에 있는 힘없는 사람들이 모두 진상을 알게 되면 거물들이 재산을 쓸어 모으지 못할 거예요. 하지만 이건 다른 문제니, 하던 이야기로 돌아가죠. 원수는 농부의 아내를 알게 되었어요. 그자가 그녀에게 어떻게 했는지, 무슨 말을 했는지는 몰라도 얼마 후 그녀는 그자의 말에 넘어가 자기에겐 근사한 산사과가 무엇보다 필요하다고 철석같이 믿게 되었어요. 그리고 결국 하나를 따서 먹었지요. 그다음에는요, 남편들이 어떤지 아시잖아요. 농부는 아내의 말에 넘어가 아내와 같은 생각을 하게 되었어요. 그가 손을 내밀어 과일을 따는 순간 지진이 일어났고 북쪽부터 남쪽까지 땅이 죽 갈라져 버렸어요. 그때 이후로 농장 자리에 이 협곡이 자리 잡았어요. 사람들은 이곳을 '거대한 협곡'이라 불러요. 하지만 내가 쓰는 언어로는 페카툼 아다에[4]죠."

3
미덕, 도움을 거절하다

존이 심술궂게 말했다. "그래서 지주님이 단단히 화가 나셔서 규칙과 검은 구덩이를 만드신 거군요?"

노파가 말했다. "그렇게 단순하지 않아요. 그들이 사과를 따먹은 뒤 수많은 일이 벌어졌어요. 한번 사과를 맛본 부부는 그것을 먹고 싶은 열망이 너무 강해져서 먹어도 먹어도 족한 줄을 모르게 되었어요. 그래서 야생 사과나무만으로 만족하지 못하고 사과나무를 점점 더 많이 심었고, 모든 과일에서 그 맛이 조금씩이라도 나게 하려고 온갖 나무에 산사과를 접붙였어요. 그들의 노력은 대성공을 거두어 이 땅의 모든 식물이 감염되었어요. 이 땅에 산사과 맛이 조금도 안 나는 과일이나 나무뿌리는 거의 없어요. 협곡 이쪽 편에는 확실히 하나도 없지요. 젊은이가 먹어 본 음식 중에 산사과가 전혀 들어 있지 않은 것은 없어요."

존이 물었다. "그것이 규칙 카드와 무슨 상관이 있지요?"

마더 커크가 말했다. "모든 면에서 상관이 있죠. 이 땅의 모든 음식이 오염되었지만 오염의 정도가 훨씬 덜한 것들도 있기 때문에, 건

4 *Peccatum Adae*. '아담의 죄'라는 뜻.

강을 지키려면 대단히 복잡한 규칙이 필요하거든요."

미덕이 말했다. "그건 그렇고, 우린 여행을 계속하지 못하고 있네요."

마더 커크가 말했다. "괜찮다면 아침에 아래로 업어다 줄게요. 하지만 명심해요. 이곳은 위험하니 두 사람은 내 말대로 해야 해요."

"이곳이 그렇게 위험하다면……." 존이 말을 시작하는데, 노파의 마지막 말이 영 거슬렸던 미덕이 갑자기 끼어들었다.

"할머니, 아무래도 안 되겠어요. 난 누군가의 명령을 받는 위치를 원하지 않거든요. 난 내 영혼의 선장, 내 운명의 주인이 되어야 해요. 하지만 말씀에는 감사드립니다."

"맞아요." 존이 성급하게 말하고 미덕에게 속삭였다. "저 할망구 미친 게 분명해요. 우리가 할 일은 이 협곡의 북쪽과 남쪽을 죽 살펴 내려갈 만한 장소를 찾는 거예요."

미덕이 일어섰다.

"할머니, 저희는 내려갈 곳이 진짜 없는지 직접 확인하고 싶습니다. 보시다시피 제 다리가 여기까지 절 데려다 주었거든요. 이제 와서 업혀 간다는 건 맘에 들지 않네요."

마더 커크가 대답했다. "시도해 보는 것도 나쁘진 않을 거예요. 내려가는 길도 찾게 되겠지요. 하지만 반대쪽으로 올라가는 건 여의치 않을 걸요. 그때쯤 우리 다시 만나게 될 거예요."

그 무렵 주위는 상당히 어두워졌다. 두 젊은이는 노파에게 작별 인사를 하고 큰길을 따라 벼랑에서 물러나면서 계획을 상의했다.

400미터쯤 걷자 큰길이 두 갈래로 갈라졌다. 북쪽으로 가는 길이 다소 나아 보였고 살짝 뒤쪽으로 물러나 절벽에서 더 멀었으므로 (존은 어둠 속에서 절벽을 따라 걷지 않기를 간절히 바랐다) 그들은 북쪽으로 방향을 잡았다. 별이 총총한 밤이었고, 길을 갈수록 날은 더 추워졌다.

4
양식 씨

1.6킬로미터 넘게 걸어갔을 때 존이 큰길에서 좀 떨어진 곳에서 반짝이는 불빛을 가리켰다. 그들은 불빛을 따라가 어느 집 입구에 이르렀다. 문 앞으로 가서 노크했다.

"이 집 주인이 누구십니까?" 하인이 문을 열자 미덕이 물었다.

"양식良識 어르신입지요. 오늘밤 묵을 곳을 찾으신다면 어르신이 기꺼이 맞아 주실 겁니다요."

그들이 하인을 따라 들어간 방에는 등불이 걸려 있었지만 그리 환하지는 않았다. 한쪽에서 장작불이 활활 타고 있었고 그 곁에 노신사가 앉아 있었다. 그의 발치에는 개가 있고 무릎에는 책이 있었다. 그의 한쪽 옆에는 조각 퍼즐이 나무틀 위에 펼쳐져 있고, 다른 쪽 옆에는 체스판에 말들이 놓여 있는데 묘수를 궁리하고 있는 듯했다. 노신사는 천천히 일어나 그들을 다정하게 맞았다.

양식 씨Mr. Sensible가 말했다. "신사 분들, 정말 환영합니다. 부디 오셔서 몸을 녹이시구려. 드러지.(그는 하인을 불렀다.) 3인분 식사를 준비해라. 늘 먹던 걸로. 호사스러운 식사를 대접할 형편은 못 됩니다. 제 땅에서 난 노란 구륜앵초로 빚은 술을 내놓겠습니다. 두 분 입에는 좀 쓸지 모르지만, 제겐 우리 집 정원의 재료로 우리 집 부엌에서 만든 술맛이 최고랍니다. [시적 영감의 원천이라는] 히포크레네 샘의 물도 여기엔 못 따라올 걸요. 내가 키운 래디시(무)도 감히 칭찬할 만하지요. 두 분 표정을 보니 내가 너무 자랑만 늘어놓았나 보구려. 솔직히 내 정원이 나의 자랑이라오. 하지만 그래서 어떻다는 거요? 우린 다 아이들 아니오. 주어진 상황에 만족하고 거기에 어울리는 장난감을 잘 가지고 노는 사람이 가장 지혜로운 거요. 마음이 부자면 왕도 부럽지 않은 법.[5] 만족이오, 여러분, 만족이 가장 큰 재산이라오. 개는 무시하시게. 피부병이 있어요. 앉아, 로버! 아 로버! 넌 이미 사형선고가 내려진 줄도 모르는구나."

"안락사 시킬 건 아니시죠?" 존이 물었다.

양식 씨가 대답했다. "녀석이 몸이 여기저기 아프네요. 더 오래 살려 두는 건 어리석은 일일 거요. 당신이라면 어떻게 하시겠소? 누구나 다 같은 우리로 들어가는 거요.[6] 이놈은 별도 많이 쬐었고 벼룩도 많이 쫓아다녔소. 가엾은 녀석, 이제 부유한 툴루스와 앙쿠스[7]에

---

5 *Regum aequabit poes animis.*–저자. (세속 교양을 대변하는 양식 씨는 계속 현학적인 표현을 쓴다–편집자.)

6 *Omnes eodem cogimur.*–저자.

7 *quo dives Tullus et Ancus.*('지하세계로'라는 뜻. 툴루스와 앙쿠스는 고대 로마 건국 초기에 군림했다는 일곱 왕 중 3대 왕 툴루스 호스틸리우스와 4대 왕 앙쿠스 마르키우스다.–편집자.)–저자.

게로 가야지. 우리는 주어지는 삶을 그대로 받아들여야 해요."

"오랜 동반자가 가고 나면 섭섭하시겠습니다."

"뭘, 다 아시다시피, 격정을 다스리는 것이 인생살이의 핵심 기술 아니겠소. 애정의 대상도 다른 소유물과 다를 게 없어요. 곁에 있는 동안에는 우리 삶을 풍요롭게 해줄 만큼 사랑하되 그것이 없어지고 나면 삶이 피폐해질 정도로 과하게 사랑해선 안 돼요. 여기 이 퍼즐 보이시오? 퍼즐 맞추기를 하는 동안에는 조각을 맞추는 일이 더없이 중요해 보이지. 하지만 다 맞추고 나면 그 생각은 더 안 하잖소. 설령 퍼즐을 다 맞추지 못한다 해도, 그것 때문에 상심할 이유는 없지 않소? 빌어먹을 드러지. 야! 이 망할 놈아, 저녁 식사를 밤새 기다리라는 거냐?"

"갑니다, 나리." 드러지가 부엌에서 대꾸했다.

"하인 놈이 냄비와 프라이팬을 불에 올려놓고 자나 봅니다. 그래도 식사가 준비될 때까지 대화를 나눠 봅시다. 좋은 대화는 인생의 큰 즐거움 아니겠소. 하지만 비판이나 강의나 집요한 토론은 대화로 안 칩니다. 교조주의자는 모든 대화를 망치는 골칫거리지요. 나는 여기 앉아 어디에도 매이지 않고[8] 두 사람의 의견을 들으며 어디로건 논의가 진행되는 대로 따라가겠소. 하지만 딱딱한 체계는 거부합니다. 두 분의 적나라한[9] 생각을 살펴보고 싶어요. 하나도 놓치지 않을 거요. 나는 게임, 사랑, 책, 음악, 도시와 샴페인이 좋아요. 아니, 다 좋

8 *nullius addictus*-저자.
9 *en déshabille.*-저자.

지![10] 따지고 보면, 우연이 최고의 안내자요. 오늘밤 두 분이 이 집에 온 것도 행운의 주사위가 던져졌기 때문이 아니오. 달리 무슨 증거가 더 필요하겠소?"

호시탐탐 말할 기회를 찾던 미덕이 말했다. "우연이라고만 볼 수는 없습니다. 우리는 여행 중이고 거대한 협곡을 건너갈 길을 찾고 있었거든요."

노신사가 말했다. "전혀 부럽지 않아.[11] 나보고 같이 가자고 조를 생각은 아니겠지요?"

"그런 생각은 해본 적 없는데요." 존이 말했다.

"그럼 난 기꺼이 두 분만 가시라고 하겠소이다!" 양식 씨는 그렇게 외치고 호탕하게 웃었다. "그런데 뭐 하러 가는 거요? 우리를 충동질해 산을 오르게 만들고 바다를 건너게 만드는 신기한 불안이 있지요. 특히 젊은 시절에 말이오. 그 불안의 실체를 추측하며 나도 종종 즐거운 시간을 보냅니다. 하지만 산에 올라가 봤자 다시 내려와야 하고, 바다를 건너가 봤자 여관 주인이 차려 내는, 집에서 먹는 것보다 시원찮은 식사를 비싼 돈 주고 사먹는 일밖에 더 있소? 경치만 바뀌지 우리는 그대로라오.[12] 여행의 충동을 누르겠다는 건 아니오. 있잖소, 난 내 본성의 어떤 부분도 무시하지 않을 거요. 하지만 이 부분에서도 행복의 비결은 어디서 멈춰야 할지 아는 데 있소. 자유로운

10 *J'aime le jeu, l'amour, les livres, la musique, la ville et la champagne—enfin, tout!*—저자.
11 *Haud equidem invideo.*—저자.
12 *Caelum non animum mutamus.*—저자.

호기심을 적정선에서 진정시켜 줄 적당한 여행은 아주 좋아요. 희귀품 몇 가지를 마음의 캐비닛에 넣고 돌아오면 지루한 날에 활력소가 되겠지요. 하지만 거대한 협곡이라니. 협곡 이쪽의 벼랑을 따라 어느 정도 둘러보면 저쪽과 똑같은 경치를 보게 될 거요. 목이 부러질 일도 없을 거고."

존이 말했다. "우리가 찾는 것은 경치가 아닙니다. 저는 서쪽의 섬을 찾고 있어요."

"미적 체험을 원하는군요. 다시 말하지만, 나는 그런 것에 눈을 감으라는 말이 아니오. 길어지는 그림자나 나뭇잎이 물드는 광경을 보면서 불멸의 갈망을 느껴 보지 못한 사람이 어디 있겠소? 내면의 해안으로 손을 뻗어 보지 않은 사람이 어디 있겠소? 나도 아르카디아에 가 봤다오![13]

우리 모두는 한때 바보였소. 그리고 그것을 기쁘게 생각하지요. 하지만 상상력도 욕구처럼 절제가 필요해요. 절제를 요구하는 초월적인 윤리가 있어서가 아니라 우리의 알찬 유익을 위해서요. 그 강렬한 충동은 잠깐 맛봐야지 무작정 따라가선 곤란하다오. 벌에는 침이 있지만 우리는 벌의 꿀을 훔치지 않소이까. 완벽한 순간이라는 잔에 담긴 절박한 달콤함을 입술로 음미하고 순간적인 쾌락[14]의 어떤 희미한 풍미도 놓치지 않되, 우리 자신은 어떤 의미에서 전혀 동요하지

13 *Et ego in Arcadia!*(아르카디아는 전설 속의 평화롭고 순수한 아름다운 세계를 의미한다. 따라서 이 문장은 나도 이상주의자라는 뜻이다.-옮긴이)-저자.

14 μονόχρονος ἡδονή-저자.

않는 것, 그것이 진짜 기술입니다. 이런 기술을 갖추면 합리성을 위해 포기해야 했던 아까운 쾌락들을 길들여 합당한 삶에 보탬이 되게 할 수 있소. '이런 기술을 갖춘 사람에게는 달콤한 술맛의 원천도 그 재료가 자연에서 탈취한 것이라는 점에 있다', 이렇게 말하면 너무 과감한 거요? 원래 쾌락을 누릴 수 있었던 자연적인 조건과 결과로부터 쾌락만 따로 분리해 내는 능력, 멋진 문구를 거추장스러운 문맥에서 뽑아내는 능력이야말로 인간과 짐승, 문명인과 야만인을 구별해 주는 핵심이오. 로마인들은 계속 먹기 위해 연회에서 구토제를 썼지요. 나는 그들을 매도하는 도덕주의자들에게 동의할 수 없소. 후대에 등장한 훨씬 이로운 피임 기구를 금지하려 드는 사람들이야 더 말할 것도 없지. 몸에 필요한 만큼이 아니라 입맛 당기는 대로 실컷 먹으면서도 배 아플 걱정 없는 사람, 성애를 즐기되 사생아가 생길까 봐 겁내지 않는 사람이 문명인이오. 그런 사람에게는 도시의 격조랄까, 중심에 선 자의 분위기가 있지요."

"협곡을 건너가는 길을 아십니까?" 미덕이 불쑥 물었다.

집주인이 말했다. "모르겠소이다. 연구해 본 적이 없어서요. 인간의 정당한 연구 주제는 인간이오. 나는 쓸데없는 추측은 한 번도 해 본 적이 없소. 협곡을 건너가는 길이 있다 한들, 내가 뭐 하러 그리로 가겠소? 여기서 힘들게 내려가 반대쪽으로 올라간다 합시다. 생고생을 해서 그리로 가보아도 발밑에는 여전히 같은 토양, 머리 위에는 같은 하늘이 있을 거요. 그 짓을 왜 하겠소? 골짜기 너머의 땅이 이곳과 다를지도 모른다고? 웃음거리밖에 안 될 생각이오. 만물은 늘 동일해요.[15] 자연은 우리의 편안함과 즐거움을 위해 모든 것을 마련해 주었소. 고국에서 만족하지 못하는 자들이 해외로 나가 헛된 길을 찾는 법이오. 야, 이 망할 놈! 드러지! 저녁 식사 안 가져오느냐? 뼈가 다 박살이 나고 싶으냐?"

"갑니다, 나리." 드러지가 부엌에서 말했다.

"협곡 건너편에는 우리와 다른 사람들이 있을 수도 있습니다." 잠시 말이 끊어진 틈을 타서 존이 말했다.

양식 씨가 말했다. "그럴 가능성은 더 낮소. 복장과 예절은 다를지 몰라도 인간의 본성은 늘 똑같아요. 나는 변화무쌍한 변장 아래 변하지 않는 마음을 감지할 수 있거든. 협곡 건너편에 사람들이 있다고 해도, 내 장담하리다. 우린 이미 그들을 알고 있소. 그들은 태어나고 죽을 거고, 그 사이에는 우리가 집에서 매일 보는 사랑스러운 악당과 똑같이 그들도 살아갈 거요."

존이 말했다. "그래도, 제 섬과 같은 장소가 없다고 확신할 수는 없을 겁니다. 이성理性 님은 그것을 열린 질문으로 놓아 뒀어요."

양식 씨가 소리를 질렀다. "이성! 갑옷 차림으로 말을 타고 여기저기 돌아다니는 미친 여자 말이오? 내가 말한 합당한 삶이 이성의 보호 아래 있는 삶을 뜻한다고 생각한 건 아니겠지요? 우리 언어에는 이 부분에서 이상한 혼동이 있소. 내가 칭찬하는 합당성의 가장 위험한 적이 바로 이성이기 때문이오. 그 이름을 아예 사용하지 말

15 *Eadem sunt omnia semper.*–저자.

아야겠군. 내가 떠받드는 건 이성이 아니라 양식良識[16]이거든."

"무슨 차이가 있습니까?" 미덕이 물었다.

"양식은 쉽고, 이성은 어렵소. 양식은 일관성에 매이지 않고 적당히 멈출 줄 알지요. 반면 이성은 어디로 가는지 모르면서도 추상적인 논리를 비굴하게 따른다오. 양식은 위안을 구하고 결국 발견하지만, 진리를 추구하는 이성은 여전히 추구만 하고 있소. 양식은 많은 자녀를 둔 아버지지만 이성은 처녀인데다 아이를 가질 수 없는 몸이라오. 내 뜻대로 할 수 있다면 당신이 애지중지하는 이성을 감옥에 가두어 지푸라기 속에서 명상에 잠기게 해주겠소. 그 여자, 얼굴은 반반하지. 그건 인정해. 하지만 그 여자를 따라가면 우리는 기쁨, 쾌락, 편안함, 만족, 뭐라 부르건 참된 목표에서 벗어나게 되오. 그 여자는 미쳤어. 내 스승님으로부터 중용中庸을 추구하는 법, 필멸의 존재로서 그에 걸맞게 생각하는 법을 배우지 못했지. 사람이면 무릇 중용을…….[17]"

미덕이 끼어들었다. "그렇게 말씀하시니 참 이상합니다. 저도 어릴 때부터 아리스토텔레스를 배웠거든요. 그런데 저와 어르신이 읽은 책이 달랐나 봅니다. 제가 읽은 책에서 중용의 가르침은 어르신이 말씀하신 그런 의미가 아니었습니다. 특히 그는 선善에는 과도함이 없다고 말합니다. 올바른 방향으로는 아무리 멀리 가도 지나치지

16 *le bon sens*.–저자.

17 *Aueam quisquis*.[호레우스Horace의 시 Odes II. 10, 5.의 *Auream quisquis mediocritatem diligit*(중용을 사랑하는 사람)에서 인용–옮긴이]–저자.

않습니다. 우리가 추구해야 할 중용은 삼각형 밑변의 중점에서 출발해 밑변에서 멀어질수록 더 좋은, 삼각형의 꼭짓점으로 생각할 수 있습니다. 그런 차원에서……."

양식 씨가 버럭 소리쳤다. "내가 졌소![18] 그만합시다, 젊은이. 우린 지금 강연장에 온 게 아니에요. 자네가 나보다 배운 지 얼마 안 된다는 거 흔쾌히, 인정함세. 철학은 우리의 교사가 되어야지 주인이 되어선 안 돼요. 그리고 자유롭게 사교의 즐거움을 나누는 자리에서 현학적 정확성을 따지는 건 아무래도 달갑지 않……."

그러나 사회 경험이 풍부하지 않은 미덕은 말을 계속했다. "그리고 필멸의 존재에 걸맞게 생각하라는 인용문 말인데요. 아리스토텔레스는 그 말을 인용하면서 자신은 그 말에 동의하지 않는다고 했지요. 필멸의 삶의 목적은 불멸성을 최대한 많이 덧입는 거라고 주장했습니다. 쓸모없는 공부일수록 고상하다는 말도 했고요."

양식 씨가 싸늘한 미소를 지으며 말했다. "정확하게 기억하고 있구먼, 젊은이. 그런 단편적인 정보를 자네의 교사들에게 다시 말해주면 박수갈채를 받을 수 있을 거요. 하지만 양해를 구하고 말하는데, 그런 정보는 여기 어울리지 않소이다. 고대 저자에 대한 신사의 지식은 잘난 체하는 데 쓸 게 아니지요. 젊은이는 합당한 삶에서 철학이 차지해야 할 자리를 오해한 것 같소. 우리는 철학 체계를 암기하지 않아요. 지속될 수 있는 철학 체계가 어디 있겠소? 끝에 가서

18 *Do manus!*–저자.

우리에게 남는 것이, 오래된 후렴구 '나는 무엇을 아는가?[19]가 아닌 철학 체계가 어디 있겠소? 철학은 세상이 얼마나 이상한 곳인지 상기시켜 주는 힘이요, 고립된 명상의 몽상적 매력이요, 무엇보다 그 장식적 기능으로 인해 훌륭한 삶을 꾸리는 데 중요한 역할을 하지요. 우리가 철학자들의 아카데미로 가는 것은 관객이 되기 위함이지 특정 입장의 신봉자가 되기 위해서가 아니오. 드러지!"

"저녁 식사 준비되었습니다요, 나리."

꿈속의 그들은 식당으로 들어가 식탁에 앉았다.

5
식탁 담화

구륜앵초주는 굴과 함께 나왔다. 노신사가 말한 대로 좀 썼는데, 잔이 너무 작아서 미덕은 단숨에 비웠다. 존은 최대한 천천히 마셨다. 더 나올 술이 없을 것 같은데 냉큼 마셔 버리면 주인이 무안해질까 봐 배려한 것이기도 했고 맛이 없기 때문이기도 했다. 그러나 그럴 필요가 없었다. 수프와 함께 셰리와인이 나왔던 것이다.

양식 씨가 말했다. "그는 상점에서 사지 않은 온갖 진미로 식탁을 채웠다![20] 정원에서 기른 재료로 만든 이 와인이 손님들의 고상한 미각에 거슬리지 않았으면 하오."

19 *que sais-je?*(16세기 프랑스의 철학자 몽테뉴의 모토-옮긴이)-저자.
20 *Dapibus mensas onerabit inemptis!*(Virgil, *Georgics* Ⅳ, 133에서 인용-편집자)-저자.

"포도나무를 기르신다는 말씀은 아니겠죠?" 존이 소리쳤다.

양식 씨가 말했다. "구륜앵초주 말이었소. 머지않아 괜찮은 포도나무 몇 그루도 확보할 생각이오. 하지만 지금은 이웃 사람들에게 좀 의지하고 있지. 이 셰리와인은 우리 거냐, 드러지?"

드러지가 말했다. "아닙니다, 나리. 관대 씨Mr. Broad께서 보내 주신 겁니다."

존이 말했다. "넙치네요! 설마 직접……."

양식 씨가 말했다. "아니오. 바다 생선은 해안가 친구들에게 얻어야 해요."

식사가 진행되는 동안 존은 무례를 범하게 될까 봐 식재료의 출처를 더 물어볼 수 없었다. 아주 작은 래디시 한두 개가 전부인 샐러드가 나왔을 때 존은 드디어 집 주인이 자기 것이라 내세울 수 있는 음식이 나왔구나 싶어 크게 안도했다.(양식 씨는 "변변찮은 소스와 래디시, 또는 계란 대령이오"라고 말했다.) 그러나 꿈을 꾸는 나는 식재료의 출처를 다 알 수 있었다. 구륜앵초주와 래디시는 집에서 난 것이었고, 구운 고기는 맘몬 씨의 선물이었고, 주요리와 전채요리는 에스크로폴리스에서 왔고, 샴페인과 얼음은 하프웨이스 노인이 보낸 것이었다. 음식의 일부는 전에 살던 이들의 것이 양식 씨가 그 집에 이사 올 당시에도 창고에 남아 있던 것이었다. 그 고원 지대, 그중에서도 큰길 북쪽 땅은 상당히 건조하고 기온이 낮아서 음식을 오래 보관해도 상하지 않았다. 빵, 소금, 사과는 그 집을 건축해 처음 거주했던 에피쿠로스[21]가 남기고 갔고, 최고급 백포도주는 원래 호라티우스[22]의 것이었다. 적포도주와 대부분의 은銀 식기는 몽테뉴[23]의 것이었다. 그러나 식탁에 오른 것 중 최고였던 귀한 포트와인은 한때 라블레[24]가 마더 커크와 친구였던 시절 그녀에게서 선물로 받은 것이었다. 나이 든 양식 씨는 저녁 식사가 끝난 후 자리에서 일어나더니 지주님이 내려 주신 모든 것에 감사하는 짤막한 라틴어 연설을 했다.

존이 말했다. "뭡니까? 어르신, 지주를 믿으십니까?"

양식 씨가 말했다. "본성의 어떤 부분도 억압해선 안 돼요. 아름답게 보존된 전통의 일부라면 더욱 그렇지요. 다른 것과 똑같이, 지주도 훌륭한 삶의 한 요소로서 나름의 기능이 있거든."

얼굴이 벌겋게 된 양식 씨는 존을 뚫어져라 쳐다보며 이 말을 되풀이했다.

"한 요소로서. 한 요소로서."

"알겠습니다." 존이 말했고, 오랜 침묵이 이어졌다.

십 분쯤 지나 양식 씨가 아주 힘찬 어조로 입을 열었다. "그건 예절의 일부이기도 하다고. 가장 중요한 것은 법이 정한 대로 신을 존경하는 일이다.[25] 우리 미덕 씨, 젊은 친구야, 자네 잔이 비었어. 완전

21 Epicurus. B.C. 341~270. 그리스 철학자.
22 Horace. B.C. 65~8. 로마 시인.
23 Montaigne. 1533~1592. 프랑스 철학자.
24 Rabelais. 1494?~1553. 프랑스 풍자 작가
25 *Αθανάτους μὲν πρῶτα θεούς, νόμῳ ὡς διάκειται – Τίμα*.(그리스의 철학자이자 수학자 피타고라스의 〈황금 시편Golden Verses〉 첫 행이다.–옮긴이)–저자.

히 비었다고. 내일 우리 다시 드넓은 곳을 헤치고 가는 거야.[26]

또다시 침묵이 흘렀는데 이번에는 좀더 길었다. 양식 씨가 잠든 게 아닌가 존이 생각하던 차에 갑자기 양식 씨가 확신에 찬 목소리로 말했다.

"드넓은 곳에서 내일을 쫓아버리고……둥둥, 법이 정한 대로."[27]

그는 그들을 보고 씩 웃더니 잠들어 버렸다. 곧 드러지가 들어왔다. 뿌연 아침 햇살을 받아—그때 나는 덧문 틈으로 여명이 비쳐 든다고 생각하던 터였다—늙고 여위고 더러운 모습이 그대로 드러난 그는 주인을 침실로 안고 갔다. 그러고는 돌아와서 손님들을 별도의 침실로 안내했다. 그는 세 번째로 돌아와 남은 적포도주를 한 잔에 다 붓고 싹 마셔 버렸다. 그다음 한동안 꼼짝 없이 서서 벌개진 눈을 깜빡이며 비쩍 마르고 수염이 꺼칠꺼칠하게 돋은 턱을 문질렀다. 마침내 그는 하품을 하고 아침 식사 준비를 위해 식당을 청소하기 시작했다.

26 *Cras ingens iterabimus.*(호라티우스의 〈송가〉 1권 7장 32절의 후반에 해당하는데, 전체 문장은 다음과 같다. "지금은 포도주로 염려를 쫓아 버리고 내일 우리 다시 드넓은 바다를 헤치고 가는 거야*Nunc vino pellite curas cras ingens iterabimus aequor.*"-편집자)-저자.

27 *Pellite cras ingens tum-tum, νόμῳ ὡς διάκειται*-저자.

6
드러지

잠에서 깬 존은 추웠다. 호화로운 가구들이 눈에 들어왔다. 집이 너무 조용해서 일어나 봐야 소용이 없을 것 같아 옷가지를 몽땅 덮고 다시 잠을 청했다. 그러나 점점 더 추워질 따름이었다. "돌아다니다 보면 아침 식사 시간을 놓치게 될 수도 있지만 이대로 얼어 죽는 것보다는 낫겠지." 그는 이렇게 혼잣말을 하고 일어나 급히 옷을 다 껴입고 아래층으로 내려갔다. 아직 불을 피우지 않은 상태였다. 뒷문이 열려 있는 것을 보고 존은 밖으로 나갔다. 날이 샌 지 오래였지만 해는 안 나고 사방이 잿빛이었다. 먹구름이 상당히 낮게 드리웠고, 밖으로 나오던 존의 발에 눈송이 하나가 떨어졌다. 그러나 더 내리지는 않았다. 그곳은 양식 씨의 정원이었는데 정원이라기보다는 뜰에 가까웠다. 높은 담이 사방을 두르고 있었고, 그 안에 있는 약간의 돌길을 빼면 바싹 마른 갈색 흙이 전부였다. 발로 땅을 파 보니 흙의 깊이가 고작 1센티미터 조금 더 되었고 그 아래는 단단한 바위였다. 집에서 조금 걸어 나오는데 드러지가 엎드려 티끌 더미처럼 보이는 것을 그러모으고 있었다. 잘 보니 정원의 흙이었다. 흙더미를 조그맣게 긁어모으느라 머리 빠진 부분처럼 드러지 주위로 둥그렇게 바위가 드러났다.

존이 말했다. "좋은 아침이네요, 드러지. 뭘 만들어요?"

"래디시 밭입니다요, 나리."

"주인어른이 정원을 정말 잘 가꾸시는군요."

"계속 말씀해 보시지요, 나리."

"주인어른이 정원에서 직접 일하시지는 않나요?"

"안 하십니다요, 나리."

"여기 토양이 안 좋네요. 주인어른이 기르시는 농작물로 어떻게 일 년 드실 게 나오나요?"

"제가 먹을 게 나옵니다요, 나리."

"정원에선 뭐가 자라나요? 래디시 말고 말이에요."

"아무것도 안 자랍니다요, 나리."

존은 정원 끝, 담이 나지막한 부분으로 가서 그 너머를 봤다. 그러다 흠칫 놀라 뒤로 물러났다. 담 아래로 깊은 구렁이 있었기 때문이다. 정원은 거대한 협곡 가장자리에 자리 잡고 있었다. 존의 발아래 골짜기에는 숲이 있었고, 건너편에는 작은 숲과 절벽이 보였다. 절벽은 무성한 나무줄기와 덩굴로 덮여 있고 폭포도 여럿 있었는데 거리가 멀어 움직이지 않는 것처럼 보였지만 물이 떨어져 내리고 있었다. 그 서늘한 오전에도 골짜기 반대쪽이 이쪽보다 비옥하고 더 따뜻해 보였다.

존이 말했다. "여기서 나가야 해." 그 순간 드러지가 그를 불렀다.

"그 담에 기대지 마십시오, 나리. 산사태가 자주 일어납니다요."

"산사태요?"

"예, 나리. 열 번도 넘게 다시 쌓았습죠. 이 집은 원래 바로 저기, 골짜기 중간쯤에 있었습니다요."

"그럼 협곡이 넓어지고 있다는 말인가요?"

"지금은 그렇습니다요, 나리. 에피쿠로스 어르신 시절엔……."

"다른 주인 밑에서 일한 적도 있어요?"

"예, 나리. 여러 주인을 모셨습죠. 여기 사시던 분들은 모두 늘 제가 필요했습지요. 옛날에는 주인님들이 저를 코레기아[28]라고 부르셨지만, 지금은 그냥 드러지라고 부르십니다요."

"이전 주인님들 얘기 좀 해주세요." 존이 말했다.

"에피쿠로스 나리가 처음이었습죠. 정신병이 있으셨어요, 불쌍한 어른. 검은 구덩이에 대한 공포로 늘 벌벌 떠셨습니다요. 뭔가 두려운 일이 있을 거라고요. 하지만 고용주로서는 그만한 분이 없었습죠. 상냥하고 친절하고 말도 조용조용한 분이었습니다. 그분이 절벽에서 떨어졌을 때는 정말 마음이 안 좋았……."

"세상에! 주인어른 중에 산사태로 목숨을 잃은 분들이 계시단 말인가요?" 존이 소리를 질렀다.

"대부분이 그렇습니다요, 나리."

바로 그 순간 2층 창문 어딘가에서 사자의 포효 같은 소리가 들려왔다.

"드러지! 개자식아! 더운 물."

"갑니다, 나리." 무릎을 꿇고 있던 드러지가 몸을 일으키며 그러모은 먼지더미를 마지막으로 다독이며 말했다. "전 여길 곧 떠날 겁

28 *Χορηγία*. '후원'이라는 뜻의 그리스어.

니다요. 북쪽으로 더 올라갈 생각입지요."

"더 북쪽으로?"

"예, 나리. 산속에서 야만인 씨가 일꾼을 찾고 있습니다. 나리와 미덕 나리께서 그쪽으로 가시지 않나 해서요."

"드러지!" 양식 씨의 음성이 울려 퍼졌다.

"갑니다, 나리." 드러지는 대답하면서 바지의 무릎 아래를 묶었던 두 개의 줄을 풀기 시작했다. "그래서 말입니다, 존 나리. 제가 여행길에 따라가도록 허락해 주시면 대단히 감사하겠습니다요."

"드러지! 내가 널 다시 불러야겠느냐!" 양식 씨가 소리를 질렀다.

"갑니다, 나리. 승낙해 주신다면 오늘 아침에 양식 나리에게 말씀 드릴 생각입니다."

존이 말했다. "우린 물론 북쪽으로 좀 갈 거예요. 미덕 씨만 동의한다면 저야 드러지가 함께 가는 걸 반대할 이유가 없지요."

"정말 너무나 친절하시군요, 나리." 드러지는 그렇게 말하고 발길을 돌려 집 안으로 천천히 걸어갔다.

7
눈치 없는 미덕

아침 식사 자리에서 만난 양식 씨는 기분이 좋지 않았다. "배은망덕한 돌대가리 하인 놈이 날 저버리고 간답니다. 앞으로 며칠 동안 우리끼리 꾸려 가야겠소. 난 요리는 아주 엉망이거든. 미덕 씨, 내가 새로 사람을 구할 때까지 요리를 좀 맡아 주면 어떻겠소이까? 당신이라면 우리 세 사람이 소풍 나왔다 생각하고 사흘 정도 그럭저럭 버티게 해줄 수 있을 것 같소만?"

두 젊은이는 아침 식사 후 바로 길을 나설 거라고 말했다.

양식 씨가 말했다. "상황이 정말 심각해지는구려. 그러니까 두 분이 나를 저버리겠다는 말이오? 나는 완전히 외톨이 신세가 되겠군. 품위 있는 평범한 생활도 못하고 천한 일로 하루를 다 보내야 한다는 말이오? 좋소, 난 현대식 예절에 익숙하지 않은 모양이오. 요즘 젊은이들은 환대를 이런 식으로 갚나 보지요?"

미덕이 말했다. "죄송합니다, 어르신. 그렇게 생각하실 줄 몰랐습니다. 원하신다면 하루 정도는 하인 노릇을 감당하겠습니다. 직접 요리하는 일이 그렇게 큰 부담이실 줄은 몰랐는데요. 지난밤 훌륭한 삶을 요약하실 때 하인에 대해서는 아무 말씀이 없으셨던 걸로 기억됩니다만."

양식 씨가 말했다. "이것 보시오, 선생. 증기 기관의 원리를 설명할 때 불이 붙기를 바란다거나 중력 법칙이 작용하기를 기대한다는 말을 따로 합디까? 사람이 늘 당연하게 전제하는 것들이 있소. 내가 삶의 기술을 말할 때는 그 기술이 발휘될 삶의 일상적인 조건들이 주어져 있다고 전제하고 말하는 것이오."

"재산 같은 거 말이지요." 미덕이 말했다.

"역량이오, 역량." 양식 씨가 말했다.

"그리고 건강도?" 미덕이 말했다.

"적당한 건강이지." 양식 씨가 말했다.

미덕이 말했다. "그렇다면 어르신의 기술은 행복을 누릴 수 있는 최선의 길이 모든 면에서 행운이 끊이지 않는 거라고 가르치는 것과 같군요. 그런 조언이라면 사람들에게 전혀 도움이 안 될 겁니다. 그럼 이제 드러지가 설거지 장소를 알려 주면 아침 설거지는 제가 하겠습니다."

양식 씨가 딱딱하게 말했다. "그런 수고는 안하셔도 되겠소. 나는 당신의 기세등등함이 달갑지 않고 아침 식탁에서 강의를 들을 마음도 없소. 세상을 좀더 접하고 나면 사교장을 교실로 바꾸면 안 된다는 것을 알게 될 거요. 게다가, 미안하지만 당신과 계속 어울리는 일이 좀 피곤하구먼. 대화란 자고로 꽃에 앉았다가 그 흔들림이 멈추기 전에 다음 꽃으로 재빨리 옮기는 벌과 같아야지. 당신 대화는 식탁에 죽치고 앉아서 먹어 대는 풍뎅이 같소."

미덕이 말했다. "좋으실 대로 하십시오. 그나저나 어떻게 지내실 겁니까?"

양식 씨가 말했다. "이 집 문을 닫고 한동안 호텔에서 자족自足을 실천하면서 이곳에 기계 장치들을 설치할 거요. 이후 온전한 독립 생활이 가능하도록 말이오. 내가 시대에 뒤처졌다는 걸 알겠소. 클랩트랩 시의 좋은 친구들이 하는 말에 귀를 기울였어야 하는 건데 말이야. 현대의 발명품들과 함께하는 이들이었지. 그 사람들 말이, 얼마 안 있으면 기계 덕분에 훌륭한 삶이 우연의 손아귀에서 벗어나게 될 거라는군. 기계 장치만으로 부족하다면 우생학자도 있지. 내가 아는 한 우생학자는 여기 드러지처럼 뒤통수칠 심리적 능력이 없는 허드레꾼 종족을 만들어 주겠다고 장담하고 있소."

그래서 결국 네 사람 모두 함께 집을 나섰다. 양식 씨는 드러지(그는 주인과 헤어질 때도 깍듯이 예의를 지켰다)가 두 젊은이와 동행한다는 말을 듣고 깜짝 놀랐다. 하지만 그는 어깨를 으쓱하고는 이렇게 말할 뿐이었다. "허튼소리 만세![29] 여러분이 묵으신 이 집 '텔레마'[30]의 모토는 '자기 뜻대로 하라'죠. 사람마다 생각이 모두 다른 법. 나는 불관용을 제외한 모든 생각에 관용할 수 있기를 바라오." 그는 자기 길을 갔고, 이후 그들은 더 이상 그를 보지 못했다.

29 *Vive la bagatelle!*–저자.
30 *θέλημα*. '뜻, 의지'를 의미하는 그리스어.

6권

협곡을 따라 북쪽으로

그들은 도량이 넓은 사람을 닮지 않았지만 그를 흉내 낼 수는 있다.
그들이 흉내 낼 수 있는 특정한 면에서만 그렇다.

아리스토텔레스

영혼에 대해 이런저런 말을 많이 해봐도 여의치 않자
그들은 자기 안에서 미덕을 추구한다.

밀턴

한 가지 미덕을 온전하게 갖춘 사람이라도 정반대의 미덕을 함께 갖추고 있지
않으면 나는 그를 존경하지 않는다. 위대한 사람이 되려면
한 가지 극단에 이른 것으로는 부족하고, 양극단의 미덕을 모두 지니고
그 사이에 존재하는 모든 상태까지 다 아울러야 한다.

파스칼

경멸은 잘 알려진 방어 반응이다.

I. A. 리처즈

1
북쪽으로 가는 첫 걸음

미덕이 말했다. "길을 따라 죽 걷는 것만으로는 소용없어요. 벼랑 끝도 살펴보고 가끔씩 내려가 보기도 해야 해요."

드러지가 말했다. "죄송합니다만, 나리. 저는 이 지역을 잘 압니다요. 여기서부터 40킬로미터 이내에는 내려가는 길이 없습죠. 적어도 오늘 하루는 길을 따라 죽 가도 손해 볼 일이 없을 겁니다요."

미덕이 물었다. "어떻게 아세요? 내려가 봤어요?"

드러지가 말했다. "아, 예. 어릴 때 협곡을 건너 보려고 여러 번 시도했습죠."

"그럼 길을 따라가는 게 낫겠네요." 존이 말했다.

미덕이 말했다. "뭔가 석연치 않아요. 하지만 돌아오는 길에 절벽을 확인할 수 있겠지요. 제 생각에는 내려가는 길이 있다면 북쪽 끝부분일 것 같아요. 이 골짜기가 바다와 만나는 곳 말이에요. 이도저도 다 여의치 않으면 골짜기 어귀에서 배를 타고 건너편으로 넘어갈 수 있을 거예요. 한동안 길을 따라 죽 가는 게 낫겠네요."

"그렇게 합시다." 존이 말했다.

이후 세 사람은 그때까지 보았던 것보다 훨씬 황량한 길로 접어들었다. 주위의 고원은 평평해 보였지만 다리에 힘을 주게 되고 숨이 가빠지는 것으로 봐서 경사가 완만하긴 해도 죽 오르막임을 알 수 있었다. 초목이 보이긴 했는데, 여기 관목 한 그루가 있으면 저쪽에 풀이 약간 있는 식이었다. 그 외 대부분은 갈색 흙과 이끼와 바위였고 그 아래로 돌길이 놓여 있었다. 하늘은 여전히 잿빛이었고 새 한 마리 보이지 않았다. 어찌나 으스스한지 잠시라도 멈춰 쉴라치면 땀이 금세 식어 버렸다.

미덕은 발걸음을 늦추지 않았고 드러지는 예의를 갖추느라 1미터 남짓 뒤에서 보조를 맞춰 걸었다. 그러나 존은 발에 통증을 느끼며 뒤처지기 시작했다. 몇 시간째 온갖 구실을 만들어 자꾸 걸음을 멈추던 그가 마침내 말했다 "여러분, 안 되겠네요. 더는 못 가겠습니다."

"하지만 가야 해요." 미덕이 말했다.

드러지가 말했다. "나리, 이 젊은 신사분은 허약하세요, 아주 허약하세요. 이런 힘든 길에 익숙하지 않으시네요. 계속 가실 수 있게 우리가 도와야겠습니다요."

그들은 양쪽에서 존을 부축하고 두어 시간 정도를 더 갔다. 불모지에는 먹을 것도 마실 것도 없었다. 저녁 무렵 그들은 "끼룩 끼룩" 하며 울려 퍼지는 처량한 소리를 듣고 고개를 들었다. 갈매기 한 마리가 바람을 타고 떠 있었는데, 보이지 않는 계단을 타고 낮게 깔린 비구름을 향해 나아가는 듯했다.

"좋아! 해변이 얼마 안 남은 거야!" 미덕이 소리쳤다.

드러지가 말했다. "안심하긴 이릅니다요, 나리. 갈매기들은 내륙으로 60킬로미터 넘게 들어오고 흐린 날에는 더 많이 들어옵니다요."

그들은 몇 킬로미터를 더 터벅터벅 걸어갔다. 하늘은 햇빛 없는 회색에서 별빛 없는 검은색으로 바뀌어 갔다. 그들은 길가의 작은 오두막을 발견하고 그리로 가서 문을 두드렸다.

2
창백한 세 사람

집 안으로 들어가 보니 하나같이 마르고 창백한 세 젊은이가 오두막의 낮은 지붕 아래 자리 잡은 난롯가에 앉아 있었다. 한쪽 벽 긴 의자에 놓인 자루 만드는 천 말고는 달리 편안한 자리가 없었다.

셋 중 한 사람이 말했다. "이곳에 묵으려면 불편하실 겁니다. 하지만 나는 집사입니다. 도움을 베푸는 것이 내 의무지요. 들어오십시오." 그의 이름은 '신新 앵귤러'Mr. Neo-Angular[1]였다.

다른 한 사람이 말했다. "죄송하지만 나는 신념이 있어서 친구의

1 '모난', '완고한'을 뜻하는 angular는 영국 성공회 가톨릭파를 뜻하는 Anglo-catholic의 앞 부분과 발음이 유사하다.

제안을 되풀이할 수 없습니다. 인도주의적이고 평등주의적인 오류를 버려야 했거든요." 그의 이름은 신고전파Mr. Neo-Classical였다.

세 번째 사람이 말했다. "인적이 드문 곳을 이렇게 다니시다니, 여러분의 피에 낭만 바이러스가 남아 있는 건 아니었으면 합니다." 그의 이름은 휴머니스트Mr. Humanist였다.

존은 너무 지쳐서, 드러지는 황송한 나머지 대답을 하지 않았다. 그때 미덕이 신앵귤러에게 말했다. "정말 친절하시군요. 덕분에 살았습니다."

신앵귤러 씨가 좀더 따뜻한 어조로 말했다. "나는 친절한 게 아닙니다. 의무를 다하는 것뿐이지요. 내 윤리의 기초는 교리이지 감정이 아닙니다."

미덕이 말했다. "무슨 말씀이신지 이해합니다. 우리 악수해도 될까요?"

신앵귤러가 말했다. "혹시 우리 무리 중 한 사람이신가요? 가톨릭 신자인가요? 스콜라 철학자인가요?"

미덕이 말했다. "그런 건 모릅니다. 규칙은 당장 기분이 내켜서가 아니라 규칙이기 때문에 지켜야 한다는 걸 알 뿐입니다."

앵귤러가 말했다. "우리 중 하나는 아니군요. 지옥 갈 사람이 분명하네요. 이교도의 미덕은 화려한 악덕이지요.[2] 이제 식사합시다."

꿈속의 창백한 세 사람은 쇠고기 통조림 세 통과 비스킷 여섯 조

2 *Virtutes paganorum splendida vitia.* –저자.

각을 꺼냈고, 앵귤러는 자기 몫을 손님들과 나누었다. 각 사람에게 조금씩밖에 안 돌아갔는데 그래도 존과 드러지는 많이 먹은 편이었다. 미덕과 젊은 집사가 서로 나눔 경쟁을 벌인 덕분이었다.

신고전파가 말했다. "우리 식사는 간소합니다. 저지대에서 진미를 즐기던 분들의 입맛에는 맞지 않을 겁니다. 하지만 보시다시피 형태만은 완벽해요. 이 쇠고기는 완벽한 정육각형이고 비스킷은 네모반듯하지요."

휴머니스트가 말했다. "우리 식사에 끝맛이 오래 가는 옛날의 낭만적 소스 향이 전혀 없다는 것만은 인정하실 거요."

"전혀 없군요." 존이 빈 깡통을 바라보며 말했다.

"래디시보다 나은 걸요, 나리." 드러지가 말했다.

"신사 여러분, 이곳에 사십니까?" 빈 깡통이 치워지자 미덕이 물었다.

휴머니스트가 말했다. "그렇소. 우린 새로운 공동체를 세우고 있소. 현재는 개척자의 난관을 겪고 있고 먹을 것도 외부에서 들여와야 하지요. 하지만 이 땅을 경작하게 되면 먹을 것이 많아질 거요. 그때는 절제를 실천해야 하겠지."

미덕이 말했다. "대단히 흥미롭군요. 이 공동체의 원칙은 무엇입니까?"

"가톨릭 신앙, 휴머니즘, 고전주의." 세 사람이 동시에 말했다.

"가톨릭 신앙이요! 여러분은 모두 집사입니까?"

"천만의 말씀." 고전파와 휴머니스트가 말했다.

"그래도 다들 지주를 믿으시지 않습니까?"

"난 그 질문에 아무 관심이 없소이다." 고전파가 말했다.

"나는 지주 이야기가 지어낸 우화라는 걸 잘 알고 있소." 휴머니스트가 말했다.

"나는 지주님이 분명히 존재하신다는 것을 잘 알지요." 앵귤러가 말했다.

미덕이 말했다. "이거 정말 놀랍군요. 여러분이 어떻게 함께 모였는지, 어떤 원칙들을 공유할 수 있는지 모르겠네요."

휴머니스트가 말했다. "공통의 적에 대한 공통의 반감으로 뭉쳐 있소. 우리는 형제요. 클랩트랩 시의 연로한 계몽 선생의 아들이지."

"저 그분 압니다." 존이 말했다.

휴머니스트가 말했다. "아버지는 두 번 결혼하셨소. 첫 번째 상대는 에피카에레카키아[3]라는 여인이었고, 두 번째는 유푸이아[4]였소. 첫 번째 부인으로부터 얻은 아들이 지기스문트인데, 우리 이복형제가 된다오."

"그 사람도 알아요." 존이 말했다.

"우리는 두 번째 부인의 자식들이오." 휴머니스트가 말했다.

미덕이 소리쳤다. "그럼 우린 한 핏줄이군요. 인정하기 싫으실지 모르겠지만 아마 들으셨을 겁니다. 유푸이아 부인이 그쪽 아버님과 결혼하시기 전에 아이가 하나 있었거든요. 제가 그 아이입니다. 솔직

3 '심술'이라는 뜻의 그리스어.
4 '균형, 후덕'이라는 뜻의 그리스어.

히 말해 아버지가 누군지는 모릅니다. 적들의 입에서 제가 사생아라는 말을 들은 게 전부입니다."

앵귤러가 대꾸했다. "거 말씀 한번 많으시네. 우리가 그 얘기를 달가워할 리가 없잖습니까. 난 직무상 적법한 혈연관계에도 연연해선 안 될 사람이니 어쭙잖은 핏줄 얘기 그만하세요."

"공통의 반감은 뭡니까?" 존이 물었다.

휴머니스트가 대답했다. "우리 모두 에스크로폴리스의 대학에 있는 이복형 밑에서 자랐소. 하프웨이스 씨와 함께 지내는 사람은 누구나 에스크로폴리스로 가거나, 그의 갈색 딸의 하인이 되어 평생 스릴 시에 머물게 된다는 사실을 거기서 알게 됐소."

"그럼, 하프웨이스 씨와 같이 지내신 적이 없다는 말씀입니까?" 존이 물었다.

"물론 없소. 우리는 그의 음악이 다른 사람들에게 미치는 영향을 지켜보고 그를 증오하게 되었소. 그 증오가 우리를 뭉치게 해준 첫 번째 요인이오. 그다음, 에스크로폴리스에서 살다 보면 필경 거인의 지하 감옥에 이르게 된다는 것을 알아냈소."

"그것도 압니다." 존이 말했다.

"그러므로 우리를 묶어 주는 건 거인과 에스크로폴리스, 하프웨이스 씨에 대한 공통의 증오요."

"무엇보다 하프웨이스에 대한 증오지요." 고전파가 말했다.

앵귤러가 말했다. "난 이렇게 말하고 싶네요. 우리를 묶어 주는 건 온갖 미봉책과 타협에 대한 증오라고 말입니다. 거대한 협곡 이쪽

편에 무슨 선善이나 품위라도 있는 척, 꽤 괜찮은 일시적 안식처라도 있는 척 가장하는 모든 가식에 대한 증오이기도 하구요."

고전파가 말했다. "저런 생각 때문에 앵귤러 형은 나의 적이기도 하고 동지이기도 합니다. 협곡 건너편에 대한 형의 생각에는 동의할 수 없어요. 하지만 형의 망상은 건너편에 몰려 있기 때문에, 이편에서는 얼마든지 나와 뜻을 같이할 수 있고 우리에게 초월적이고 낭만적이고 낙관적인 온갖 쓰레기를 떠맡기려는 시도들을 (나처럼) 사정없이 폭로할 수 있는 거예요."

휴머니스트가 말했다. "앵귤러 형은 경험의 여러 층위가 뒤섞이는 것을 경계한다는 점에서 나와 입장이 같소. 형은 그리움, 방랑벽, 황홀 같은 신비주의적 허튼소리를 한데 모아 저편으로 보내 버리지요. 그것들이 이쪽에서 돌아다니며 우리의 현실적인 활동을 방해하지 못하게 막는 거요. 그렇게 되면 우리는 자유롭게 이 고원 위에 웬만한 문명, 심지어 안락함을 선사하는 문명까지 건설할 수 있소. 이 문명은 양식 씨가 인정하는 진리와 거인이 드러내는 진리 위에 서 있지만, 그 둘 위에다 우아한 환각의 베일을 씌워 두는 거요. 그렇게 해서 우리는 인간으로 남아 있을 거요. 거인처럼 짐승이 되지도 않을 거고, 하프웨이스 씨처럼 설익은 천사가 되지도 않을 거라고."

"젊은 신사분이 잠드셨습니다요, 나리." 드러지가 말했다. 과연 존은 얼마 전부터 곯아떨어져 있었다.

미덕이 말했다. "이해해 주십시오. 오늘 먼 길을 왔거든요."

그다음 여섯 사람 모두 천을 덮고 같이 누웠다. 그날 밤은 양식 씨 집에서 묵었던 날보다 훨씬 추웠다. 하지만 여기서는 안락함을 가장하지 않고 좁은 오두막 안에서 서로 꼭 붙어 누웠기 때문에 존은 텔레마에서보다 더 따뜻하게 잤다.

3
신앵귤러

아침에 일어났을 때 존은 발이 아프고 팔다리가 쑤셔 길을 떠날 엄두가 나지 않았다. 드러지는 해안이 멀지 않을 거라고 장담을 했다. 그러면서 미덕이 하루면 해안까지 갔다 올 수 있을 테고 존은 오두막에서 기다리면 될 거라고 말했다. 존은 한눈에도 찢어지게 가난해 보이는 사람들에게 부담을 주기 싫었지만, 앵귤러 씨는 한사코 괜찮다고 했다. 그는 환대라는 세속적 미덕은 무가치하고, 인도주의적인 감상에 사로잡혀 어려운 사람을 돌보는 일은 죄라면서도, 교단의 규칙에 따라 그렇게 행동하지 않을 수 없다고 했다. 그래서 드러지와 미덕 둘만 북쪽으로 길을 나섰고 존은 창백한 세 사람과 함께 집에 남았다.

오전에 그는 앵귤러와 대화를 나누었다.

존이 말했다. "그럼 협곡을 건너는 길이 있다고 보시는 건가요?"

"길이 있다는 건 압니다. 괜찮으시면 마더 커크에게 안내해 드리지요. 그분이 협곡 너머로 금세 데려다줄 겁니다."

"하지만 그게 내가 정말 원하는 일인지 모르겠네요. 처음 집을 나설 때만 해도 협곡을 건널 생각은 없었거든요. 마더 커크는 더 말할 것도 없구요."

"당신이 무슨 생각을 했는지는 중요하지 않습니다."

"내게는 중요해요. 보세요, 내가 협곡을 건너려는 이유는 오로지 내가 찾는 것이 건너편에 있을지 모른다는 희망 때문이에요."

"위험하고 주관적인 동기군요. 뭘 찾는 겁니까?"

"전 섬을 보았어요……."

"그렇다면 되도록 빨리 잊으세요. 섬은 하프웨이스 씨의 관심사예요. 분명히 말하지만, 그런 허튼소릴랑은 머리에서 싹 지워 버리세요. 그래야 내가 당신을 도울 수 있습니다."

"하지만 내가 도움을 받고 싶은 부분은 하나뿐인데, 그걸 없애 버리고 나면 어떻게 나를 도울 수 있겠습니까? 먹을 것을 안 줄 작정이라면 배고픈 사람에게 소원을 들어주겠다고 말하는 것이 무슨 소용이 있겠습니까?"

"협곡을 건너고 싶지 않다면, 더 이상 말할 필요도 없습니다. 하지만 자신이 어디에 있는지는 알아야 하지 않겠습니까? 원한다면 계속 섬을 찾아다니세요. 그 섬도 협곡 이편에 있는 파멸의 땅의 일부일 뿐입니다. 그렇지 않은 척 가장하지 마세요. 죄인이면 적어도 현실은 똑바로 봐야지요."

"섬이 속속들이 나쁘다고 어떻게 장담할 수 있지요? 내가 여기까지 오게 된 것은 오로지 그 섬에 대한 갈망 때문이에요."

"그렇다고 달라질 건 없습니다. 협곡 이쪽에 있는 것은 다 그렇고 그래요. 협곡 이편만 놓고 말하자면, 시대정신이 옳습니다."

"하지만 마더 커크의 말씀은 달랐어요. 그분은 특히 독성이 강한 음식이 따로 있다고 힘주어 말씀하셨어요."

"음, 마더 커크를 만나 보셨군요. 그럼 혼란을 느끼는 것도 당연합니다. 마더 커크와 이야기할 때는 제대로 된 집사를 거쳐야 해요. 당신은 그분의 말씀을 모조리 오해한 게 분명해요."

"이성도 만나 봤어요. 그분은 섬이 환상이라고 말하지 않았어요. 하지만 당신은 양식 씨처럼 이성과 사이가 안 좋겠군요."

"이성은 신성합니다. 하지만 당신이 그분을 어떻게 이해할 수 있겠어요? 당신은 초보자예요. 당신이 이성과 안전하게 어울릴 수 있는 방법은 하나뿐입니다. 이성이 사람들을 구출한 이야기들을 널리 알리기 위해 성문화해 놓은 교리를 선배들에게 배우는 것이지요."

존이 말했다. "이보셔요. 내가 말하는 섬을 본 적이 있나요?"

"한 번도 없습니다."

"하프웨이스 씨의 노래를 들어 본 적도 없으시죠?"

"한 번도요. 앞으로도 그럴 일은 없을 겁니다. 내가 도피주의자인 줄 아시오?"

"그럼 적어도 한 가지 대상에 대해서는 내가 그쪽보다 잘 아는 거네요. 난 당신이 낭만적 쓰레기라 부르는 것을 맛보았어요. 하지만 당신은 말뿐이지요. 그 안에 위험이 있고 악의 요소가 있다고 내게 말해 줄 필요는 없어요. 내가 그 위험과 악을 느껴 보지 못했을 것 같아요? 그쪽보다 천 번은 더 느껴 봤을 걸요. 하지만 나는 그 안의 악을 찾으러 나선 게 아니에요. 그리고 그것이 아니었다면 아무것도 찾아 나서지 않았을 테고 아무것도 발견하지 못했을 거예요. 나는 경험을 통해 이런 것들을 깨달았고 이 외에도 그것에 대해 아는 바가 열 가지도 더 됩니다만, 당신은 입을 열면 열수록 그런 것들을 모른다는 사실이 분명해지네요. 무례했다면 용서하세요. 하지만 이 문제에 대해 당신이 나에게 조언할 수는 없어요. 순결 문제로 고민하는 남자의 상담자로 성불구자를 추천할 수 있겠어요? 나면서부터 눈먼 사람이 안목의 정욕을 이기도록 도와줄 안내자로 적합하겠어요? 내가 화를 내고 있네요. 비스킷을 나눠 주신 분한테. 죄송합니다."

"모욕을 참을성 있게 견디는 것도 내 직무 중 하나지요." 앵글러가 말했다.

4
휴머니스트

오후에 휴머니스트 씨는 존을 데리고 나가 정원을 보여 주며 때가 되면 거기서 나는 농작물로 새로운 문화의 자급자족이 가능할 거라고 말했다. 주위에는 사람이 사는 마을도 동물 서식지도 보이지 않았기 때문에 담장이나 울타리가 필요해 보이지 않았지만, 돌멩이와 조개껍데기를 번갈아 가며 늘어놓아 정원 구역을 표시해 놓았다. 그 표시가 없었다면 정원과 황무지를 구분할 수 없었을 것이다. 몇 개의 길 역시 돌멩이와 조개껍데기로 표시했는데 기하학적 패턴을 이루고 있었다.

휴머니스트가 말했다. "보시다시피 우리는 낡은 낭만적 정원사 개념을 내버렸소. 여기서 일종의 엄격함을 엿볼 수 있을 겁니다. 정원사라면 오른쪽 저편에는 나뭇잎이 흔들리는 숲을, 왼쪽에는 언덕을 조성하고 꼬불꼬불한 길과 연못, 꽃밭을 만들었을 거요. 애매한 부분들은 육감을 자극하는 것들, 그러니까 못생긴 감자와 낭만적으로 제멋대로 생긴 양배추로 채웠겠지요. 하지만 보다시피, 여기엔 그런 것이 하나도 없소."

"아예 아무것도 없군요." 존이 말했다.

"물론 지금은 그다지 수확이 많지는 않소. 하지만 우리는 개척자들 아니오?"

"땅을 파기는 하십니까?" 존이 물었다.

휴머니스트가 말했다. "어, 아니오. 있잖소. 표면에서 2~3센티미터만 파고 들어가면 전부 암석이에요. 그래서 토양을 건드리진 않아요. 잘못하다간 인간의 관점에서 꼭 필요한 우아한 환상의 베일을 걷어 버리게 될 테니까."

5
북쪽에서 온 음식

그날 저녁 늦게 오두막의 문이 열리더니 미덕이 비틀거리며 들어와 난로 옆에 털썩 주저앉았다. 그는 아주 지쳐 보였고, 한참이 지나서야 숨을 가다듬고 말을 꺼냈다.

"여러분, 이곳을 떠나야 합니다. 여긴 위험에 처해 있어요."

"드러지는 어디 있나요?" 존이 물었다.

"거기 있어요."

"위험이라는 게 뭐요?" 휴머니스트가 물었다.

"말씀드리지요. 그런데 북쪽에서 협곡을 건너갈 길은 없네요."

존이 말했다. "그럼 우린 헛걸음한 거군요. 큰길에서 벗어난 후 줄곧."

미덕이 대답했다. "이제 알았으니 된 거죠. 하지만 뭘 좀 먹어야 이야기를 계속할 수 있겠어요. 오늘밤엔 친구들의 환대를 갚을 수 있을 듯합니다." 이렇게 말하고 그는 옷 여기저기에서 차갑지만 큼직한 파이, 독한 맥주 두 병, 럼주 한 병을 꺼냈다. 오두막에는 한동안 침묵이 흘렀고, 식사를 마친 후 끓여 놓은 물을 럼주에다 섞어 뜨거운 그로그주를 만들었다. 모두에게 한잔씩 돌린 다음 미덕이 이야기를 시작했다.

6
북쪽 끝

"산까지는 25킬로미터 정도이고 주변 풍경은 전부 이곳과 같아요. 암석과 이끼와 갈매기 몇 마리 본 것을 빼면 여행길은 특별할 게 없습니다. 가까이 다가갈수록 산은 무시무시해 보였지만 큰길을 오르다 보니 샛길이 나와 오르기가 그리 힘들지 않았어요. 샛길을 넘어 가니 작은 바위투성이 골짜기가 나왔고 거기서 누군가 사는 흔적을 처음 발견했어요. 골짜기에는 토끼굴처럼 일정한 모양의 동굴들이 있었고 그 안에서 난쟁이들이 살고 있었어요. 여러 종족이 있는 것 같았는데, 제가 구분할 수 있는 종족은 둘뿐이었습니다. 검은 셔츠를 입은 검은 난쟁이와 자칭 '마르크소마니'라는 붉은 난쟁이였어요. 그들은 모두 대단히 사나왔고 툭하면 티격태격했지만 야만인이라는 사람의 봉신封臣을 자처하고 있더군요. 그를 만나고 싶다고 했더니 순순히 통과시켜 주며 경호원까지 한 명 붙여 주었습니다. 드러지와 헤어진 건 바로 그 지점이었어요. 그는 붉은 난쟁이들과 합류하고 싶다며 내게 혼자 가도 괜찮겠냐고 묻더군요. 그는 끝까지 예의가 발랐죠. 그런데 내가 미처 입을 열기도 전에 난쟁이들의 굴 중 하나로 들어가서는 아주 편안하게 자리를 잡더라고요. 그때 나는 난쟁이들에게 이끌려 계속 길을 갔어요. 그 상황이 그리 맘에 들지는 않았어요. 있잖아요, 그들은 인간도 아니고 난쟁이 인간도 아닌 진짜 난쟁이, 트롤이었어요. 말을 하고 두발로 걸었지만 몸의 구조가 인간과 전혀 달랐죠. 그들이 나를 죽인다 해도 그걸 살인이라고 할 수는 없겠다는 생각이 줄곧 들더군요. 악어나 고릴라가 나를 죽여도 그걸 살인이라고 하진 않잖아요. 어떻게 인간과 비슷한 모습을 하게 되었는지는 모르지만 여하튼 우리와 종이 달라요. 얼굴도 다르고요.

그들은 나를 데리고 계속 위로 위로 올라갔어요. 바위투성이 길이 지그재그로 굽이굽이 돌아가더군요. 어지럼증이 없어서 다행이었는데, 산등성이에 오를 때마다 휘몰아치는 바람은 무척 위험했어요. 물론 안내하는 난쟁이들은 키가 1미터도 안 되어 바람 때문에 곤란을 겪는 일은 없었고요. 나는 한두 번 정말 큰일 날 뻔했어요. 야만인의 소굴은 정말 무시무시하더군요. 헛간처럼 생긴 길쭉한 공간이었어요. 내가 있던 지점과 하늘 중간쯤에 있는 것처럼 보이는 그곳을 처음 봤을 때 이런 생각을 했어요. '어디로 가는지는 모르겠지만 저기는 절대로 아닐 거야.' 도무지 다가갈 수 없는 곳으로 보였거든요. 하지만 우리는 계속 갔습니다.

꼭 기억해야 할 게 있는데, 올라가는 길에도 사방에 동굴이 보였고 그 하나하나가 모두 누군가의 집이었다는 거예요. 산 전체가 벌집처럼 되어 있는 게 분명해요. 난쟁이들을 수천 명도 더 봤어요. 개미둑 같은 그곳에 사람이라곤 나밖에 없었다구요.

야만인의 소굴에선 바다가 바로 내려다보였어요. 그렇게 경사가 급한 절벽은 어디에도 없을 것 같아요. 그곳에서 협곡 입구를 봤어요. 조금 낮다 뿐이지 거기도 절벽이더군요. 가장 낮은 지점도 바다에서 수천 미터 위에 있었어요. 거기서 아래로 내려가는 건 생각도 못할 일이지요. 갈매기라면 몰라도 사람에게는 안 될 일입니다.

여러분은 야만인에 대해 듣고 싶겠군요. 그자는 동물 우리 같은 곳 끝에 있는 높은 의자에 앉아 있었어요. 덩치가 아주 컸죠. 거인 같았어요. 체구를 말하는 게 아니에요. 그 역시 난쟁이들처럼 우리와 전혀 다른 종처럼 느껴졌어요. 가죽 옷에다 뿔 달린 철투구를 쓰고 있었죠.

그자 옆에는 여자도 있었어요. 노랑머리에 광대뼈가 튀어나온 대단히 큰 여자였어요. 그림힐드라고 하더군요. 재미있는 거는요, 그 여자가 존, 당신 옛날 친구의 언니예요. 하프웨이스 씨의 큰딸이죠. 야만인이 스릴 시로 내려와서 그녀를 데리고 갔대요. 이상한 것은, 그녀와 노신사가 그것을 기뻐했다는 거예요.

난쟁이들이 나를 데리고 들어가자마자 야만인은 식탁을 두드리며 소리를 질렀어요. '우리 인간들을 위해 식탁을 차려라.' 그러자 그녀가 식탁을 차렸어요. 그자는 오랫동안 내게 아무 말도 안 했어요. 그저 앉아서 나를 쳐다보며 노래만 불렀어요. 노래는 하나뿐이었는데, 내가 거기 있는 내내 노래를 불렀다 멈추었다 했어요. 가사의 일부는 기억이 납니다.

바람의 시대, 늑대의 시대,
세상이 무너지기 전
파편의 시대, 창의 시대,
방패는 깨어졌도다…….

또 다른 부분은 이렇게 시작되었어요.

동쪽에선 늙은이가
철 숲에 앉아
먹이를 주네

펜리르[5]의 새끼들에게…….

나는 그대로 그 자리에 앉아 있었어요. 겁먹었다는 인상을 주고 싶지 않았거든요. 음식이 차려지자 그자가 좀 들라고 해서 먹었어요. 달짝지근하고 독한 술을 뿔에 담아 건네기에 받아 마셨어요. 그다음 그자는 소리를 한번 지르고 술을 들이켰어요. 지금은 뿔에 담긴 벌꿀술밖에 내놓을 게 없다고 했어요. '하지만 곧 인간들의 대갈통에 든 피를 마실 거야.' 이런 소리들을 얼마나 많이 했는지 몰라요. 우리는 돼지고기 구이를 손으로 집어먹었어요. 그 사이에도 그자는 계속 노래 부르고 고함을 쳤어요. 저녁 식사를 마친 후에야 제대로 이야기하기 시작했는데, 내용을 다 기억할 수 있으면 좋겠네요. 이 부분이 중요한 대목이에요.

생물학자가 아니면 내 말을 이해하기 힘들 거예요. 그 난쟁이들은 우리보다 오래된, 다른 종이에요. 하지만 인간 안에도 그와 같은 변이가 나타날 수 있어요. 난쟁이가 되어 버릴 수 있다는 거죠. 결과적으로, 이들의 수는 대단히 빠르게 늘고 있어요. 그들 사이의 통상적인 번식 말고도, 난쟁이로 돌아간 인간 아이나 바꿔 친 아이 등이 외부에서 유입되고 있거든요. 그자는 마르크소마니 외에도 많은 변종들 이야기를 했어요. 무솔리미니, 스와스티시, 강고마니 등등. 다 기억도 안 나네요. 한참 동안 저는 도대체 그자가 그들과 무슨 관계

5 북유럽 신화에 나오는 거대한 늑대. 악신 로키의 자식.

가 있는 건지 알 수가 없었습니다.

그런데 그자가 말해 줬어요. 이 땅으로 내려오려고 난쟁이들을 번식시키고 훈련시킨다는 거였어요. 왜 그렇게 하느냐고 물어봤더니 그자는 오랫동안 나를 빤히 쳐다보면서 노래만 불렀어요. 내가 보기에는 싸움 자체가 목적이라는 게 그자의 이론 같아요.

있잖아요, 그자는 취하지 않았어요. 지주를 믿고 규칙을 지키고 이 땅을 떠나야 할 때 지주의 성에 가서 살기를 바라는 구닥다리들을 이해할 수 있다고 했어요. '그놈들에겐 사는 목적이 있는 거야. 놈들의 믿음이 옳다면 그 행동도 참 분별 있는 것이겠지. 하지만 놈들의 믿음이 옳지 않아. 따라서 사람에게 합당한 삶의 방식은 하나밖에 안 남아.' 그자는 이런 또 다른 삶의 방식을 영웅주의, 주인의 도덕, 폭력[6]이라고 하더군요. '둘 사이에 있는 다른 모든 어중간한 작자들은 모래사장에서 쟁기질을 하고 있는 거지.' 그자는 클랩트랩 사람들을 한참 욕하더니 양식 씨도 씹어 댔어요. '그놈들은 인간쓰레기야. 만날 행복만 생각하지. 그러모으고 쌓아올리고 건설하려고 해. 자기들이 세상의 법칙을 거스르고 있다는 걸 모르는 건가? 앞으로 100년만 지나 봐. 그놈들 다 어디 있겠어?' 나는 그들이 후손을 위해 건설하고 있을 수도 있다고 했어요. 그자가 묻더군요. '그럼 후손들

6　이 세 가지는 20세기 파시즘과 국가사회주의와 연관이 있는 19세기 세 사상가의 핵심 개념이다. 영국의 역사가 토마스 칼라일은 영웅적 지도자의 필요성을 내세웠고, 독일의 철학자 프리드리히 니체는 '주인의 도덕'과 '노예의 도덕' 개념을 도입했다. 프랑스 사상가 조르주 소렐Georges Sorel은 의회주의로 기울어진 당시 노동 운동을 비난하면서 이른바 '폭력'의 윤리성을 강조하여 그 구체적 형태로서 동맹 파업을 지지했다. 그의 사상은 파시즘에 이용되어, 소렐은 '파시즘의 정신적인 아버지'라고 불렸다.

은 누구를 위해 건설하는데? 모르겠어? 결국 모든 것이 허사가 되고 만다고. 게다가 내일 종말이 올 수도 있어. 종말이 좀 늦어진다 해도, 뒤돌아보는 사람의 눈에는 그들의 모든 '행복'은 아무것도 아니야. 아무것도 남지 않는 일순간에 불과하다고. 행복을 모을 수는 없어. 하루에 천 가지 쾌락을 누린다 해도, 그날 저녁에 하나라도 손에 쥐고 잠자리에 드나?' 나는 그자의 '영웅주의'는 뭔가 남기는 게 있느냐고 물었어요. 그렇다고 하더군요. '탁월한 행위는 영원해. 영웅만이 누리는 특권이지. 그에게 죽음은 패배가 아니야. 영웅에 대한 애도와 기억은 그가 추구했던 목표의 일부지. 전투의 순간에는 미래의 어떤 것도 두려워하지 않아. 안전 따위는 이미 던져 버렸으니까.'

그자는 이런 이야기를 잔뜩 했어요. 에스크로폴리스 사람들은 어떻게 생각하느냐고 물었더니 요란하게 웃으며 말하더군요. '똑똑한 놈들이 잔인한 놈들을 만나면 싸움 비슷한 것도 없을 걸.' 그러고 나서 그자는 내게 여러분 세 사람을 아느냐고 묻더니 더 큰 소리로 웃었어요. 앵귤러는 크면 싸워 볼 만한 적수가 될 수도 있다고 하더군요. '하지만 모르지. 그 녀석, 속을 까 보면 에스크로폴리스 놈일 수도 있거든. 밀렵꾼이 사냥터 관리인 행세를 하고 있는 건지도 모른다고. 다른 두 놈은 말이야. 말인[7]末人 중에서도 말인이지.' 내가 무슨 말이냐고 물었어요. '클랩트랩 놈들이야 핑계거리라도 있지, 적어도 그 땅에도 행복이 가능하다고 믿고 있잖아. 하지만 네 두 친구는

7 니체가 주장한 '초인'의 반대 개념.

그냥 미친놈들이야. 자기들이 밑바닥에 도달했다고, 미몽에서 깨어났다고 주장하지. 자기들이 북쪽 끝에 이르렀다고 생각해. 그러면 여기, 놈들의 북쪽에 있는 나는 뭐지? 놈들은 먹을 것을 내지 못할 암반 위, 건널 수 없는 협곡과 돌아갈 엄두도 안 나는 거인의 고향 사이에서 살고 있어. 그러면서도 여전히 문화니 안전이니 지껄이지. 뭔가를 건설하려는 놈이 침몰하는 배의 놋쇠장식에 광을 내는 바보들이라면, 네 창백한 친구 둘은 최악의 바보천치야. 배가 가라앉는 줄 안다고 하면서도 다른 놈들과 똑같이 놋쇠장식에 광을 내고 있으니까. 놈들의 휴머니즘 어쩌고 하는 소리들은 이름만 다르지 오래된 꿈이라고. 세상은 너무 심하게 썩었고 새는 곳은 너무 넓어. 그런 곳을 깁고 때우는 거야 저희들 마음이지만, 그런다고 세상을 살리지는 못해. 그런 시도는 포기하는 게 나아. 순리라는 게 있잖아. 어차피 파멸할 세상에서 살아야 한다면, 난 당하는 쪽이 아니라 파멸의 주체가 되겠어.'

끝으로 그자는 이렇게 말했어요. '네 친구 놈들은 특별대우를 해 주겠어. 나를 빼면 어느 누구보다 북쪽 끝에 사니까 말이야. 어떤 인간보다 인간답잖아. 그러니 영예를 베풀어 주겠어. 내가 난쟁이들을 이끌고 쳐들어갈 때 처음 마실 인간의 피는 휴머니스트의 대갈통에 든 피가 될 거야, 여기 그림힐드는 고전파의 대갈통에 담긴 피를 마셔 주지.'

그자가 말한 건 대강 이 정도예요. 그자는 날 데리고 절벽으로 나갔어요. 그가 있어서 그나마 몸을 가눌 수 있었고요. 그자가 말하더군요. '이 바람은 북극에서 곧장 불어오거든. 널 남자답게 만들어 줄 거야.' 아마 제게 겁을 주려고 했던 것 같아요. 결국 그자는 날 보내 줬어요. 나와 여러분이 먹을 음식을 챙겨 주면서 이러더군요. '잘 먹여 둬. 난쟁이가 만든 검의 갈증을 채우기엔 놈들의 피가 부족하니까.' 그리고 나는 그곳을 떠났어요. 아, 너무나 피곤하군요."

7
헛된 기대

앵글러가 말했다. "그 야만인이라는 작자, 한번 만나 보고 싶군요. 아주 머리가 좋은 것 같아요."

휴머니스트가 말했다. "그건 잘 모르겠고. 그자와 그 밑의 난쟁이들이 바로 내 싸움의 상대인 것 같은데. 내가 싸우려는 에스크로폴리스의 논리적 결론이라 할 수 있지. 난 거기에 맞서 휴머니즘의 가치를 내걸고 있소. 하프웨이스 노인이 엉터리 구실을 대며 해방시킨 인간 본래의 온갖 격렬한 감정들—난 그가 여전사를 딸로 두고 좋아하는 것이 전혀 놀랍지 않소—, 젊은 하프웨이스는 그 정체를 폭로해 놓고는 그 감정들을 애지중지하지. 그 부자父子가 결국 어디에 이르겠소? 결국 인간성을 몽땅 내버리는 자리가 아니겠소? 그자 이야기를 들으니 기쁘구만. 나라는 사람이 얼마나 필요한 존재인지 보여 주니까."

존이 크게 흥분하며 말했다. "동의합니다. 하지만 어떻게 싸우실 겁니까? 싸울 부대가 있나요? 보급 기지는 어디죠? 돌멩이와 조개뿐인 정원 갖고는 군대의 식량을 댈 수 없잖습니까."

"중요한 것은 지성이오." 휴머니스트가 말했다.

존이 말했다. "지성은 아무것도 움직이지 못해요. 야만인은 데일 만큼 뜨거운데 당신은 차가워요. 그자의 열기에 맞서려면 열기가 필요해요. '낭만적이지 않다'는 것만으로 어떻게 무장한 난쟁이 백만 대군을 무찌를 수 있겠어요?"

고전파가 말했다. "미덕 씨, 기분 나쁘게 듣지 마세요. 나는 이 모든 것이 미덕 씨의 꿈이 아닌가 싶어요. 미덕 씨는 낭만적이에요. 앞으로도 계속 그러겠지만, 소망충족의 꿈을 품었다가 공포충족의 꿈으로 대가를 치르고 있는 거죠. 우리보다 북쪽에 사는 이가 없다는 건 잘 알려진 사실이에요." 그러나 미덕은 너무 지쳐서 그 말에 반박할 기운도 없었다. 곧 오두막집 사람들 모두가 잠이 들었다.

7권

협곡을 따라 남쪽으로

트로이가 무너지고 일곱 번째 겨울,
우리는 무정한 별들 아래
대양과 무인도를 누비며
닿을 길 없는 이탈리아의 해안을 찾고 있다.
그러나 이곳은 친족의 나라, 아케스테스의 땅.
여기에 도시를 건설하고 정착하는 것을 누가 막으리.
오, 조국이여. 오, 적들의 손에서
헛되이 지킨 가정의 수호신들이여,
새로운 트로이를 일으켜라.
헥토르를 기리어 다시 이름 지은
새 시모에이스 강이여, 다시 흘러라.
자, 이리 오라! 나와 함께
저 불길한 배들을 태워 버리자!

베르길리우스

우리는 다른 죄 때문이 아니라 바로 이 결함 때문에
저주를 받았다. 저주로 인한 단 한 가지 고통은
이루어질 가망 없는 열망 속에서 사는 것.

단테

어떤 이들은 아버지 집으로 이어지는 다음 길이
바로 여기 있어서 더 이상 언덕이나 산을 오르는
수고가 필요하지 않게 되기를 바라기도 했지요. 하지만 길은 길입니다.
길이 이렇게 된 데는 이유가 있지요.

버니언

1
미덕, 병들다

두 여행자는 잠자리에서 일어나 집주인들에게 작별 인사를 하고 남쪽으로 길을 떠났다. 날씨는 그대로였다. 내가 보기에 그 지역의 날씨는 바람이 불고 구름이 잔뜩 끼어 흐린 상태 하나뿐인 것 같았다. 미덕은 기분이 언짢았고 딱히 서두르고 싶은 마음도 없이 서둘렀다. 한참을 그러다 마침내 입을 열어 사정을 털어놓았다. “존, 내게 무슨 일이 벌어지는 건지 모르겠어요. 오래전, 당신이었는지 메디아였는지 기억나지 않는데 내게 어디를 가느냐, 왜 가느냐고 물었어요. 그때는 그 질문을 무시했어요. 내가 정한 규칙을 지켜 하루에 50킬로미터를 가는 일이 매우 중요하다고 생각했으니까. 그런데 그것만으로는 충분하지 않다는 것을 이제 알겠어요. 이전에는 내가 원하는 대로가 아니라 선택한 대로 하는 것이 중요하다고 생각했어요. 하지만 지금은 내가 뭘 선택한 것인지도 잘 모르겠어요.”

“어쩌다 그렇게 된 거죠?” 존이 물었다.

“제가 야만인 곁에 있기로 할 뻔했다는 거 아세요?”

“야만인 곁에 있다니요?”

“미친 소리 같지만, 한번 잘 생각해 봐요. 지주도 없고, 동쪽의 산도 서쪽의 섬도 없고 이 땅이 전부라고 해보세요. 몇 주 전의 나 같았으면 그래 봤자 달라질 건 없다고 했을 거예요. 하지만 지금은, 모르겠어요. 이 땅의 온갖 평범한 생활방식을 따라가면 내가 선택할 마음이 없는 목적지에 이르게 된다는 건 분명해요. 내가 무엇을 선택하는지는 모르지만, 그것만은 확실해요. 나는 하프웨이스나 똑똑한 이나 양식 씨 같은 사람이 되고 싶진 않아요. 그런데 지금까지 내 삶은 어디로 가는지 모른 채 그냥 계속 가는 거였어요. 내 성향을 의지로 밀고 간다는 사실 외에 달리 무슨 유익이 있는지 모르겠어요. 좋은 훈련 같기는 한데, 무엇을 위한 훈련이지요? 알고 보니 전투 훈련이라면 어떻게 하죠? 우리가 싸우기 위해 태어난 것일지 모른다는 생각이 그렇게 터무니없나요? 좁은 장소에서 벌이는 목숨을 건 싸움. 그것은 궁극적인 의지의 행위요, 가장 뿌리 깊은 성향을 극복하는 일이 될 거예요.”

두 사람은 침묵 속에서 한참을 걸었다. 이윽고 존이 말했다. “심장이 터질 것 같아요. 나는 섬을 찾아 나섰어요. 나는 미덕 씨처럼 고결하지 않아요. 오로지 달콤한 욕망에 이끌려 왔을 뿐이에요. 그 섬에서 불어오는 공기를 마지막으로 들이켠 지가 너무 오래 되어서 이젠 기억도 안 나요. 오히려 집에 있을 때 섬을 더 자주 봤어요. 그런데 이제 하나뿐인 친구가 난쟁이들에게 몸을 팔겠다고 하는군요.”

미덕이 말했다. “당신이 안쓰럽군요. 나 자신도 안쓰럽구요. 모든 풀잎도, 우리가 밟고 있는 이 황량한 바위도, 머리 위의 하늘도 안쓰러워요. 하지만 난 도움을 줄 수 없어요.”

존이 말했다. “어쩌면 동쪽과 서쪽에 뭔가가 있을지 몰라요.”

미덕이 그를 향해 돌아서며 외쳤다. “내 말을 못 알아듣는군요! 동쪽과 서쪽의 뭔가라니요! 그건 또 다른 치명적 가능성이라는 거, 모르겠어요? 내가 이도저도 못하게 갇혀 있는 게 안 보여요?”

존은 “왜요?”라고 묻고 이렇게 덧붙였다. “우선 좀 앉죠. 나는 지쳤고, 지금은 서둘러 갈 곳도 없잖아요. 적어도 지금은요.”

미덕은 뭔가에 홀린 듯 자리에 앉았다.

“모르겠어요? 동쪽과 서쪽에 뭔가가 있다고 합시다. 그것이 내게 계속 앞으로 나아갈 동기가 되어 줄까요? 뭔가 즐거운 것이 앞에 놓여 있다? 그건 뇌물이에요. 뭔가 무시무시한 것이 뒤에 버티고 있다? 그건 위협이죠. 나는 자유로운 사람이 되려 했어요. 내가 뭔가를 선택할 때는 대가 때문이 아니라 그것을 택하기로 했기 때문이에요. 내가 회초리를 무서워하거나 눈깔사탕 따위에 넘어갈 어린아이 같아요? 지주 이야기가 사실인지 묻지 않았던 것도 그 때문이에요. 지주의 성은 내 의지를 타락시키고 지주의 검은 구덩이는 내 자유를 말살한다고 봤거든요. 그 이야기가 사실이라면 정직한 사람이 알아서는 안 되는 것이었어요.”

고원 지대에 어둠이 내려앉았다. 그들은 오랫동안 꼼짝도 하지 않았다.

그러다 미덕이 입을 열었다. “내가 미친 것 같아요. 세상이 이상하게 돌아가고 있어요. 가야 할 목적지가 있다 해도 그건 뇌물이니 그리로 갈 수가 없어요. 갈 수 있다 해도 가야 할 목적지가 없어요.”

존이 말했다. “미덕 씨, 굴복해요. 한 번만 욕망에 굴복해요. 선택은 집어치워요. 뭔가를 원해 봐요.”

미덕이 말했다. “안 돼요. 난 선택하기로 했기 때문에 반드시 선택해야 해요. 왜냐고요? 그렇게 하기로 선택했으니까. 이 사슬은 끝없이 이어져요. 그리고 나는 이 돌에서 일어나야 할 이유를 이 세상 어디서도 찾지 못하겠어요.”

“이러고 있으면 곧 얼어 죽을 겁니다. 이 정도면 충분한 이유 아닌가요?”

주위는 깜깜해졌고 미덕은 대답이 없었다.

존이 “미덕 씨!” 하고 불렀다. 그는 더럭 겁이 나 더 큰 소리로 다시 불렀다. “미덕 씨!” 그러나 대답이 없었다. 그는 친구를 찾아 어둠 속을 더듬었다. 고원의 차가운 흙먼지가 손에 닿았다. 존은 아예 엎드린 채로 사방을 더듬으며 미덕의 이름을 불렀다. 그러나 어디가 어딘지 알 수 없었고 자신이 원래 있던 자리도 찾을 수 없었다. 같은 자리를 계속 맴돌고 있는지, 쉬던 장소에서 점점 멀어지고 있는지 알 수가 없었다. 기온이 내려가면서 어찌나 추운지 가만히 있을 수도 없었다. 그래서 그날 밤 존은 밤새도록 미덕의 이름을 부르며 어둠 속을 이리저리 뒤졌다. 그러다 보니 미덕이 꿈속에서 본 환상이고, 자신은 허깨비를 쫓아온 것일지 모른다는 생각이 자꾸만 들었다.

2
존, 앞장서다

꿈속의 고원에 아침이 밝았다. 나는 존이 허옇게 먼지를 뒤집어 쓴 채로 여명 속에서 일어나는 모습을 보았다. 그는 사방을 둘러보았는데 황야 외에는 아무것도 보이지 않았다. 그는 여기저기를 다니며 살폈다. 오랫동안 살폈다. 그러다 마침내 주저앉아 울었다. 한참을 울었다. 울 만큼 울고 나자 뭔가 결심한 사람처럼 일어나 남쪽으로 걷기 시작했다.

스무 걸음 정도 걸었을 때 그는 소리 지르며 걸음을 멈추었다. 아래쪽에 미덕이 누워 있었다. 나는 존이 어둠 속에서 더듬다 자기도 모르게 미덕과 함께 앉았던 자리에서 점점 멀어졌다는 것을 알 수 있었다.

잠시 후 존은 무릎을 꿇고 미덕의 심장을 더듬었다. 심장은 아직 뛰고 있었다. 미덕의 입에 귀를 대어보았다. 숨을 쉬고 있었다. 존은 미덕의 어깨를 붙들고 흔들었다.

"일어나요. 아침이에요." 그가 소리쳤다.

그러자 미덕이 눈을 뜨고 존을 보더니 헤벌레 웃었다.

존이 물었다. "괜찮아요? 걸을 수 있겠어요?"

그러나 미덕은 웃기만 할 뿐 말이 없었다. 존은 손을 뻗어 미덕을 일으켜 세웠다. 미덕은 주춤거리며 일어났지만 한 걸음 내딛자마자 비틀거리며 쓰러졌다. 앞을 볼 수 없었기 때문이다. 존은 한참 후에야 상황을 파악했다. 결국 존은 미덕의 손을 잡고 이끌면서 남쪽을 향해 걸었다. 존은 고독이 엄습하는 것을 느꼈다. 위로자에게 위로가 필요한 순간, 안내자에게 안내가 필요한 순간에 찾아오는 궁극의 고독이었다.

3
다시 큰길로

양식 씨의 집은 존의 예상대로 비어 있었다. 덧문은 모두 걸려 있고 굴뚝에선 연기가 나지 않았다. 존은 큰길까지 내처 가기로 했고, 정 안 되면 마더 커크에게 가리라 생각했다. 하지만 그런 상황은 오지 않기를 바랐다.

북쪽 산에서 양식 씨 집까지 이어지는 남쪽 길은 줄곧 내리막이었다. 그러나 양식 씨의 집을 지난 후부터 완만한 오르막이 시작되어 큰길까지 이어졌다. 낮은 산등성이를 따라 돌아가는 큰길에 들어서자 남쪽 땅이 일시에 눈앞에 펼쳐졌다. 그와 동시에 여러 날 만에 처음으로 햇빛이 비쳤다. 큰길 북쪽 편의 황야에는 울타리가 없었는데, 남쪽엔 문이 달린 울타리가 있었다. 그 문을 통해 존이 가장 먼저 본 것은 길고 나지막한 흙더미였다. 이래 봬도 농부의 아들이지 않은가. 미덕을 길섶으로 이끌어 앉혀 놓은 후, 그는 곧장 문을 넘어가 양손으로 흙더미를 파기 시작했다. 예상대로 그 안에는 무가 있었다. 잠시 후 존은 미덕 옆에 앉아 싱싱한 무를 잘라 먹이고 혼자 먹을 수 있도록 가르쳐 주었다. 햇살은 점점 더 따스해졌다. 그곳은 봄이 완연했고 뒤편의 생울타리에는 이미 갈색보다 초록색이 더 많이 보였다. 많은 새소리 틈에서 존은 종달새 소리를 가려낼 수 있었다. 아침 식사를 마친 그들은 쑤시는 팔다리 위로 기분 좋게 따스함이 퍼지는 것을 느끼며 잠이 들었다.

4
남쪽으로 가다

잠에서 깬 존은 제일 먼저 미덕을 찾았다. 그는 잠들어 있었다. 존은 일어나 기지개를 켰다. 따스하고 상쾌했지만 목이 좀 말랐다. 그들이 앉아 있던 곳은 사거리였는데, 북쪽 길이 단지 남쪽에서 뻗어 나온 길과 연결된 것을 보고 존은 몸서리를 쳤다. 그는 선 채로 남쪽 길을 내려다보았다. 북쪽 고원의 먼지투성이 평지가 눈에 익은 그가 볼 때 남쪽 땅은 화려한 침대보 같았다. 해는 정오를 한두 시간 넘겼고, 약간 기운 햇살이 환하게 비친 푸른 땅 여기저기엔 구름의 둥근 그림자가 드리웠다. 눈앞에서 먼 곳까지 펼쳐진 녹지는 뒤로 물러가다 내려앉으면서 골짜기를 이루었고, 그 너머의 골짜기는 더 깊어졌다. 그래서 존이 서 있는 땅은 그쪽의 산 정상 높이와 같았다. 좀더 가까이에는 들판과 생울타리, 불그레한 경작지, 구불구불 돌아가는 숲, 숲 사이사이로 희끗희끗 보이는 농장들이 있었다. 존은 미덕에게 돌아가 그를 일으켜 세우고 그 모든 광경을 보여 주려다가 그가 눈이 멀었음을 기억했다. 존은 한숨을 내쉬고 나서 미덕의 손을 잡고 새로운 길로 내려갔다.

길을 나선 지 얼마 되지 않았을 때, 존은 길가에서 졸졸 물 흐르는 소리를 들었다. 작은 샘에서 솟아난 물이 개울을 이루어 길 왼쪽으로 흐르다가 오른쪽으로 방향을 바꾸고, 어느 지점에서는 두 사람이 가는 길을 가로지르기도 했다. 존은 모자에 물을 받아 미덕에게 주어 마시게 하고 자기도 마셨다. 두 사람은 죽 이어진 내리막길을 따라 계속 내려갔다. 약 800미터 간격으로 양쪽 길섶에 난 풀이 더 무성해지고 길은 더 아늑해졌다. 처음에 한두 송이씩 보이던 앵초꽃이 무리지어 나타나는가 싶더니 이윽고 헤아릴 수 없이 많아졌다. 존이 길모퉁이를 돌 때마다 아래쪽의 깊은 골짜기들이 보였는데, 거리가 멀어 푸르스름했고 나무들 때문에 둥글둥글해 보였다. 그러나 종종 작은 숲이 시야를 가려 더 먼 데까지는 볼 수 없었다.

그들이 다다른 첫 번째 집은 담쟁이덩굴이 덮인 오래된 빨간 집으로, 길에서 한참 들어가 있었다. 존은 예전에 본 집사의 집과 비슷하다고 생각했다. 가까이 다가가 보니 정말 집사가 가면을 벗은 채로 생울타리의 볕이 드는 쪽에서 가벼운 정원 일을 하고 있었다. 존은 문 너머로 몸을 기울여 친구의 사정을 설명하면서 쉬어 가도 되겠느냐고 물었다.

집사가 말했다. "들어와요, 들어와. 환영입니다."

그는 양식 씨에게 셰리와인 한 상자를 보냈던 관대 씨Mr. Broad였다. 그는 예순 살쯤 되었다.

5
잔디밭에서 나눈 차

관대 씨가 말했다. "날씨가 따뜻하네요. 잔디밭에서 차를 들어도 되겠군요. 마르다, 잔디밭에서 차를 마셨으면 하는데."

의자가 놓였고 세 사람 모두 자리에 앉았다. 월계수와 금사슬나무로 둘러싸인 부드러운 잔디밭에 있으니 길에 있을 때보다 더 따뜻했다. 갑자기 덤불에서 감미로운 새소리가 들렸다.

관대 씨가 말했다. "들어 봐요. 개똥지빠귀요. 개똥지빠귀가 틀림없어."

하얀 앞치마를 두른 하녀들이 서재의 긴 창을 열고 식탁과 쟁반, 은제 찻주전자와 케이크 접시를 날랐다. 차에 넣을 꿀도 있었다. 관대 씨는 존에게 그동안의 여행에 대해 이것저것 물었다.

그는 야만인 이야기를 듣고 나서 이렇게 말했다. "저런, 저런! 꼭 가서 봐야겠군요. 젊은이 말대로라면 정말 똑똑한 사람인데……. 무척 슬프군요."

존은 창백한 세 사람 이야기도 했다.

관대 씨가 말했다. "아, 맞아요. 그분들 아버님과 잘 아는 사이였죠. 아주 유능한 분이었어요. 한때 내가 그분에게 큰 신세를 졌지요. 젊은 시절에는 그분의 영향을 많이 받았거든요. 자제분들도 한번 만나 봐야 할 것 같군요. 젊은 앵글러 군은 만난 적이 있어요. 착하고 괜찮은 친구이긴 한데, 생각이 다소 좁더군요. 좀 구식이라고 할까요. 물론 면전에서 그렇게 말하는 일은 없을 거예요. 두 동생은 아주 잘하고 있을 거라 믿어요. 정말이지 가서 한번 봐야 할 텐데. 나이를 먹다 보니, 솔직히 말해 그런 높은 지대가 몸에 안 맞아요."

"이곳과 기후가 전혀 다릅니다." 존이 말했다.

"몸을 지나치게 긴장시키는 곳도 있을 수 있다는 게 저의 지론입니다. 그곳을 강인한 자들의 땅이라고 하는데, 둔감한 자들의 땅이라고 부르는 게 맞을 거예요. 허리가 좋지 않은 사람에게는 아무래도……. 하지만 거기서 오셨으면 내 오랜 친구 양식을 만나 보셨겠군요?"

"그분도 아시나요?"

"아느냐구요? 그만큼 오래 사귄 친구도 없지요. 먼 친척이기도 해요. 우린 상당히 가까운 이웃이에요. 그 친구는 도로 북쪽으로 1.6킬로미터, 나는 도로 남쪽으로 1.6킬로미터 떨어진 곳에 살지요. 예전엔 정말 잘 알고 지냈어요. 그 친구 집에서 행복한 시간을 많이 보냈죠. 좋은 친구예요. 가엾은 양식, 너무 빨리 늙어 가고 있어요. 나만 머리숱이 그대로라고 늘 불만이 많았는데!"

"두 분의 견해가 상당히 다르실 것 같은데요."

"아, 물론, 물론이지요! 그 친구 정통과는 거리가 있어요. 하지만 나도 나이가 드니까 정통이라면 무조건 존중하던 성향이 줄어들더라구요. 정통 견해가 생기 없는 견해, 메마른 공식에 불과한 경우가 너무나 많거든요. 정통보다는 마음의 언어에 점점 더 관심이 가요. 논리와 정의定義는 사람을 갈라 놓잖아요. 이제 나는 사람들을 하나로 묶어 주는 것들을 귀하게 여기게 되었어요. 우리 모두 사랑하는 것들, 빛을 추구하는 공통적인 노력 같은 것 말이에요. 양식 그 친구는 바른 방향으로 가고 있어요."

존이 말했다. "그분은 하인을 좀 심하게 다루시는 것 같던데요."

"그 친구, 입은 좀 거칠지. 너그럽게 봐줍시다. 젊은이들이 너무 매정하군요. 이런, 내가 어렸을 때 생각이 나네요……. 양식 정도 나이가 되면 어려움이 많아요. 완벽한 사람은 없잖아요. 차 좀 더 드시겠어요?"

존이 말했다. "감사합니다만, 길을 알려 주시면 여행을 계속할까 합니다. 서쪽의 섬을 찾고 있거든요."

관대 씨가 말했다. "멋진 생각이에요. 구하면 찾는다는 오래된 여행자의 말이 있어요. 두 분 앞에는 행복한 나날들이 놓여 있군요!"

존이 말했다. "협곡을 정말 건너야 하는지 알고 싶습니다."

"물론 알고 싶겠지요. 그런 마음을 제지할 생각은 전혀 없어요. 그렇지만 젊은 친구, 난 말이죠. 젊은이 나이에는 이런 일들을 너무 명확하게 만들려는 충동이 있다고 봐요. 상당히 위험한 충동이에요. 과거 여러 시대에 걸쳐 우리 종교계 사람들이 저지른 큰 실수죠. 모든 것을 공식 안에 집어넣고, 시를 논리로, 비유를 교리로 바꾸려고 했어요. 이제 와서야 우리가 죽은 자들의 공식에 매여 있는 실수를

1 Broad Church. 영국 국교회 가운데 자유주의적인 신학 경향인 교파. 광廣교회라는 이름은, 앵글로-가톨릭(나중에 고高교회가 됨)이나 로마교회에 반대하는 복음주의(저교회)의 좁은 교리적 입장을 피한 '폭넓은' 관점을 대표한다는 의미다.

저질렀다는 걸 깨닫고 있어요. 물론 그런 공식들도 한때는 적합했지요. 하지만 지식의 폭이 넓어짐에 따라 더 이상 적합하지 않게 되었어요. 어른이 되어서는 어린아이의 일을 버리잖아요. 이 위대한 진리들은 시대마다 재해석될 필요가 있어요."

존이 말했다. "제가 잘 이해한 건지 모르겠습니다. 협곡을 건너야 한다는 말씀인가요, 건너지 말라는 말씀인가요?"

관대 씨가 미소 지으며 말했다. "내가 꼭 집어 말해 주길 바라는군요. 그런 모습 보기 좋아요. 나도 한때는 그랬거든. 하지만 나이가 들면 추상적인 논리에 대한 믿음을 잃게 돼요. 진리가 너무나 크고 단순해서 말로는 결코 담아낼 수 없다고 느낀 적 없어요? 하늘과 하늘들의 하늘이라도…… 하물며 내가 건축한 이 성전이오리이까."[2]

"글쎄요, 어쨌건." 존은 새로운 질문을 던져 보기로 했다. "협곡을 건너야 한다고 치고요. 그럼 마더 커크에게 의지해야 한다는 게 사실인가요?"

"아, 마더 커크! 난 그분을 진심으로 사랑하고 존경해요. 하지만 사랑한다고 해서 결점이 눈에 안 들어오는 건 아니에요. 오류가 없는 사람은 없거든요. 내가 가끔 그분과 입장을 달리할 수밖에 없는 것은 그분이 표방하는 이상, 그분답다고 할 만한 것을 내가 더 존중하기 때문이에요. 하지만 지금으로선 그분이 시대에 뒤떨어진 존재가 되었다는 사실을 부인할 수 없어요. 이 아름다운 세상을 살아가는

2 "하나님이 참으로 땅에 거하시리이까 하늘과 하늘들의 하늘이라도 주를 용납하지 못하겠거든 하물며 내가 건축한 이 성전이오리이까"(열왕기상 8:27). 참조.

우리 세대의 많은 사람들에게는 그보다 더 참되고 더 잘 받아들일 수 있는 메시지가 있지 않나요? 식물학에 관심이 있으신지는 모르겠습니다만. 혹시 괜찮으시면……."

존이 말했다. "제가 원하는 건 섬입니다. 섬에 어떻게 갈 수 있는지 알려 주시겠어요? 식물학은 그다지 궁금하지 않네요."

관대 씨가 말했다. "식물학을 알면 새로운 세계가 열릴 거예요. 무한을 들여다볼 새로운 창이 열릴 거예요. 하지만 젊은이의 길은 아닐 수도 있겠네요. 결국 우리 모두는 신비로 가는 각자의 열쇠를 찾아야 해요. 나는 무슨 일이 있어도 절대로……."

존이 말했다. "이제 일어서야 할 것 같습니다. 정말 즐거웠습니다. 이 길을 따라가면 몇 킬로미터 안에 하룻밤 묵을 만한 곳이 나올까요?"

관대 씨가 말했다. "아, 쉽게 찾을 수 있을 거예요. 여기서 하룻밤 묵으시겠다면 제가 기꺼이 모실 수 있지만, 그럴 마음이 없다고 해도 조금만 가면 지혜 씨의 집이 나오니까 걱정할 필요는 없어요. 만나 보면 아시겠지만 아주 유쾌한 사람이에요. 젊었을 때는 나도 자주 가서 보곤 했는데. 하지만 지금 내겐 좀 멀어요. 착하고 괜찮은 사람이에요. 좀 집요한 면은 있지만……. 가끔은 그 사람이 편협함을 떨쳐 버린 게 맞나 싶기는 해요. 그 사람에 대해 양식이 하는 말을 들어 봐야 하는데! 하지만 뭐, 완벽한 사람은 없잖아요. 대체로 정말 괜찮은 사람이에요. 아마 맘에 들 거예요."

노령의 집사는 존에게 아버지처럼 다정하게 작별 인사를 했다.

존은 미덕을 이끌고 다시 길을 떠났다.

6
지혜의 집

집사의 집으로 가는 길에서 보았던 개울은 이제 실개천이 아니라 강이 되어 흘렀다. 길에서 가까워졌다 멀어졌다 하면서 호박색으로 미끄러지듯 죽 뻗어 가다가 은빛으로 반짝이며 빠르게 흘러 내려갔다. 근방의 나무들은 더 굵고 컸고, 골짜기가 깊어지면서 양쪽으로 숲이 점점 더 높이 솟아올랐다. 그들이 걷는 길은 그늘이었지만 머리 저 위에 떠 있는 태양은 여전히 산꼭대기 위와 비탈진 숲과 그들이 지나온 가파른 들판을 비추고 있었다. 옅은 녹색의 풀밭이 여기저기 작은 언덕을 이루었고 협곡의 물이 굽이굽이 흘렀으며, 비둘기 빛깔과 포도주 빛깔의 절벽들이 멀리 보였다. 그들이 탁 트인 장소로 나오자 벌써 나방이 보였다. 골짜기는 넓어졌고 강물이 휘감아 흐르면서 강둑과 숲이 우거진 산 사이에 넓고 평평한 잔디밭이 펼쳐졌다. 다리 건너 잔디밭 한복판에 나지막한 기둥의 집이 있고 문이 열려 있었다. 존이 아픈 사람을 데리고 그리로 가보니 집안에는 이미 등불이 켜져 있었다. 지혜가 자녀들 사이에 앉아 있는 모습이 노인다웠다.

지혜는 하룻밤 묵게 해달라는 존의 청을 받고 이렇게 대답했다. "원하는 만큼 머무르게나. 친구 분의 질병도 불치병만 아니라면 우리가 고쳐 보겠네. 앉아서 식사를 하시게. 이야기는 식사가 끝난 후에 듣도록 하지."

지혜가 말을 마치자 사람들이 여행자들을 위해 의자를 내왔고 젊은이 몇몇은 씻을 물을 가져왔다. 그들이 씻고 나자 한 여성이 식탁을 펴고는 그 위에 빵 한 덩이, 치즈와 과일 접시, 응고유 약간, 버터밀크 한 주전자를 놓았다. "여기서는 와인을 구할 수 없다네." 노인이 한숨을 내쉬며 말했다.

식사를 마치자 집 안에 침묵이 흘렀다. 존은 사람들이 이야기를 기다리고 있음을 알았다. 그래서 마음을 가다듬고 한참 동안 기억을 더듬은 후 마침내 입을 열었다. 처음 섬을 봤던 일부터 지혜의 집에 이르기까지의 모든 일을 순서대로 전부 이야기했다.

이야기가 끝난 후 미덕은 다른 곳으로 이끌려 갔고, 존도 안내를 받아 방으로 들어갔다. 방안에 침대와 테이블, 물주전자가 있었다. 침대에 누워 보니 바닥은 딱딱했지만 울퉁불퉁하지는 않았다. 존은 자리에 눕자마자 깊은 잠에 빠져들었다.

7
달빛 아래에서 협곡을 건너다

존은 한밤중에 눈을 떴다. 커다란 보름달이 낮게 뜬 채로 창을 비추고 있었다. 그리고 침대 옆에 검은 옷을 입은 여인이 서 있었다. 그가 말을 꺼내려 하자 여인이 손을 들어 조용히 하라는 신호를 보냈다.

"내 이름은 명상Contemplation이에요. 지혜의 딸이지요. 일어나서 날 따라오세요." 그녀가 말했다.

존은 일어나서 그녀를 따라 나가 달빛 아래 풀이 무성한 잔디밭으로 들어섰다. 그녀는 그를 이끌고 잔디밭을 가로질러 숲이 우거진 산의 비탈이 시작되는 서쪽 끝 부분에 이르렀다. 그러나 숲이 시작되는 지점 바로 앞까지 이르자 발밑으로 갈라진 틈이 보였다. 틈은 바닥이 보이지 않았고, 폭이 아주 넓은 건 아니었지만 건너뛰기에는 무리였다.

여인이 말했다. "낮에 건너뛰기에는 너무 넓어요. 하지만 달빛 아래서라면 가능해요."

존은 그녀의 말을 전혀 의심하지 않았고 용기를 내어 펄쩍 뛰었다. 뛰고 보니 생각보다 멀리까지 몸이 붕 날아갔지만 그렇다고 놀라지는 않았다. 그는 나무 꼭대기와 비탈진 들판을 훌쩍 건너고도 한참 더 날아간 끝에 산꼭대기에 내려앉았다. 여인은 그의 옆에 있었다.

그녀가 말했다. "자, 아직 한참 더 가야 해요."

그들은 달빛을 받으며 함께 언덕과 계곡을 빠르게 가로질러 절벽 끝에 이르렀다. 존이 아래를 내려다보니 바다가 펼쳐져 있었고 바다 저 멀리 섬이 있었다. 달빛 아래였고 밤이었기 때문에 예전만큼 잘 보이지는 않았지만, 그 때문인지 섬이 오히려 더욱 실감나게 다가왔다.

여인이 말했다. "더 멀리 나는 법을 배우면, 여기서 섬까지 곧장 날아갈 수도 있어요. 하지만 오늘밤에는 이걸로 충분해요."

존이 그 말에 대답하려고 고개를 돌리니 섬과 바다와 여인은 온데간데없이 사라졌다. 그는 햇살이 비치는 지혜의 집 방에 누워 있었고 종소리가 들렸다.

8
햇빛 아래 협곡 이편에서

다음 날 지혜 씨는 서쪽으로 난 현관 앞으로 존과 미덕을 데려가 같이 앉았다. 남풍이 불고 하늘에는 약간의 구름이 있었다. 서쪽 산에는 희미한 안개가 끼어 1.6킬로미터 정도밖에 안 떨어져 있는데도 다른 세계에 와 있는 듯한 분위기를 풍겼다. 지혜 씨가 그들에게 가르침을 주었다.

"젊은이들, 서쪽의 섬과 동쪽의 산, 지주와 원수에 관해 두 가지 오류가 있다네. 두 오류를 똑같이 극복하고 그 한가운데를 통과해야만 지혜롭게 될 수 있다네. 첫 번째 오류는 남쪽 사람들이 주장하는 얘길세. 동쪽의 산과 서쪽의 섬이 이곳 골짜기처럼 실제로 있는 장소라는 거지. 혹시라도 그런 생각이 머릿속에 남아 있다면 완전히 떨쳐버리게. 위협을 하건 유혹을 하건 절대로 넘어가지 말게. 미신에 불과한 그런 생각을 믿는 사람은 결국 남쪽 끝의 늪지대와 정글로 가게 될 것이고, 그 안에 있는 마법사들의 도시에 살면서 쓸모없는 것들에 기뻐 날뛰고 하잘것없는 것들을 두려워하게 될 걸세. 지주가 나와 똑같이 실제로 존재한다는 생각도 마찬가지 오류네.

정반대의 두 번째 오류는 주로 북쪽에서 유행하지. 동쪽의 산과 서쪽의 섬이 우리 정신의 환각일 뿐이라는 내용이네. 이런 오류도 철저히 거부해야 하네. 첫 번째 오류에 빠질까 무서워 이 오류를 받아들이는 일이 없도록 경계하게나. 마음을 잡지 못하고 두 오류 사이를 오가는 일도 없어야 하네. 제멋대로 살다가 검은 구덩이 이야기를 듣고 더럭 겁이 나거나 유령이 무서워지면 유물론자(이것이 두 번째 오류의 이름일세)가 되었다가, 다음 날에는 이 땅에서 벌어지는 일이 고통스러워서 또는 소작 기간이 끝난 친한 친구를 다시 만나고 싶은 간절한 마음 때문에 지주와 성을 믿어 버리는 사람들이 있단 말이지. 그러면 안 된다네. 지혜로운 사람, 이성과 훈련된 상상력으로 열정을 제어하는 사람은 진리가 이 두 가지 오류 사이에 있음을 깨닫고 그리로 물러가 꼼짝 않고 거기 머무른다네. 그 진리가 무엇인지는 내일 알게 될 걸세. 당장에는 이 병든 사람을 보살펴야겠네. 건강한 자네는 뭐든 하고 싶은 일을 하게나."

지혜 씨는 일어나 그들 곁을 떠났고 사람들이 와서 미덕을 다른 장소로 옮겼다. 그날 존은 집 주위를 거니는 일로 대부분의 시간을 보냈다. 골짜기의 평평한 풀밭을 가로질러 숲이 우거진 산의 비탈로 이어지는 서쪽 언저리로 갔다. 그러나 숲이 시작되는 지점에 이르자 그가 선 땅과 첫 번째 나무들 사이에 바닥이 보이지 않는 균열이 나 있었다. 꽤 좁은 틈이지만 건너뛸 수 있을 만큼 좁지는 않았다. 그 틈에서 증기가 솟아올라 건너편이 또렷하게 보이지 않았다. 하지만 증기가 그렇게 짙은 것도 아니고 갈라진 틈이 아주 넓은 것도 아니어서 반대편에 있는 뿌연 나뭇잎과 이끼가 잔뜩 낀 돌멩이가 희끗희끗 보였다. 햇살에 반짝이는 폭포수도 눈에 들어왔다. 갈라진 틈을 건너 섬으로 가고 싶은 마음이 간절했지만 고통스러울 정도는 아니었다. 동쪽 산과 서쪽의 섬이 완전한 실재도, 완전히 환각도 아니라는 지혜 씨의 말은 그의 마음에 강렬하면서도 차분한 안도감을 주었다. 두려움도 어느 정도 사라졌다. 이전에는 진정되는 법이 없었던 의혹, 이런 방랑 끝에 조만간 지주의 손아귀에 들어갈지 모른다는 의혹은 사라졌고, 섬이 존재한 적이 없을지 모른다는 떠날 줄 모르던 불안도 사라졌다. 갑자기 세상이 기대로 가득 찬 곳으로 보였다. 그와 숲 사이에 놓인 흐릿한 장막이 두려움 없는 숭고와 육욕 없는 아름다움을 가리는 동시에 드러내는 듯 보였고, 가끔 남풍이 강하게 불 때면 일순간 연기가 걷혀 멀리 뻗어 있는 산골짜기, 황량한 꽃밭, 그 너머의 희뿌연 눈이 시야에 들어왔다. 존은 풀밭에 드러누웠다. 얼마 후 지혜 씨 집에서 본 젊은이 한 사람이 길을 가다가 그를 보고 가까이 다가왔다. 두 사람은 느긋하게 이런저런 이야기를 나누었는데, 한참 아무 말 없이 있기도 했다. 그들은 존이 가보지 못한 남쪽 먼 지역들 이야기도 했고, 가본 곳에 대해서도 이야기했다. 젊은이는 존이 골짜기를 지나 길을 따라 몇 킬로미터만 더 갔다면 갈림길을 만났을 거라고 했다. 왼쪽 길로 갔다면 먼 길을 빙 둘러 클랩트랩 주변 지역에 이르렀을 테고, 오른쪽 길을 따라갔다면 남쪽 숲, 마법사들의 도시와

닉테리스의 땅에 이르렀을 거라고 했다. 그리고 이렇게 말했다. “그 너머로 사탕수수, 악어와 독사가 가득한 늪이 죽 펼쳐집니다. 그러다 지면이 푹 꺼지면서 염습지鹽濕地로 바뀌고 결국 남쪽 바다로 이어져요. 마을은 따로 없고 호상생활자湖上生活者, 신지학자神智學者 등 소수의 사람들이 모여 사는데 말라리아가 많이 돕니다.”

젊은이는 존이 이미 알고 있는 지역에 대해서도 이야기했는데, 그 틈을 타 존은 지혜의 집 사람들이 거대한 협곡이나 그리로 내려가는 길에 대해 아는 바가 있는지 물었다.

“우리가 협곡 바닥에 있다는 거, 모르셨어요?” 그렇게 말한 후 젊은이는 존을 바로 앉게 하고 그곳 지세를 보여 주었다. 계곡 양쪽 면은 북쪽으로 갈수록 좁아지고 점점 더 가파른 경사를 이루다 마침내 거대한 V자를 이루었다. “그리고 저 V자가 그 협곡인데, 당신은 지금 남쪽 끝에서 협곡을 들여다보고 있는 거예요. 협곡 동쪽 면은 완만해서 당신은 어제 하루 종일 걸어내려 왔으면서도 그곳이 협곡인 줄 몰랐던 거예요.”

존이 말했다. “나는 이미 협곡 바닥에 있는 거군요. 이제 내가 협곡을 건너지 못하게 막는 것은 없네요.”

젊은이는 고개를 가로저었다.

“협곡을 건널 도리는 없어요. 여기가 바닥이라고 말한 건, 사람이 도달할 수 있는 가장 낮은 지점이라는 뜻이에요. 진짜 바닥은 물론 우리 옆에 있는 저 갈라진 틈의 바닥이지요. 그리로 내려가겠다고 한다는 건 아직 상황 파악이 안 됐다는 뜻이지요. 저 틈을 건너거나 저 너머에 이르는 건 불가능해요."

"다리를 놓을 수는 없나요?" 존이 물었다.

"다리를 놓을 데가 없어요. 이쪽에서 놓는 다리가 다다를 곳이 없거든요. 건너편에 보이는 듯한 숲과 산의 모습을 있는 그대로 받아들이면 안 돼요."

"저것이 환각이라는 말씀은 아니지요?"

"아닙니다. 제 아버지와 좀더 계시다 보면 더 잘 이해하실 겁니다. 저것은 환각이 아니라 외양입니다. 어떤 의미에서는 참된 외양이지요. 저것은 산비탈 같은 것, 우리가 잘 아는 세계가 이어진 것으로 봐야 합니다. 당신의 눈에 문제가 있다는 말은 아니에요. 더 잘 보는 방법을 터득할 수 있는 것도 아닙니다. 하지만 저리로 갈 수 있다고 생각하진 마세요. 저곳이 실제 장소인 것처럼 (사람이) '저리로' 갈 수 있다고 생각하는 것은 아무 의미가 없어요."

"뭐라고요? 그 섬도요? 제 마음의 갈망을 포기하라는 말씀인가요?"

"그렇지 않아요. 저 건너편을 향한 당신의 모든 갈망을 접으라는 말이 아닙니다. 건너가기를 바라는 마음은 인간됨의 본질인데 그 바람을 잃어버리면 짐승이나 다를 바 없지요. 아버지의 교리가 문제삼는 것은 갈망이 아닙니다. 희망이지요."

"이 골짜기의 이름이 무엇인가요?"

"지금은 그냥 '지혜의 골짜기'라고 부릅니다. 하지만 옛날 지도에는 '겸손의 골짜기'라고 나와 있습니다."

잠시 입을 다물었던 존이 말했다. "풀이 푹 젖었습니다. 이슬이 맺히고 있어요."

"저녁 식사 시간이군요." 젊은이가 말했다.

9
공개된 지혜

다음 날, 지혜는 전처럼 존과 미덕을 현관 앞으로 데려가 계속 가르쳤다.

"동쪽과 서쪽에 있는 것들을 생각해서는 안 된다고 했네. 이제 우리의 불완전한 지성이 허락하는 선에서 올바르게 생각할 수 있는 대상이 무엇인지 알아보세. 먼저 우리가 사는 이 땅을 생각해 보게. 이곳에는 길이 많지만, 이 길들이 만들어진 때를 기억하는 사람은 없어. 도로를 기준으로 삼지 않고서 땅이 어떻게 생겼고 어디에 무엇이 있는지 그려 볼 방도는 없네. 모든 장소의 위치를 큰길과의 관계로 정하는 것은 이미 경험했을 거네. 지도가 있지 않느냐고 할 수도 있지만, 잘 생각해 보게. 실제 길이 없는 상황에서는 지도도 쓸모없을 거네. 우리는 지도와 땅에 함께 등장하는 도로의 뼈대를 보고 우리가 지금 지도상의 어디쯤에 있는지 알아내거든. 지도에 나오는 대로 갈림길에서 한 방향으로 접어들었거나 도로가 꺾어지는 지점이 보이는 경우, 우리는 지도에 표시된 장소가 아직 시야에 들어오지 않았어도 점점 가까워지고 있음을 알지.

지주가 이 도로들을 만들었다고 하는 이들이 있네. 그런가 하면 클랩트랩 사람들은 우리가 지도 위에 이리저리 길을 먼저 그려 놓고는 어떤 이상한 과정을 거쳐 그것을 그대로 땅에다 투사했다고 하지. 하지만 나는 자네들이 진실을 분명히 파악하기를 바라네. 우리는 길을 발견했을 뿐, 그것을 만든 게 아니네. 인간은 길을 만들 수 없다는 사실도 분명히 알아야 하네. 도로를 만들려면 땅 전체를 조감할 수 있어야 하는데, 그런 시각은 하늘에서만 나올 수 있네. 하지만 하늘에서 살 수 있는 사람은 없지. 길 말고도 이 땅에는 규칙이 가득하다네. 클랩트랩 사람들은 집사들이 규칙을 만들었다고 하지. 거인의 부하들은 바로 우리가 이웃의 욕정을 억누르고 자신의 욕정을 그럴듯하게 포장하기 위해 규칙을 만들어 냈다고 한다네. 물론 지주가 만들었다고 하는 이들도 있네.

이 주장들을 하나씩 따져 보세. 집사들이 규칙을 만들었다? 그럼 그들이 어떻게 집사가 되었으며, 나머지 사람들은 왜 그들이 만든 규칙에 동의한 걸까? 이 질문을 던지면 곧바로 또 다른 질문을 하지 않을 수 없네. 집사들을 거부한 사람들이 즉시 나름의 새로운 규칙들을 만들어 내기 시작하는데, 그 새로운 규칙들은 옛날 규칙들과 본질적으로 같지. 이것은 어떻게 된 일일까? 이렇게 말하는 사람도 있네. '난 규칙 따위 필요 없어. 이제부터 내가 원하는 대로 할 거야.' 하지만 욕망이 휘몰아칠 때나 낙심할 때나, 차분할 때나 열정에 사로잡힐 때나 항상 떠나지 않는 유일한 욕망이 규칙을 지키고 싶은 욕망 아닌가. 그는 그것이 자신의 가장 깊은 욕망임을 깨닫게 되지. 거인의 부하들은 이 부분에 대해 규칙이 자기 욕망을 위장하는 수단이기 때문이라고 말한다네. 하지만 하나 물어보세. 무슨 욕망을 위장한다는 말인가? 아무 욕망, 모든 욕망을 말하는 건 아닐 걸세. 규칙은 흔히 욕망을 부인하는 것들이지 않나. 그럼 자화자찬의 욕망을 말하는 걸까? 하지만 규칙이 좋은 거라는 생각이 먼저 있지 않았다면 규칙을 지키는 자신을 좋게 생각할 이유가 있겠는가? 자신이 실제보다 빠르고 힘이 세다고 생각하고 좋아할 수야 있지만, 그것은 이미 속도와 힘을 사랑하는 사람에게 나타나는 반응이지. 그러므로 거인의 주장은 스스로를 무너뜨린다네. 자신의 욕정이 점잖게 보이도록 채색하고 싶은 마음이 있다면 이미 점잖음이라는 개념이 있는 것이고, 점잖음은 곧 규칙에 따르는 일이지. 규칙에 대한 순종이나 규칙 자체를 자기미화의 일환으로 제시하는 주장들도 모두 이런 식이라네. 그 자기미화에는 규칙들을 따르고 싶은 마음이 이미 전제되어 있는 거지. 그럼 지주의 옛 이야기로 돌아가 볼까. 이 땅 너머에 있는 어떤 힘센 사람이 규칙을 만들었다는 거지. 그게 사실이라고 해보세. 그럼 왜 우리는 그 규칙을 지키는 걸까?"

지혜 씨는 미덕을 바라보고 말했다. "이 대목은 자네의 치료에 대단히 중요하다네." 그는 계속 말을 이어 갔다.

"가능한 이유는 둘뿐이지. 첫째, 우리가 지주의 힘을 인정한 경우라네. 그래서 그가 규칙을 정할 때 제시한 처벌이 두렵거나 보상을 바라는 마음이 들어 규칙을 따르게 되는 거지. 다음은 우리가 지주의 뜻에 기꺼이 동의하는 경우네. 그가 선하다고 생각하는 것들을 우리도 선하다고 생각하기 때문에 그의 규칙들을 지키는 거지. 하지만 두 설명 다 부족하기 짝이 없네. 희망과 두려움 때문에 규칙에 따른다면, 그런 식의 순종 자체가 불순종이네. 우리 마음속의 규칙과 집사의 카드에 적힌 규칙을 통틀어 우리가 가장 귀하게 여기는 것이 바로 '사람은 사심 없이 행동해야 한다'이기 때문이지. 그러니까 처벌이 겁나서나 보상을 바라고 지주에게 순종하는 것은 곧 불순종이 되는 거네. 그럼 우리가 지주에게 동의하기 때문에 기꺼이 순종하는 거라면 어떻게 될까? 아뿔싸, 이건 사정이 더 안 좋아. 지주의 규칙에 동의하기 때문에 순종한다는 것은, 우리 마음에 새겨진 규칙을 발견하고 그것에 순종한다는 뜻이지. 만약 지주가 그것을 명한다면, 우리가 이미 행할 뜻이 있었던 것을 명하는 것이 되어 그의 음성은 그다지 가치가 없게 되네. 그가 다른 규칙을 명령하는 경우는 어떨까? 이번에도 결과는 달라지지 않네. 우리는 그에게 불순종할 테니까. 어느 쪽이건 규칙의 신비는 여전히 남게 되네. 지주는 그 문제에 무의미하게 덧붙은 사족에 불과하지. 그가 말한다 해도 그가 말하기 전부터 규칙이 이미 있었네. 우리와 그가 규칙에 동의한다면 같은 규칙의 사본을 가진 셈인데, 그럼 공통의 원본은 어디 있을까? 그의 주장과 우리의 주장은 무엇에 대응해서 참된 것이 되는 걸까?

도로의 경우처럼 규칙에 대해서도 분명히 말해 두세. 우리는 그것들을 발견했을 뿐 만들지 않았네. 하지만 그것들을 만든 자로 지주를 가정하는 것은 전혀 도움이 안 되지."(그러면서 그는 존을 바라보았다) "자네와 특별히 관련이 있는 세 번째 것을 생각해 보세. 서쪽의 섬은 어떤가? 우리 시대 사람들은 그것을 거의 잊었네. 거인은 그것 역시 정욕을 은폐하기 위해 우리가 날조해 낸 망상이라고 할 걸세. 집사들 중에는 그런 것이 있는 줄도 모르는 이들이 있고, 거인의 말에 공감하면서 자네의 섬이 사악하다고 매도하는 이들도 있네. 멀리서 지주의 성을 흐릿하게 보고 그것을 섬으로 착각한 거라고 하는 이들도 있지. 집사들에겐 공통된 교리가 없네. 그러니 우리 스스로 한번 따져 보세.

먼저, 거인이 옳을지도 모른다는 생각은 몽땅 던져 버리게. 자네는 이미 이성과 대화를 나눠 봤으니 어려운 일은 아니겠지. 거인은 섬이 정욕을 은폐하기 위해 존재한다고 말하지. 하지만 섬은 정욕을 은폐하지 않네. 만약 그것이 눈가림이라면, 정말 엉터리 눈가림일 걸세. 거인은 우리 마음의 어두운 부분을 아주 강하고 미묘하게 만들어 우리가 그 속임수에서 빠져나가지 못하게 할 걸세. 하지만 그 전능한 마법사가 전력을 다해서 만들어 내는 망상이라는 것이, 사춘기의 공상에 빠진 소년 혼자서도 2년이면 폭로하고 꿰뚫어볼 수 있는 수준이지. 한마디로 말도 안 되는 소리야. 그 섬을 보고 나서 그 영상이 얼마나 쉽게 욕정으로 끝나 버리는지 배우지 못한 사람은 없지. 이미 타락해 버린 경우가 아닌 한, 그런 결말에 실망하지 않은 사람도 없고, 그것은 섬의 영상이 깨어진 것일 뿐 완성이 아니라는 것을 깨닫지 못한 사람도 없네. 자네와 이성이 나눴던 말은 옳았어. 우리가 뭔가를 찾아냈을 때 그것이 우리에게 만족을 주지 못한다면 우리가 갈망하던 대상이 아닌 거네. 물을 마시고도 진정이 안 된다면 그를 괴롭혔던 것은 갈증이 아니거나 갈증만이 아니었던 게 분명하네. 무료함을 떨칠 만큼 푹 취하고 싶었거나 외로움을 달래 줄 대화 상대를 찾았던 거지. 우리가 갈망하는 것이 무엇인지는 그 갈망이 채워져 봐야 아는 것 아닌가? 우리 욕망의 정체가 무엇인지 아는 때는 바로 '아, 이것이 내가 원하던 거야'라고 말할 때 아닌가? 자연스럽게 느껴지긴 하는데 도저히 채울 수 없는 욕망이 있다면, 그 욕망의 본질은 계속 모호하게 남아 있지 않겠는가? 옛 이야기들이 사실이라면, 인간이 인간성을 벗지 않고 이 땅의 경계를 벗어날 수 있다면, 여전히 인간인 채로 전설 속의 동쪽과 서쪽에 이를 수 있다면, 그때 맞이할 결실의 순간, 축배를 들고 면류관을 쓰고 배우자의 키스를 받는 것 같은 그 순간에 그는 뒤를 돌아보고 그동안 밟아 온 갈망의 머나먼 길, 구불구불하게 이어진 그 길을 처음으로 분명하게 볼 수 있을 거네. 그때 비로소 자신이 추구하던 것이 무엇인지 알겠지. 나는 늙었고 눈물이 많아. 자네들도 우리 인간이 짊어진 슬픔을 느끼기 시작하는 것 같군. 희망은 버리게. 하지만 갈망은 버리지 말게. 자네가 언뜻 엿본 섬의 모습이 조금 저속한 것들과 너무나 쉽게 혼동되고 악담을 듣는다고 해서 놀라지 말게나. 무엇보다, 그것들을 간직하려 하지 말게. 그 영상을 보았던 시간과 장소를 다시 찾아가지 말게. 자칫하면 이 땅이 담아 낼 수 없는 것을 이 땅 내부의 특정한 시간과 장소에 묶어 두려던 사람들과 같은 대가를 치르게 된다네. 집사들이 우상숭배의 죄를 말해 주지 않던가? 사람들이 만나를 비축해 두려 했을 때 벌레가 생겼다는, 그들의 옛 연대기에 나오는 이야기를 못 들어 봤나?[3] 탐욕을 부리지 말고 열정에 사로잡히지도 말게. 뜨겁고 거친 손으로 자네가 사랑하던 것을 품에 안다가 자칫하면 으스러뜨려 죽일 수도 있으니까. 그러나 자네가 갈망하는 것이 실재하는 대상이 아니라는 생각이 들 때는, 경험을 통해 배운 것을 기억하게. 그것은 하나의 감정이고 감정은 순식간에 무가치해진다는 점을 생각하게. 정신에 파수꾼을 세워 그 감정을 지켜보게. 그러면 뭔가를 발견하게 될 걸세. 심장의 두근거림, 머릿속의 이미지, 목구멍에 차오르는 흐느낌 같은 거겠지. 그것이 자네가 원하던 거였나? 그렇지 않다는 걸 자네는 알아. 어떤 감정도 자네를 달래지 못한다는 것을 알잖아. 감정은 아무리 세련된 것이라 해도, 또 다른 가짜 권리청구인이요, 가짜라는 면에서는 거인이 말하는 노골적인 욕정과 다를 바 없다는 걸 자네는 안다고. 그렇다면 이렇게 결론 내릴 수 있겠지. 자네가 원하는 것은 자네의 상태가 아니라 '타자적 외부적'인 무엇일세. 이 사실을 알면 자네가 그것을 얻을 수 없다는 진실이 참을 만하게 다가올 거야. 그것이 '타자적 외부적'이어야 한다는 사실은 너무나 큰 이점이기 때문에 그것을 잘 기억하면 그것을 가질 수 없다는 아쉬움을 잊게 될 걸세. 아니, 자네가 가질 수 있었던 그 어떤 것도 이것에 비하면 훨씬 못한 것일 테니 그것들을 갖기보다는 이것을 갈망하는 편이 헤아릴 수 없을 만큼 나은 선택일 걸세. 원하는 것이 갖는 것보다 낫네. 앞으로 우리가 어떤 세계에서 살게 되건, 그 세계의 영광은 결국

3 출애굽기 16:20 참조.

외양이네. 하지만, 내 아들 중 하나가 말한 바 있듯, 그렇기 때문에 세상은 더 영광스러운 곳이지."

10
비밀스러운 지혜

그날 존은 전날과 마찬가지로 들판을 거닐고 낮잠도 자면서 시간을 보냈다. 이 골짜기에는 계절이 마법의 신이라도 신은 양 빠르게 움직였다. 패모꽃이 잔뜩 핀 강변에는 물총새가 날아다니고 잠자리가 바삐 움직였는데, 그가 앉았을 무렵에는 그늘이 드리워 있었다. 기분 좋은 울적함이 찾아오면서 꼼짝도 하기 싫어졌다. 존은 지혜 씨 집의 많은 사람과 대화를 나누었다. 밤이 되어 방으로 갔을 때는 그들의 체념한 듯한 목소리가 귀에 쟁쟁했고, 너무나 차분하면서도 벌어지지 않을 어떤 일을 기대하며 시시각각 기다리는 것처럼 보이는 그들의 긴장한 얼굴이 눈에 어른거렸다. 자다가 깨어 눈을 떠보니 달빛이 그의 방을 가득 채우고 있었다. 자리에 누운 그의 귀에 낮은 휘파람 소리가 들려왔다. 그는 일어나 창밖으로 머리를 내밀었다. 집 그늘 밑으로 사람의 검은 형체가 서 있었다. 그가 말했다. "나와서 놀아요." 그와 동시에 뒤쪽 더 깊은 그늘에서 웃음을 참는 소리가 들렸다.

"여긴 너무 높아요. 여기서 뛰어내릴 수는 없어요." 존이 말했다.

"달빛이 비치고 있다는 걸 잊으셨군요." 상대방은 그렇게 말하고 두 손을 뻗었다.

"뛰어요!" 그가 말했다.

존은 옷가지 몇 개를 벗어 던지고 창에서 뛰어내렸다. 놀랍게도 발이 땅바닥에 닿을 때도 아프거나 충격이 느껴지지 않았다. 잠시 후 그는 웃음을 터뜨리는 그 집 자녀들의 무리 한복판에서 잔디밭 위를 큰 걸음으로 붕붕 뛰어다니고 있었다. 지켜보는 사람이 있었다면 달빛을 받은 골짜기가 벼룩 극단의 공연 무대가 된 거대한 쟁반처럼 보였을 것이다. 그들은 춤을 추고 달리기 경주도 하면서 인근 숲의 어두운 경계 지역에 이르렀다. 존은 가쁜 숨을 내쉬며 산사나무 아래로 가서 벌렁 누웠다. 그러자 주위에서 뜻밖의 소리들이 들려왔다. 은식기와 잔이 부딪치는 소리, 음식 바구니 여는 소리, 병마개 따는 소리.

존을 부른 사람이 설명했다. "음식에 관한 한 우리 아버지의 기준은 좀 엄격하죠. 우리 젊은 사람들은 에너지를 좀 보충할 필요가 있다는 걸 알게 되었어요."

"여기 샴페인. 하프웨이스 씨가 보낸 거야." 누군가 말했다.

"맘몬 씨가 식힌 닭고기와 혓바닥 고기를 보내왔지. 친구들 없이 우린 어떻게 살까?"

"남쪽에서 온 대마초도 있어. 닉테리스가 직접 보내왔어."

그 옆의 여자가 수줍은 듯 말했다. "이 적포도주는 마더 커크가 보낸 거야."

또 다른 목소리가 말했다. "그건 마시면 안 될 것 같아. 그건 정말이지 좀 지나치지 않아?"

첫 번째 여자가 말했다. "신지학자들이 보내온 너의 캐비아[4]보다야 낫지 뭘. 어쨌거나, 난 이걸 마셔야겠어. 그래야 살맛이 나거든."

또 다른 목소리가 말했다. "내 브랜드 좀 마셔 봐. 야만인의 난쟁이들이 만든 거야."

"칼[5], 어떻게 그런 걸 마실 수 있니. 넌 클랩트랩에서 보내온 수수하고 담백한 음식을 먹어야 해."

"허버트[6], 너야 그렇겠지만, 우리는 거기 음식 먹으면 속이 더부룩해. 난 말이야, 아버지 식탁에 목자의 땅에서 보내온 약간의 양고기와 민트소스만 추가하면 충분하다고 봐." 새로운 목소리가 쏘아붙였다.

"네가 뭘 좋아하는지 우린 다 알아, 베네딕트[7]." 몇 사람이 동시에 말했다.

칼이 선언했다. "난 다 먹었어. 이제 난쟁이들에게 가서 하룻밤 지낼 거야. 같이 갈 사람 있어?"

그러자 누군가 소리쳤다. "거긴 안 가. 난 남쪽 마법사들에게 갈 거야."

또 다른 사람이 말했다. "거긴 안 가는 게 나을 걸, 루돌프[8]. 나와 함께 퓨리타니아에서 몇 시간 차분하게 있는 게 훨씬 나을 거다. 훨

4 철갑상어 알을 소금에 절인 식품.
5 마르크스-저자.
6 스펜서-저자.
7 스피노자-저자.
8 슈타이너-저자.

씬 낫고말고.”

“집어치워, 임마누엘[9]. 넌 곧장 마더 커크에게 가는 게 나을 거야.” 또 다른 목소리였다.

“버나드[10]는 그렇지 모르지.” 적포도주를 가져온 여자가 말했다.

그쯤 되자 사람들의 수는 급속히 줄어들었다. 대부분의 젊은이들이 자기 계획에 다른 사람을 끌어들이려다 실패하자, 나무 꼭대기로 훌쩍 뛰어오른 후 다른 나무 꼭대기로 펄쩍펄쩍 뛰어 각자 갈 길을 갔다. 그리고 얼마 후에는 그들이 내는 낭랑한 웃음소리도 모두 사라졌다. 남은 사람들은 존 주위로 몰려들어 이런저런 오락거리로 그의 관심을 사려고 했다. 숲의 그늘에서 벗어나 달빛 아래 앉아 퍼즐 풀이를 하는 이들도 있었고, 서로의 등을 짚고 뛰어넘는 이들도 있었다. 좀더 적극적인 이들은 이리저리 뛰어다니며 나방을 쫓고, 서로 엉켜 씨름도 하고 간지럼도 태우고, 킥킥대며 장난을 쳤다. 그들이 신나게 내지르는 날카로운 비명이 숲에 울려 퍼졌다. 그런 광경이 오래 지속되었다. 다른 일이 더 있었는지 모르지만 잠에서 깨어난 존은 기억하지 못했다.

9 칸트-저자.
10 보즌켓-저자.

11
쉿, 비밀이야

다음 날 아침 식사 시간에 존은 지혜의 자녀들을 여러 번 훔쳐보았다. 그러나 그들이 지난밤에 전혀 다른 모습으로 자신을 만났다는 것을 의식한다는 낌새를 찾을 수 없었다. 식탁 앞에서는 물론이고 존이 골짜기에 머문 시간 내내 그들이 밤중의 나들이를 인식한다는 증거는 찾을 수 없었다. 시험 삼아 몇 가지 질문을 해본 존은 확신이 들었다. 그들이 거짓말을 하고 있는 게 아니라면, 다들 집에서 나오는 검소한 음식만 먹고 산다고 정말 믿고 있었다. 임마누엘은 꿈같은 것이 존재한다는 것과 자기도 꿈을 꾼 적이 있을 수 있다는 것을 이론적으로는 인정하지만, 누구도 꿈을 기억할 수 없다는 복합적 증거(존은 이것이 무엇인지 이해하지 못했다)를 확보하고 있다고 말했다. 그의 외모와 체격은 권투선수 못지않았지만 그는 그것이 지역에서 나오는 과일을 잘 먹은 덕분이라고 했다. 땅딸막한 허버트는 식사 때마다 도무지 식욕이 없었다. 그러나 그는 간이 안 좋아서 그렇다고 대답했고, 전날 밤 내내 클랩트랩에서 보낸 스테이크와 그레이비소스를 배가 터지도록 먹었다는 사실은 전혀 기억하지 못했다. 또 다른 형제 버나드는 건강미로 빛이 났다. 존은 달빛 아래서 그가 마더 커크의 포도주를 신나게 들이켜고 원기를 되찾는 모습을 본 터였다. 그러나 깨어 있는 버나드는 마더 커크의 포도주를 가리켜 아버지가 생일이나 특별한 날 가끔 내놓는 훌륭한 보리차를 흉내 낸 어설픈 모방품이라고 주장했다. 그는 이렇게 말했다. "내가 건강한 것은 모두 이 보리차 덕분이에요. 이 차가 지금의 나를 만들었어요." 존은 집안의 젊은이들에게 온갖 미끼를 던져 봤지만 그들이 밤에 등 짚고 뛰어넘기와 여러 놀이를 했던 것을 기억하는지 알아 낼 수 없었다. 결국 그는 이런 결론을 내릴 수밖에 없었다. 그 모든 일이 그가 꾼 꿈일 뿐이거나, 비밀이 아주 잘 지켜지고 있거나 둘 중 하나다. 그가 그 문제로 이것저것 물었을 때 몇몇 사람이 살짝 짜증을 낸 것으로 보아 두 번째 생각이 맞을 것 같았다.

12
지혜의 또 다른 가르침

다음 날 그들은 다시 현관 앞에 앉았고, 지혜는 가르침을 이어갔다.

"섬, 도로, 규칙, 이 세 가지가 있고, 이것들이 어떤 면에서는 실재하지만 우리가 만든 것은 아니며, 지주를 지어내 끌어들여 봐야 도움이 안 된다는 것을 배웠네. 세상의 한쪽 끝에 정말로 성이 있고 다른 쪽 끝에 섬이 있는 상황도 가능하지 않지. 세상은 둥글고 우리가 있는 곳은 모두 세상의 끝이니까. 구球의 끝은 구의 표면 아닌가. 세상은 전부 끝일세. 우리는 절대로 그 끝을 넘어갈 수 없지. 하지만 우리가 봤다시피, 우리가 (불가능하지만) 세상 끝 너머의 세상으로 상상하는 이런 것들은 어떤 의미에서는 실재하는 것이네.

자네가 말해 줬지. 이성이 '깜깜한 곳에 있는 물체의 색깔이 무엇이냐'는 질문으로 거인의 거짓을 드러냈다고 말일세. 자네는 보지 않으면 색깔도 없고 만지지 않으면 딱딱함도 없다는 것을 이성에게 배웠네. 몸을 지각하는 이들의 머릿속 외에는 몸도 없지. 그렇다면 저 하늘의 성가대와 땅을 채우고 있는 것들은 상상이라는 결론이 나오네. 자네들이나 나의 상상은 아니지. 여기서 우리는 같은 세상에서 만났는데, 세상이 나나 자네들의 정신에 갇혀 있는 거라면 있을 수 없는 일 아니겠나. 그렇다면 하늘과 땅의 모든 광경은 뭔가의 강력한 상상 속에서 떠돈다고 할 수 있네. 누구의 상상이냐고 묻는다면, 지주는 여전히 도움이 안 될 걸세. 그는 사람이야. 그를 아무리 거대하게 만들어도 우리가 될 수는 없고, 내가 자네들의 상상에 접근할 수 없듯이 우리는 그의 상상에 접근할 수 없네. 그러니 우리는 세상이 이 정신이나 저 정신 안에 있는 것이 아니라 정신 자체, 곧 의식의 비인격적 원리 안에 있다고 해야겠지. 그 원리는 죽을 운명을 타고난 우리를 통해 영원히 흘러간다네.

우리가 처음 이야기를 시작할 때 가졌던 의문들은 이것으로 모두 해소되었네. 이 나라 전역의 골격에 해당하는 도로들을 기준 삼아 지도를 만들고 그 지도를 이용할 수 있는 것은 이 나라가 이성적인 어떤 존재가 낳은 자식이기 때문이네. 섬도 생각해 보세. 자네가 섬에 대해 아는 모든 내용은 결국 이런 결론으로 이어지지. 자네가 처음 본 섬의 광경은 열망이나 원함이었고, 자네는 그 첫 광경을 끊임없이 다시 원했네. 마치 원함 자체를 원한 것처럼, 원함이 가짐이고 가짐이 원함인 것처럼. 이 허기진 결실, 가장 잘 채워진 이 텅 빈 상태는 어떤 의미가 있을까? "나"라고 말할 때 누구나 이중적인 의미로 그 말을 쓴다는 사실을 알면 이것을 이해할 수 있네. 나는 얼마 있으면 개울을 넘어가 다시는 보이지 않을 늙은이면서 시간과 공간 자체를 포함하는 영원한 정신이네. 나는 상상하는 자이며 그가 상상한 대상 중 하나일세. 섬은 내가 영원한 정신으로서 보유한 완전함이요, 죽을 영혼으로서 헛되이 갈망하는 불멸성이네. 섬의 소리는 바로 내 귓가에서 들리는 동시에 별보다 먼 곳에서 들리네. 손 닿는 곳에 있지만 결코 내 것이 되지 못할 걸세. 그것을 가졌는데, 보게나! 가지는 것 자체가 잃어버리는 것일세. 절대정신으로서 나는 매순간 내 부유한 영지를 버리고 소멸해 가고 불완전한 피조물이 되기 때문에 이 과정은 죽음과 탄생을 반복하며 영원히 이어진다네. 반면 인간으로서 나는 매순간 내가 잃어버린 완전함을 누린다네. 지금도 여전히, 내가 존재하는 한, 나는 절대정신이고 절대정신으로서만 내 짧은 영혼의 생명을 유지하네. 삶이 죽음으로 연명하는 모습을 보게. 삶이 죽음이 되고 죽음이 삶이 되는 과정을 보게. 절대정신은 계속된 죽음의 과정을 통해 우리와 같은 존재가 되어 살고, 우리도 우리의 필멸의 본성에 대해 죽고 비인격적인 우리의 근원으로 최대한 돌아감으로써 산다네. 이것이 모든 도덕적 교훈의 최종적인 의미일세. 절제와 정의와 사랑의 유익이란, 새빨갛게 달아오른 우리의 분리되고 개별적인 열정들을 절대정신의 얼음장 같은 냇물에 도로 풍덩 집어넣어, 거기서 영원의(이건 끝없는 지속을 말하는 게 아닐세) 담금질을 하는 데 있네.

내가 지금 말한 것은 '에방겔리움 에테르눔'[11]이네. 어느 시대에나 알려져 있었지. 고대인과 현대인이 모두 증언하고 있거든. 우리 시대의 지주 이야기는 사람들이 이해할 수 있는 정도의 진실을 보여 주는 그림문자일 뿐이네. 자네는 주의를 기울이지 않았고 이해하지도 못한 것 같지만, 집사들이 지주 아들에 대한 전설을 이야기해 줬을 거야. 그들의 말에 따르면, 산사과를 먹은 사건과 지진이 일어난 후 우리 땅의 모든 것이 잘못되었을 때, 지주의 아들이 아버지의 소작인 중 하나가 되어 우리 가운데서 살았고, 바로 그 이유 때문에 죽임을 당해야 했다네. 집사들은 그 이야기의 의미를 제대로 알지 못해. 그래서 아들의 죽음이 우리를 어떻게 돕는다는 건지 물으면 말도 안 되는 대답을 할 수밖에 없네. 하지만 그 일의 의미는 자명하고도 아름답지. 그것은 절대정신 자체의 삶을 보여 주는 그림이야. 그 전설 속 아들의 모습은 사실 모든 인간의 모습이라네. 온 세상은 죽음에 자신을 내어주어 자신도 살고 우리도 살게 하는 영원한 존재일세. 죽음은 삶의 방식이고 거듭된 죽음으로 생명이 늘어난다네.

그럼 규칙은 어떤 것일까? 지주가 제멋대로 부과한 명령이라고 말해 봐야 부질없다는 걸 자네도 봤지. 하지만 그런 생각이 완전히 틀린 것은 아닐세. 규칙이 각 사람의 개인적인 선택이라는 생각도 똑같은 오류이기 때문이지. 우리가 섬에 대해 얘기했던 것을 기억하게.

11 *evangelium eternum*. 영원한 복음.

나는 절대정신이자 절대정신이 아니고, 그렇기 때문에 나는 내 갈망이 있기도 하고 없기도 하네. '나'라는 단어의 이중적 본질이 규칙을 설명해 준다네. 나는 입법자이면서 국민이기도 하지. 절대정신은 '나'라는 영혼이 되어 그 영혼이 항상 따라야 할 법칙을 부과하네. 규칙과 우리 성향 사이의 모든 갈등은 내 필멸의 자아의 열망이 내 진정하고 영원한 자아의 열망과 갈등하는 데서 나온다네. '해야 하는 줄 알지만 하고 싶지 않다', 이 얼마나 무의미한 말인가. '나는 원하되 원하지 않는다'는 말과 너무나 비슷하지. 그러나 일단 '원하는 것은 나, 그리고 내가 아닌 이'라고 하게 되면, 신비는 분명히 드러난다네.

자네의 병든 친구는 이제 거의 다 나았네. 정오가 다 되었구먼."

8권

궁지에 몰리다

스스로의 힘으로 이해하는 사람이 가장 좋고
형제의 지혜를 마음에 담아 두는 사람도
괜찮다. 그러나 스스로 알지도 못하고,
지혜로운 사람의 가르침을 듣고 배울
마음도 없는 사람은 쓸모가 없다.

헤시오도스

교육받지 못한 사람들은 자신의 관심사나 당장 눈에 보이는 것들에 대해서는 예리함이나 지력을 발휘하지만, 추상화 능력이 없다. 언제나 사물을 가까이서만 볼 뿐, 멀찍이 두고 보지 못한다.

윌리엄 해즐릿

1
두 종류의 일원론자

그날 오후 습지 목초지를 거닐던 존은 누군가가 다가오는 모습을 보았다. 그 사람은 남의 다리로 걷듯 어색하게 움직이고 있었다. 좀 더 가까워지자 상대가 미덕이라는 것을 알 수 있었다. 미덕의 얼굴은 아주 창백했다.

존이 소리쳤다. “뭡니까. 나은 건가요? 볼 수 있나요? 말할 수 있어요?”

미덕이 힘없는 목소리로 말했다. “그래요. 보여요.” 그는 울타리에 기대어 가쁜 숨을 몰아쉬었다.

존이 말했다. “너무 많이 걸었어요. 아파요?”

“몸이 아직 다 회복되지 않아서 그래요. 별 일 아니에요. 조금 있으면 괜찮아질 거예요.”

존이 말했다. “내 옆에 앉아요. 좀 쉬었다가 천천히 돌아가기로 해요.”

"난 안 돌아갑니다."

"안 돌아가요? 지금은 몸이 여행할 상태가 아니에요. 게다가 행선지도 없이 어딜 간단 말이에요?"

미덕이 말했다. "뭘 하기에도 적합한 상태가 아니지요. 하지만 계속 가야 해요."

"어디로 간단 말이에요? 아직도 협곡을 건너려는 거예요? 지혜님이 들려준 말씀을 믿지 않는 거예요?"

"믿어요. 그래서 계속 가려는 거예요."

존이 말했다. "잠깐 앉아서 설명이라도 해봐요."

"뻔한 걸 뭘 설명해요!"

"전혀 뻔하지 않아요."

미덕의 말에서 조바심이 묻어났다.

"지혜가 규칙에 대해 한 말 못 들었어요?"

"물론 들었지요."

"그분은 내게 규칙을 돌려줬어요. 수수께끼는 풀렸어요. 내가 늘 생각했던 대로, 규칙은 반드시 따라야 해요. 이제는 그 어느 때보다 분명해졌어요."

"그래서요?"

"결론이 뭔지 모르겠어요? 규칙의 출처는 절대정신인지 뭔지 하는 건데, 그것은 나이기도 해요. 규칙을 따르고 싶지 않은 마음은 나의 또 다른 부분, 즉 도덕적인 부분이에요. 지혜님이 말한 모든 내용을 종합해 보면 이런 결론이 나오죠. 규칙에 진짜로 불순종하는 이유는 바로 내가 이 땅에 있기 때문이에요. 이 땅은 그 섬도 아니고, 규칙도 아니에요. 정의상 그래요. 나의 필멸의 자아, 즉 실제적인 의미에서 나 자신은 '"나"라는 전체에서 규칙에 반대하는 부분'으로만 정의할 수 있어요. 절대정신이 지주와 일치하듯, 이 온 세상은 검은 구덩이와 일치해요."

존이 말했다. "나는 그 모든 내용을 정반대로 이해한 걸요? 이 세상은 지주의 성과 같아요. 모든 것이 절대정신의 상상 속에 있기 때문에 제대로 이해하기만 하면 다 선하고 행복해요. 이 세상의 영광은 외양이라는 사실로 인해 결국 세상은 더 영광스러운 곳이 되는 거예요. 규칙이, 아니 규칙의 권위가 그 어느 때보다 강해진다는 데는 전적으로 동의해요. 하지만 그 내용은, 그러니까 더 쉬워지는 게 분명해요. 더 풍부하달까, 더 구체적이라고 해야 할지도 모르겠네요."

"그 내용은 분명 더 가혹해져요. '이곳에 있지 않은 것'이 진정한 선善이고 이곳은 그저 '선이 없는 장소'를 뜻한다면, '이곳에서 최대한 짧게 살고 이 세상의 체계에 최대한 발을 들여놓지 말라' 외에 어떤 진정한 규칙이 있을 수 있겠어요? 한때는 무해한 즐거움 운운했지만, 내가 바보였어요. 존재 자체가 타락인 우리에게 무엇인들 죄가 아니겠어요? 사람이 먹고 마시고 만들어 내는 것은 다 저주를 불리는 것 아니겠어요?"

"미덕 씨, 정말이지 이상한 견해군요. 지혜 어른 말씀을 듣고 나는 정반대로 생각했거든요. 퓨리타니아의 바이러스가 내 안에 얼마나 많았을까, 그래서 흠 없이 관대한 자연의 품을 누리는 데 얼마나 오랫동안 방해를 받았을까, 이렇게 말이에요. 아무리 비열한 것이라도 작으나마 절대정신의 거울 아닌가요? 가장 가벼운 즐거움이나 광란의 쾌락도, 더없이 영웅적인 희생 못지않게 전체의 완성을 위해 필요한 것 아닐까요? 나는 확신해요. 절대정신 안에서는 심지어 육욕의 모든 불꽃도 나름의 자리가…….”

“아무리 변변찮은 음식, 아무리 적은 양이라도, 그걸 먹는 일이 정당화될 수 있다고 생각해요? 육체는 그저 살아 있는 부패 덩어리죠.”

“결국 메디아도 좋은 부분이 많았어요.”

“야만인은 생각보다 지혜로웠죠.”

“그녀의 얼굴색이 구릿빛인 것은 사실이에요. 하지만……갈색도 다른 색깔들처럼 색상의 스펙트럼에 필요한 것 아닌가요?”

“모든 색깔은 하얀 광채가 부패한 것 아니에요?”

“우리가 악이라 부르는 사악함도 참된 배경 안에 놓고 보면 선의 한 요소예요. 나는 의심의 주체이자 내용이구요.”

“우리의 의로움은 더러운 옷과 같아요. 존, 당신은 바보예요. 나는 떠날 거예요. 바위산으로 들어가 바람이 가장 매섭고 땅이 가장 딱딱한 곳, 인간의 삶으로부터 가장 멀리 떨어진 곳을 찾겠어요. 해지 통고는 아직 받지 못했으니, 이 땅의 염료로 좀더 착색되어야겠군요. 나는 여전히 하얀 빛을 불쾌하게 만드는 먹구름의 일부겠지만, ‘나’라는 구름조각을 최대한 옅게, 구름이랄 수도 없는 상태로 만들 거예요. 존재라는 범죄를 저지른 몸과 정신이 대가를 치르게 하겠어요. 나의 본성에 가장 가혹한 금식, 밤샘, 자해, 고행을 찾아낼 거에요."

"미쳤어요?" 존이 말했다.

"이제 제정신을 되찾은 겁니다. 왜 그런 눈으로 쳐다봐요? 내 얼굴이 창백하고 맥박이 빠르게 뛴다는 거 알아요. 그럴수록 더 제정신인 거죠! 질병이 건강보다 낫고 몸이 아프면 더 또렷이 봐요. 그것이 절대정신에 조금 더 가깝고, 우리의 동물적 본성의 반란에 그나마 덜 개입한 상태니까요. 하지만 어머니의 젖을 빨면서 들이킨 생명을 향한 음란한 갈망을 죽이려면 이것보다 더 심한 고통이 필요하겠지요." 미덕이 말했다.

"우리가 왜 이 쾌적한 골짜기를 떠나야 하죠?" 존이 입을 열었지만 미덕은 그의 말을 가로막았다.

"누가 우리랍니까? 내가 같이 가달라고 부탁이라도 했어요? 같이 가줬으면 하고 은근히 바랐을 것 같아요? 당신에게 가시떨기 위에서 자고 야생 자두를 먹자고 할 것 같아요?"

"헤어지자는 말은 아니지요?" 존이 물었다.

미덕이 말했다. "쳇! 당신은 내가 하려는 일을 할 수 없었어요. 당신이 할 수 있었으면 난 당신을 받아들이지 않았을 거예요. 우정이니 애정이니 하는 것들은 우리를 이 땅에 묶어 두는 미묘한 쇠사슬에 불과하지 않아요? 몸은 고행하면서 정신은 행복하도록 내버려 두고 자기의 유한한 의지를 오냐오냐 받아주며 그 안에서 뒹군다면 정말 바보일 거예요. 몇 가지 즐거움이 아니라 모든 즐거움을 다 잘라내야 합니다. 어떤 칼도 그 암 덩어리를 깨끗하게 도려낼 수는 없겠지요. 하지만 나는 할 수 있는 한 깊이 도려낼 겁니다."

그는 일어서서 여전히 비틀대며 북쪽 목초지 너머를 향해 걸었다. 고통스러운 듯 한쪽 손을 옆구리에 댔다. 한두 번은 넘어질 뻔했다.

그러더니 존을 돌아보고 고함을 쳤다. "뭐 하러 따라오는 거예요? 돌아가요."

친구의 얼굴에 어린 증오심을 본 존은 잠시 발걸음을 멈추었다. 그러나 주춤거리며 다시 걸었다. 그는 미덕이 앓는 동안 뇌가 잘못된 거라고 생각했다. 잘 달래면 다시 데려올 수 있을 거라는 막연한 희망을 품고 있었다. 하지만 얼마 지나지 않아 미덕은 다시 돌아서더니 돌멩이를 하나 집어 들었다. "꺼져. 안 그러면 던진다. 너와 나는 이제 아무 상관도 없어. 내 몸과 영혼도 원수인데, 너라고 다를 것 같아?"

존은 어찌해야 할지 몰라 멈추었다가 미덕이 돌멩이를 던지자 몸을 피했다. 이런 상황은 한동안 계속되었다. 존은 멀리 거리를 둔 채로 따라가다 멈추고는 다시 따라갔고, 미덕은 가끔 존에게 돌멩이를 던지고 욕설을 퍼부었다. 그러나 결국 둘 사이의 거리는 목소리도 돌멩이도 닿지 않을 만큼 벌어져 버렸다.

2
존, 이끌림을 받다

그들이 길을 가는 동안 골짜기는 좁아지고 양쪽 절벽은 점점 높아졌다. 서쪽 숲 아래 있던 왼편의 틈새도 점점 넓어지고 계곡 전체가 좁아지기도 해서 결과적으로 그들이 걸어가는 길이 계속 좁아졌다. 계곡 바닥이었던 길은 얼마 안 가서 계곡 동쪽 절벽에 튀어나온 좁다란 바윗길이 되었고, 서쪽 틈새는 바닥에 난 틈이 아니라 바닥이 되었다. 존은 거대한 협곡 한쪽 절벽의 중간쯤 되는 높이에 난 좁다란 바윗길을 걷고 있음을 알게 되었다. 그 위로 절벽이 우뚝 솟아 있었다.

조금 걷다 보니 절벽에서 암석이 툭 튀어나와 길이 막혀 있는 게 보였다. 거대한 화강암이 그들이 걷고 있는 길을 가로막고 있었다. 미덕이 어떻게든 바위산을 타고 올라가 보려고 여기저기 잡아 보고 아랫 부분을 더듬는 동안 존은 소리가 들릴 만한 거리까지 그를 따라잡았다. 그러나 그가 바위산 밑에 이르기 전에, 미덕은 이미 올라가고 있었다. 안간힘을 다해 여기저기 디디고 붙잡는 그의 헐떡임이 들려왔다. 한번은 미끄러져 내리면서 바위에 발목 살갗이 벗겨져 핏자국이 남았다. 하지만 그는 다시 올라갔고, 얼마 후 존은 그가 일어서서 몸을 부르르 떨며 이마의 땀을 훔치는 것을 보았다. 정상에 이른 것 같았다. 미덕은 아래를 내려다보고 위협적인 몸짓을 하면서 뭐라고 소리를 질렀는데, 너무 멀어서 들리지 않았다. 다음 순간 존은 옆으로 펄쩍 뛰었다. 미덕이 커다란 바위를 굴려 떨어뜨린 것이다. 천둥처럼 계곡을 울리던 바위 구르는 소리가 잠잠해지고 존이 다시 위를 쳐다보았을 때, 미덕은 이미 암벽 돌출부를 넘어가 더 이상 보이지 않았다.

존은 그 황량한 곳에 주저앉았다. 바위틈에서 자라는 부드럽고 짧은 풀이 돋아나 있었다. 주로 양들이 좋아하는 풀이었다. 구불구불한 협곡 때문에 지혜의 골짜기는 시야에서 사라졌다. 그러나 존은 돌아갈 생각밖에 없었다. 그의 마음은 수치심과 슬픔, 당혹감이 뒤섞여 혼란스러웠지만, 그런 것들은 다 제쳐 두고 눈앞의 바위산에 대한 두려움과 퇴로가 없는 좁은 곳에서 미쳐 버린 미덕을 만날 경우에 대한 두려움만 생각했다. '여기 앉아 쉬었다가 기력을 회복한 다음 돌아가야지. 어떻게든 오래오래 살아남아야 해.' 그때, 갑자기 위에서 그를 부르는 소리가 들려왔다. 한 사람Man이 미덕이 있던 곳에서 내려오고 있었다.

그 사람이 외쳤다. "안녕! 친구는 가버렸구나. 따라갈 거지?"

"그 사람 미쳤습니다." 존이 말했다.

그 사람이 말했다. "너보다 더하지도 덜하지도 않다. 두 사람은 같이 있어야 한다. 그래야 둘 다 회복될 수 있다."

"나는 이 바위산을 올라갈 수 없어요." 존이 말했다.

그 사람이 말했다. "내가 도와주마." 그는 손을 뻗으면 닿을 만한 지점까지 내려와 손을 내밀었다. 존은 얼굴이 백짓장처럼 하얘졌고 속이 메슥거렸다.

"지금 아니면 기회는 없다." 그 사람이 말했다.

존은 이를 악물고 상대가 내민 손을 잡았다. 마지못해 처음 손을 잡은 순간에는 떨렸지만 돌이키기엔 너무 늦었다. 그들은 어느새 높은 곳까지 올라갔고 존은 혼자서 되돌아갈 엄두가 나지 않았다. 그 사람은 밀고 당기고 한 끝에 존을 바위산 꼭대기에 올려놓았다. 존은 풀밭에 엎드려 헐떡였고 가슴 통증으로 신음했다. 간신히 일어나 앉아 보니 그 사람은 이미 가고 없었다.

3
존, 자기를 망각하다

존은 뒤를 돌아보았다가 몸서리를 치며 고개를 돌렸다. 다시 내려간다는 생각은 순식간에 사라졌다. "그 사람 때문에 단단히 곤경에 빠졌군." 존은 비통하게 말하고는 앞을 내다보았다. 절벽이 위아래로 깎아지른 듯 펼쳐져 있고, 그가 서 있는 높이에 좁다란 바윗길이 절벽을 따라 굽이굽이 이어졌다. 넓은 곳은 3미터, 좁은 곳은 60센티미터쯤 되는 바윗길은 절벽 저 멀리에서 푸르스름한 실이 되었다. 심장이 쿵 내려앉았다. 존은 힘을 좀 얻어 볼 요량으로 지혜 선생의 교훈을 떠올렸다. '이건 나일 뿐이야. 영원한 정신인 내가 노예인 나를 저 바윗길로 끌고 가는 거야. 노예가 떨어져서 목이 부러지건 말건 연연해선 안 돼. 실재하는 건 그가 아니라 나, 나, 나야. 기억 안 나?' 그러나 그는 영원한 정신과 자신이 너무 다르게 느껴져서 더 이상 그것을 '나'라고 부를 수 없었다. '그 정신, 좋다 이거야. 하지만 그는 왜 날 전혀 안 도와주는 거지? 난 도움이 필요해. 도와줘.' 그는 고개를 들어 양 절벽과 그 사이로 멀찍이 보이는 푸르고 좁은 하늘을 보았다. 그는 보편적인 정신을 생각했고, 절벽과 하늘의 색깔과 모양 뒤의 어딘가에 숨어 있는 빛나는 고요, 모든 소리 아래 그득한 침묵을 생각했다. '그 모든 대양의 한 방울이 지금 내게 흘러든다면, 내가 바로 그것이라는 점을 필멸의 내가 깨달을 수만 있다면, 모든 것이 잘될 거야. 난 알아. 저기 뭔가가 있어. 난 알아. 감각의 커튼은 속임수가 아니야.' 그는 비통함을 느끼며 다시 고개를 들고 말했다. "도와줘요. 도와줘. 난 도움이 필요해요."

그러나 그 말이 입 밖으로 나오자마자, 절벽에 대한 두려움보다 더 깊이 숨어 있던 새로운 두려움이 표면 가까이로 튀어나왔다. 꿈속에서 죽은 친구와 겁 없이 이야기를 나눈 사람이 나중에야 그가 유령이었음을 알고 비명을 지르며 잠에서 깨어나는 것처럼, 존도 자기 행동의 의미를 깨닫고 그 자리에서 펄쩍 뛰었다.

'내가 기도를 했잖아. 이건 새로운 이름을 가진 지주야. 규칙과 검은 구덩이와 노예제가 새로운 옷을 입고 날 잡으러 온 거야. 그리고 난 잡혔어. 옛 거미의 거미줄이 이렇게 교묘할 줄 누가 짐작이나 했겠어?'

하지만 자신의 처지를 도저히 참을 수 없었던 존은 자신의 행위가 비유적인 것일 뿐이라고 말했다. 지혜 선생도 마더 커크와 집사들이 진실을 그림문자로 표현해 준다고 실토하지 않았던가. 비유는 피할 수 없는 법. 감정과 상상력에는 비유라는 지지대가 필요했다. '중요한 것은 지성이 비유에 사로잡히지 않게 지키는 거야. 비유는 비유일 뿐이란 걸 명심해야 해.'

4
존이 제 목소리를 찾다

존은 비유 아이디어에 크게 안도했다. 앉아서 잘 쉰 존은 그나마 간신히 마음을 다잡고 절벽 중간에 난 길을 따라 걷기 시작했다. 그러나 폭이 좁아지는 지점에서는 너무 무서웠고, 갈수록 용기가 없어지는 듯했다. 급기야는 지혜 씨가 말한 절대정신을 끊임없이 기억해야만 조금이라도 앞으로 나아갈 수 있었다. 거듭거듭 의지를 발휘해 그쪽으로 생각을 돌리고 그 무한한 저수지로부터 조금의 활력이나마 끌어와야 간신히 다음 번 좁은 길목을 지나갈 수 있었다. 지금 자신이 기도하고 있다는 걸 알았지만, 위험 요소를 제거했으니 괜찮다고 생각했다. '어떤 의미에서 절대정신은 내가 아니야. 나는 그것이지만, 그것의 전부는 아니지. 내가 아닌 그것의 일부, 그것 중에서 내 영혼 이외의 훨씬 더 큰 부분을 보자면, 그 부분은 내게 타자他者가 분명해. 상상력을 발휘해 보면 그것은 사실 "나"가 아니라 "당신"이 되어야 해. 비유지. 하지만 비유에 그치지 않을지도 몰라. 물론 그것을 신화적인 지주와 혼동할 필요는 없겠지. ……아무래도, 그것에 대해 적절하게 생각이 되지는 않아.'

그때 존에게 뭔가 새로운 일이 벌어졌다. 그가 노래를 부르기 시작했다. 내가 꿈에서 들은 내용 중 기억나는 부분을 적어 본다.

형언할 수 없는 그 이름을 불러 보려 '당신'이라 중얼거릴 때,

페이디아스[1]처럼 멋대로 당신을 상상하고
턱없이 부족한 이미지로 당신을 제 마음에 받아들일 때,
제가 누구에게 기도하는지 기도를 받으시는 분만 아십니다.
기도는 말 그대로 받으면 다 신성모독
초라한 이미지로 옛날이야기 같은 꿈을 불러냅니다.
사람의 기도를 말 그대로 받으신다면 모든 사람은
지각없는 우상에게 혼자 떠들어대는 우상숭배자.
기도하는 모든 자는 그냥 두면 자기기만에 빠져
엉뚱한 대상에게 말을 겁니다.(그렇게 꾸짖은 옛 사람이 있지요.)
오로지 당신의 은혜로 인간의 기도를 적절히 받아주시고
어림짐작으로 겨냥해 사막 너머로 날아간 인간의 화살을 당신에게 돌리소서.
오, 주여. 우리의 기도를 문자 그대로 받지 마시고 당신의 그 위대한 말씀,
끊이지 않는 말씀으로 우리의 더듬거리는 비유를 번역해 들어 주소서.

자신의 입에서 나간 말을 곰곰이 생각한 존은 다시 두려워졌다. 날이 저물고 있었고 좁은 틈 안에는 이미 어둠이 깃들었다.

1 고대 그리스의 조각가. 신상神像을 많이 조각했다.

5
유상 음식

한동안 그는 조심스럽게 나아갔다. 하지만 사방이 너무 어두워서 보이지 않는 상황에서 길이 갑자기 뚝 끊어지고 허공을 밟는 영상이 머릿속에서 떠나지 않았다. 두려워진 그는 자주 멈추어 땅을 확인했고, 그럴 때마다 걸음은 점점 느려졌다. 결국 그는 발길을 멈추고 말았다. 그 자리에서 그대로 쉬는 것 외에는 다른 방법이 없어 보였다. 밤공기는 따스했지만 배고프고 목이 말랐다. 그는 주저앉았다. 이제 사방이 상당히 어두웠다.

그때 다시 한 번 어떤 '사람'이 어둠속에서 그에게 다가와 말했다. "지금 있는 자리에서 밤을 지내야 한다. 내가 빵 한 덩이를 가져왔다. 그리고 바윗길을 따라 열 걸음만 더 기어가면 절벽에서 작은 폭포수가 떨어지고 있다."

존이 말했다. "선생님, 선생님의 성함도 모르고 얼굴도 보이지 않습니다만 감사 드립니다. 앉아서 같이 드시지 않으시겠습니까?"

"나는 배부르다. 배고프지 않아. 나는 계속 갈 것이다. 하지만 한 마디만 더 하마. 너는 둘 중 하나를 선택해야 한다."

"무슨 말씀입니까?"

"오늘 네 생명이 구원받은 것은 네가 여러 이름으로 부르는 대상에게 부르짖었기 때문이다. 그래 놓고 너는 스스로에게 네가 비유를 사용한 것뿐이라고 말했다."

"제가 틀렸습니까?"

"아마도 맞을 것이다. 그러나 정정당당하게 해야지. 그 대상의 도움이 비유가 아니라면 그의 명령도 비유가 아닐 것이다. 그 대상이 너의 부름에 응답할 수 있다면, 네가 요청하지 않아도 네게 말을 걸 수 있을 것이다. 네가 그에게 갈 수 있다면, 그도 네게 올 수 있다."

"알 것 같습니다. 그러니까 제가 스스로의 힘으로 사는 존재가 아니며, 어떤 의미에서는 결국 제 위에 지주가 있다는 말씀인가요?"

"그렇다. 하지만 왜 놀라느냐? 규칙은 너의 것이자 너의 것이 아니라고 지혜가 말해 주지 않았느냐. 규칙을 지킬 마음이 없었느냐? 지킬 마음이 있었다면, 그 규칙을 지킬 수 있게 해주는 존재가 있다는 사실을 두려워할 필요가 있느냐?"

존이 말했다. "음. 제 마음을 꿰뚫어보신 것 같군요. 제가 규칙을 온전히 지킬 마음은, 그러니까 다 지키거나 늘 지킬 마음은 없었던 것 같네요. 하지만 어떤 면에서는 지킬 마음도 있었던 것 같습니다. 손가락에 박힌 가시와 같다고 할까요. 아실 겁니다. 가시를 직접 뽑겠다고 들 때, 아플 거라는 것을 알고 실제로 아프겠지요. 하지만 어찌 보면 큰 문제는 아니에요. 가시를 뽑다가 도저히 안 되겠다 싶으면 언제든 그만둘 수 있을 것 같으니까요. 꼭 그만두겠다는 말은 아니라고 해도요. 하지만 외과의사에게 치료를 맡기고 손을 내밀면 상황이 전혀 달라집니다. 아무리 아파도, 그 시간이 아무리 길어도 그의 판단에 맡겨야 하니까요."

그 사람이 웃었다. "나를 아주 잘 이해하고 있구나. 하지만 중요한 것은 가시를 빼는 일이지." 그는 떠나갔다.

6
잡히다

존은 어렵지 않게 그 사람이 말한 물줄기를 찾아냈고, 물을 마신 뒤에는 그 옆에 앉아서 빵을 먹었다. 어딘가 친숙하면서도 썩 맛있는 편은 아닌 밋밋한 맛이었지만 까다롭게 굴 처지가 아니었다. 너무나 피곤했기 때문에 조금 전에 오간 대화를 많이 생각할 수 없었다. 낯선 이의 말이 언젠가 지고 가야 할 짐처럼 존의 마음 깊은 곳에 서늘하게 내려앉았다. 하지만 당장에는 절벽과 틈새의 광경, 미덕에 대한 궁금증과, 내일은 어떤 일이 벌어질지, 이제 어떻게 해야 할지 하는 소소한 두려움이 앞섰고, 무엇보다 먹을 것이 있고 가만히 앉아 있을 수 있어서 다행이라는 생각이 그의 마음을 가득 채우고 있었다. 생각은 혼란스러운 상태로 한데 뒤엉켰고, 마침내 존은 자신이 조금 전에 무슨 생각을 하고 있었는지 더 이상 기억해 낼 수 없었다. 그는 꾸벅꾸벅 졸다가 결국 깊은 잠에 빠져들었다.

아침이 되자 상황이 돌변했다. 눈을 뜸과 동시에 소름끼치는 공포가 밀려왔다. 절벽 위 푸른 하늘이 그를 지켜보고 있었고, 뒤쪽의 바위산이 퇴로를 막아 그는 절벽에 갇힌 신세였다. 앞에 놓인 길은 계속 가라고 명령하는 듯했다. 하룻밤 새 지주—아니, 그를 무슨 이름으로 부르건—가 돌아왔고 세상을 빈틈없이 가득 채웠다. 그의 눈과 손과 음성이 보고 들을 수 있는 모든 것 가운데 깃들어 지켜보고, 가야 할 곳을 가리키고, 해야 할 일을 명령하고 있었다. 존이 앉았던 그 장소에서부터 세상 끝까지 있는 모든 것 가운데. 존이 세상 끝을 뚫고 나간다면 그분은 그곳에도 있을 터였다. 만물은 참으로 하나였다. 지혜 선생이 꿈꿨던 것보다 더 온전한 의미에서 하나였고, 한목소리로 이렇게 외치고 있었다. "잡혔어!" 존은 다시 잡혀 노예 신세가 되었다. 평생을 조심조심, 지주의 호의에 기대어 살아야 하는 신세가 된 것이다. 결코 혼자 있지 못하고 자기 영혼의 주인이 되지 못하는 신세. 사생활도 없고, "여긴 내 자리야. 여기서는 내 마음대로 할 수 있어"라고 말할 수 있는 구석이 온 우주에 단 하나도 없는 신세였다. 그 우주적인 감시의 눈길을 느끼며, 존은 거인의 손에 잡혀 돋보기 아래 놓인 작은 동물처럼 움츠렸다.

그는 떨어지는 물줄기로 목을 축이고 얼굴을 씻은 뒤 다시 길을 떠났다. 그리고 얼마 후 이런 노래를 지어 불렀다.

내 모든 나날을 향한
당신의 피할 수 없는 눈길.
아라비아 하늘의 번쩍이는 태양처럼
무시무시하고 비껴갈 줄 모릅니다.
답답한 천막 안에는 창백한 여행자들이
죽은 듯 꼼짝 않고 웅크려 있지만
그 주위로 환히, 길게 드리운 정오의 놀라운 태양이

바위들을 빛으로 두들깁니다.
오, 일곱 번 숨 쉴 때 한 번이라도
북쪽 지방의 시원한 공기를 호흡하고
옛 이교도 시절의 변화무쌍한 하늘,
성城 모양의 구름뿐이던 그 하늘을 되찾을 수 있다면!
그러나 당신은 모든 것을 아우르는 분노 가운데
모든 것을 붙잡으셨습니다. 이리저리
사방으로 날개를 부딪치지만 언제나 당신의 새장 속,
퍼덕거려 보지만 나가지는 못합니다.

낭떠러지 아래는 자주 내려다볼 엄두가 안 났다. 그래서 존은 절벽 약간 안쪽으로 시선을 고정한 채 전날 먹은 빵의 힘으로 하루 종일 걸었다. 그는 자신의 곤란한 상황을 곰곰이 따졌고 무엇이 달라졌는지 정리해 보았다. 무엇보다 지주가 돌아오면서 섬이 들어설 자리가 싹 사라졌다는 생각이 들었다. 여전히 그런 곳이 있다 해도 그는 더 이상 영혼을 다 바쳐 그것을 찾을 자유가 없고, 지주가 마련해 둔 계획을 따라가야 할 판이었기 때문이다. 아무리 좋게 봐도, 이제 중요한 것은 장소보다 사람인 듯했으므로, 그의 내면 가장 깊은 갈망이 세상의 가장 깊은 본질에 들어맞지 않는 것 같았다. 그러나 가끔씩 그는 이런 혼잣말로 스스로를 위로했다. 새로운 진짜 지주님은 집사들이 선포했던 지주나 사람들이 만들어 낸 온갖 이미지들과 상당히 다를 거야. 절대정신의 경우처럼 그분 주위에도, 잘은 모르지만 괜찮은 부분이 있을지 몰라.

7
은자

얼마 후 존은 종소리를 들었다. 소리 나는 곳을 보니 바로 옆 절벽의 동굴 속에 작은 예배당이 있었다. 그리고 '역사History'라는 이름의 은자가 거기 앉아 있었다. 얼마나 늙고 말랐던지 두 손은 속이 다 비쳤고 바람이 조금만 불어도 금세 날아가 버릴 것만 같았다.

은자가 말했다. "들어오게, 젊은이. 빵이라도 먹고 가던 길을 가게나." 존은 사방이 절벽인 곳에서 사람 목소리를 들은 것이 너무 반가워 동굴 속에 들어가 앉았다. 은자는 존에게 빵과 물을 주고 자신은 포도주만 조금 마셨다.

"어디로 가시는 길인가, 젊은이?"

"어르신, 제가 원하지 않는 곳으로 가는 길입니다. 섬을 찾아 집을 나섰다가 대신 지주님을 발견했거든요."

은자는 존을 바라보며 앉아 있었는데, 나이가 들어 몸이 떨리는 탓에 보일 듯 말 듯 고개가 끄덕였다.

존이 생각나는 대로 말했다. "똑똑한 이들이 옳았고 창백한 이들이 옳았어요. 세상에는 타고난 저의 갈증을 채워 줄 것이 없고, 섬은 결국 환각이었으니까요. 아, 깜빡했네요. 어르신이 그 사람들을 아실 리가 없는데."

은자가 말했다. "난 이 나라 구석구석을 다 안다네. 각 지역의 특징도 알지. 그들은 어디 사나?"

"도로 북쪽입니다. 똑똑한 이들은 맘몬의 영토에 살구요. 돌 거인이 땅의 주인이에요. 창백한 이들은 강인한 자들의 고원에 삽니다."

"그 지역들이라면 천 번은 가봤을 거네. 젊은 시절 행상을 하면서 안 가본 데가 없어. 하지만 말해 보게. 그들이 여전히 옛 관습들을 지키는가?"

"어떤 관습 말입니까?"

"있잖나, 그 관습들은 모두 그 땅의 주인에게서 나온 거라네. 지금은 도로 북쪽 땅의 절반 이상을 원수의 소작인들이 차지하고 있지. 동쪽 땅의 소작인은 거인이고 그 아래로 맘몬과 몇몇 다른 자들이 있네. 서쪽 고원에는 원수의 두 딸, 이름이 뭐였더라, 그래, 이그노란티아[2]와 수페르비아[3]가 있었지. 그들은 언제나 이상한 관습을 그 밑의 소작인들에게 부과했네. 그곳 소작인들이 기억나. 스토아 철학자, 마니교도, 스파르타 시민 등등 많기도 했지. 한때 그들은 밀로 만든 것보다 좋은 빵을 먹겠다는 생각을 했어. 또 언젠가는 유모들이 아기를 목욕물과 함께 버리는 이상한 의식을 지켰지. 그러다 한 번은 원수가 그들에게 꼬리 없는 여우를 한 마리 보내고는 모든 동물은 꼬리가 없어야 한다고 설득해서 그들이 기르는 개와 말과 소의 꼬리를 바싹 자르게 했지. 지금도 기억나. 자신들에 대해서는 그 관습을 어

2 *Ignorantia*. '무지'.
3 *Superbia*. '교만'.

떻게 적용시켜야 할지 몰라 곤혹스러워했는데, 한 현자가 코를 자르면 되지 않겠냐고 제안했어. 하지만 가장 이상한 관습은 따로 있었네. 다른 모든 관습이 바뀌어도 그들이 줄곧 지켰던 관습은 바로 이걸세. 무엇이건 문제가 있으면 바로잡지 않고 그냥 파괴해 버린 거지. 접시가 지저분하면 설거지를 하지 않고 깨뜨려 버렸네. 옷이 더러워지면 그냥 태워 버렸어."

"돈이 아주 많이 드는 관습이었겠군요."

"아주 거덜을 냈지. 그들은 새 옷과 그릇을 끊임없이 수입해야 했네. 아니, 모든 것을 수입해야 했어. 그것이 고원 지대의 난점이 되었지. 그들은 한 번도 자급자족할 수 없었고 앞으로도 그런 일은 없을 걸세. 늘 다른 지방 사람들에게 의존해서 살았지."

"대단한 부자들이었나 보군요."

"다들 굉장히 부유했던 사람들이지. 나는 가난한 사람, 보통 사람이 그리로 가는 경우를 본 적이 없네. 미천한 사람들이 잘못되면 대개 남쪽으로 가지. 강인한 자들은 맘몬 지방에서 온 식민지 개척자들처럼 거의 언제나 고원 지대로 가네. 내가 볼 때 자네가 말한 창백한 이들은 마음을 고쳐먹은 똑똑한 이들이네."

"예, 어느 정도는 그런 것 같습니다. 하지만 말씀 좀 해주십시오, 어르신. 강인한 사람들이 왜 그렇게 이상하게 행동합니까?"

"글쎄, 우선 그들은 아는 게 별로 없네. 절대로 여행을 안 하지. 그래서 아무것도 배우지 못해. 맘몬 지방과 그들의 고원 지대 바깥에 다른 장소가 있다는 걸 아예 모른다네. 남쪽 늪지대에 대한 과장된

소문만 듣고 자기들 땅에서 남쪽으로 몇 킬로미터만 내려가면 다 늪이라고 생각하지. 따라서 그들이 빵을 싫어하는 건 순전히 무식하기 때문일세. 맘몬 지방 사람들이 아는 거라곤 맘몬이 만드는 표준적인 빵과 그가 남쪽에서 수입해 온 달고 끈적한 케이크 몇 가지—맘몬이 반입을 허용하는 유일한 남쪽 생산물이지—가 전부야. 고원 지대 사람들은 둘 다 맘에 들지 않아 나름의 비스킷을 발명했네. 고원 지대 바깥으로 1.6킬로미터만 내려와 가장 가까운 집에서 제대로 된 빵 한 덩이를 먹어 봐야겠다는 생각은 해본 적이 없지. 아기들에 대해서도 마찬가지라네. 그 사람들은 아기를 싫어해. 그들이 아는 아기는 맘몬의 매음굴에서 생겨난 기형아들이 전부거든. 조금만 걸어 나가 보면 길에서 뛰어 노는 건강한 아이들을 볼 수 있을 텐데 말이네. 그 사람들의 불쌍한 코는 어떻고. 고원 지대에는 좋은 향이건 나쁜 향이건 그저 그런 향이건, 냄새라고 할 만한 게 없다네. 맘몬의 땅에는 향기가 나거나 악취가 나거나 둘 중 하나고 말이야. 그러니 코가 무슨 쓸모가 있는지 모를 수밖에. 8킬로미터만 가면 건초를 베고 있는 줄도 모르는 거야."

존이 물었다. "그럼 섬은 어떻습니까? 섬에 대한 그 사람들의 생각도 틀린 건가요?"

"그 얘길 하자면 길어진다네, 젊은이. 하지만 비가 내리기 시작했으니 이야기를 들으면서 기다리는 것도 괜찮겠군."

존은 동굴 입구로 가서 밖을 내다봤다. 그들이 이야기를 나누는 사이에 하늘이 어두워졌고 따뜻한 비가 쏟아지며 수증기처럼 절벽을 뿌옇게 가리고 있었다.

8
역사의 이야기

존이 돌아와 자리에 앉자 은자는 이야기를 계속했다.

"그 사람들, 섬에 대해서도 똑같은 실수를 저지른다고 보면 틀림없네. 섬에 대해 지금 유행하는 거짓말은 무엇인가?"

"그들은 섬이 하프웨이스 씨의 장치라고 말합니다. 하프웨이스 씨는 갈색 여자들을 위해 일하는 사람이고요."

"가엾은 하프웨이스! 그 사람은 아주 부당한 대우를 받고 있다네. 기껏해야 저 하늘처럼 널리 퍼져 있고 꼭 필요한(그만큼 위험하기도 하지만) 것의 지역 대리인일 뿐인데! 그리 나쁜 대리인도 아니지. 그의 노래를 침착하게 받아들여 원래 용도에 맞게 사용하면 괜찮을 거네. 물론 최대한 많은 쾌락을 끌어낼 작정으로 그를 찾아가 같은 노래를 듣고 또 듣는 사람들이 메디아의 품에서 깨어나는 거야 전적으로 본인들 탓이지."

"지당한 말씀입니다, 어르신. 하지만 제가 하프웨이스 씨를 만나기 전, 그의 노래를 듣기 전부터 섬을 보았고 갈망했다고 해도 그 사람들은 제 말을 믿지 않습니다. 그들은 섬이 하프웨이스 씨의 발명품이라고 한사코 우깁니다."

"자기 동네를 벗어나 본 적이 없는 사람들이 원래 그렇지. 그들은 마을에 맘에 드는 것이 있으면 보편적이고 영원한 것으로 여긴다네. 마을에서 8킬로미터만 벗어나도 금시초문이라는 소리를 듣는데 말이네. 또, 마을에서 맘에 안 드는 것이 있으면 편협하고 뒤떨어지고 특정 지역에 한정된 관습이라고 하지. 실은 만민법에 해당하는 것일 수도 있는데 말이야."

"그럼 모든 사람, 모든 민족이 섬의 환상을 봤다는 게 사실입니까?"

"그것이 늘 섬의 형태로 나타나는 건 아니네. 그리고 특정 질병을 물려받은 일부 사람들에게는 아예 나타나지 않을 수도 있네."

"도대체 그게 뭡니까, 어르신? 지주님과 무슨 관련이 있나요? 뭐가 어떻게 되는 건지 도통 모르겠습니다."

"그건 지주님이 주신 걸세. 결과를 보면 알 수 있지. 자네는 그것에 이끌려 지금 여기까지 이르지 않았나. 애초에 그분에게서 나온 것만이 그분에게 돌아갈 수 있네."

"하지만 집사들은 지주님에게서 나온 것은 규칙들이라고 말할 겁니다."

"집사들이라고 다 여행 경험이 풍부한 게 아닐세. 하지만 많이 다녀 본 집사들은 지주님이 규칙 외의 다른 것들도 유포시키셨다는 걸 잘 안다네. 읽을 줄 모르는 사람들에게 규칙이 무슨 소용이 있나?"

"하지만 대부분은 읽을 줄 압니다."

"나면서부터 읽을 줄 아는 사람은 없네. 그러니 우리 모두의 출발점은 규칙이 아니라 그림이라네. 그리고 평생 글을 읽지 못하거나, 아무리 애써도 잘 읽지 못하는 사람들이 자네 생각보다 많아."

"그런 사람들에게는 그림이 올바른 것입니까?"

"그렇게 말할 수는 없네. 그림만으로는 위험하고 규칙만으로도 위험하거든. 가장 좋은 상황은 어린아이일 때 마더 커크를 찾아가 규칙도 아니고 그림도 아닌 것, 지주님의 아드님이 이 땅에 가져오신 제3의 것을 갖고 사는 법을 배우는 것이지. 그것이 최선이라네. 규칙과 그림의 다툼을 처음부터 아예 모르는 것이 나아. 하지만 그렇게 되는 경우는 좀처럼 없네. 원수의 첩자들이 도처에서 활동하면서 어떤 지역에서는 문맹을 퍼뜨리고, 어떤 지역에서는 그림을 보지 못하게 한다네. 마더 커크가 명목상 통치하는 곳에서도 사람들이 규칙을 읽어 내지 못하고 늙어 가기도 한다네. 그녀의 제국은 언제나 허물어지고 있어. 하지만 완전히 허물어지는 일은 결코 없지. 인간들이 다시 이교도가 될 때마다, 지주님이 그들에게 다시 그림을 보내시고 달콤한 갈망을 불러일으켜 마더 커크에게로 인도하시거든. 오래전 진짜 이교도들을 인도하셨던 것처럼 말일세. 참으로 다른 길은 없네."

존이 물었다. "이교도들이라고요? 처음 들어보는데요?"

"자네가 여행 경험이 적다는 걸 깜빡 했군. 자넨 파구스 지역에 가본 적이 없을 테지만, 평생을 거기서 살아왔다고 할 수 있네. 파구스의 흥미로운 점은 그곳 사람들이 지주님에 관해 들어 본 적이 없다는 걸세."

"그럼 지주님을 모르는 사람이 그 외에도 많겠군요?"

"아, 그분의 존재를 부인하는 사람들이 아주 많지. 하지만 어떤 것을 부인한다는 것은 먼저 그것에 대해 들어 봤다는 소리 아닌가. 이교도들의 특이한 점은 그들이 아예 듣지 못했다는 걸세. 설령 들었다 해도 너무 오래전의 일이라 전통으로 이어지지 못한 거지. 있잖나, 원수는 실제로 지주님의 자리를 차지했고 지주님이 보내시는 소식이 소작인들에게 이르지 못하도록 엄중히 감시했다네."

"성공했나요?"

"아니. 흔히들 그자가 성공했다고 생각하지만 그건 오해일세. 그자가 지주님에 대한 엉터리 이야기들을 잔뜩 퍼뜨려 소작인들을 혼란에 빠뜨렸다고 많이들 생각하는데, 나는 물건을 팔러 파구스에 많이 가본 터라 상황이 그렇게 간단하지 않다는 걸 알지. 지주님은 많은 메시지를 전달하는 데 성공하셨네. 이것이 실제 상황이야."

"어떤 메시지였나요?"

"대부분 그림이었지. 이교도들은 읽을 줄 몰랐어. 원수가 파구스를 점령하자마자 학교를 폐쇄했기 때문이네. 하지만 그들에게는 그림이 있었어. 자네가 섬 얘기를 꺼내는 순간, 나는 자네가 무엇을 추구하는지 알았지. 지주님의 그림들 중에서 그 섬을 수십 번도 더 봤다네."

"그다음 어떤 일이 있었습니까?"

"자네의 경우와 거의 똑같은 일이 벌어졌지. 그 그림들은 갈망을 일깨워 주었네. 내 말 이해하겠나?"

"물론입니다."

"그다음에 이교도들은 실수를 저질렀지. 같은 그림을 계속 받고 싶어 했다네. 그 그림이 주어지지 않으면 직접 복사본을 만들려고 했지. 같은 그림이 주어져도 거기서 갈망이 아니라 만족을 얻어내려 했네. 다 자네가 알아야 할 얘기야."

"예, 예, 그렇군요. 그래서 어떻게 되었나요?"

"그들은 그림들에 대해 점점 더 많은 이야기를 만들어 냈고 그 이야기들이 진짜인 듯 가장했다네. 갈색 여자들에게 넘어가 자신이 원했던 것이 바로 그들이라고 애써 믿으려 했지. 그들은 남쪽 끝으로 내려갔고 일부는 마법사가 되어 마법이 바로 자신이 원한 것이라고 믿으려 했네. 그들은 별별 어리석은 짓, 해괴망측한 짓들을 다했어. 하지만 그들이 아무리 멀리 간들, 지주님은 떨쳐 낼 수 있는 상대가 아니었어. 그들이 지어 낸 이야기들이 너무 커져서 원래의 메시지를 압도하고 완전히 가려 버린 것처럼 보이는 바로 그 순간, 갑자기 지주님이 새로운 메시지를 보내시는 거야. 그러면 그동안의 온갖 이야기가 진부하게 보인다네. 그들이 욕정이나 마법 추구로 정말 만족을 얻는구나 싶은 바로 그 순간, 새로운 메시지가 도착해 옛 갈망, 진짜 갈망이 아프게 떠오르고, 그들은 '또 놓쳤구나'라고 말하게 되지."

"압니다. 그다음에는 그 주기가 다시 반복되지요."

"그렇지. 하지만 줄곧 한 민족만은 글을 읽을 줄 알았네. 목자 민족이라고 들어 봤나?"

"그 얘기는 안 하셨으면 하고 바라던 참이었습니다, 어르신. 저는 집사들이 그들에 대해 하는 말을 들었습니다. 제가 그들의 이야기를 통째로 지긋지긋하게 여기게 된 것은 무엇보다 그 대목 때문이었습니다. 목자 민족은 분명 이교 민족들 중 하나에 불과하고, 그나마 특히 매력이 없는 민족입니다. 말씀하시는 모든 것이 그 특별한 민족과 얽혀 있는 거라면……."

역사가 말했다. "그건 잘못된 생각이야. 자네와 자네가 신뢰하는 이들은 여행을 안 해봤어. 자네는 파구스에 안 가봤고 목자들 사이에서 살아 본 적도 없지. 자네가 나처럼 길에서 살다시피 했다면 두 민족이 똑같다는 말은 결코 하지 않을 거네. 목자들은 읽을 줄 알았네. 그들을 생각할 때는 그 점을 기억해야 해. 그리고 읽을 줄 알았기 때문에 지주님으로부터 그림이 아니라 규칙을 받았지."

"하지만 어느 누가 섬 대신 규칙을 원한단 말입니까?"

"자네 말은 누가 저녁 식사 대신 요리를 원하겠느냐는 질문과 같네. 모르겠나? 이교도들은 원수의 지배 아래 있었기 때문에 출발점 자체가 잘못되었네. 문법을 배우기 전에 웅변을 하겠다고 나서는 게으른 학생들 같았지. 그들에게는 발로 밟아 가야 할 길 대신 눈에 보이는 그림들이 있었네. 그래서 할 수 있는 거라곤 그저 갈망하다 그것이 채워지지 않으면 상상 속에서 타락하고, 상상에서 깨어나서 절망하고, 그다음에 또 갈망하는 것뿐이었어. 그러나 목자들은 지주님의 지배 아래 있었기 때문에 제대로 시작할 수 있었네. 두 발이 길에 들어선 거지. 지주님의 아드님이 말씀하신 것처럼, 발이 올바른 곳에 자리를 잡으면 손과 머리도 조만간 올바른 자리로 오게 되지. 그 반대로 되는 게 아니라네."

존이 말했다. "어르신은 정말 많이 아시는군요. 제가 뭐라고 대답해야 할지 모르겠습니다. 하지만 어르신 말씀은 그 지역들에 대해 제가 지금까지 들은 이야기들과 너무 다릅니다. 이교도 중에도 분명 어느 정도 진전을 본 사람들이 있을 거예요."

"그랬지. 그런 이들은 마더 커크에게 갔어. 이교도의 정의定義가 그런 거야. 그렇게 여행하다 모든 일이 잘 풀리면 마더 커크의 의자에 이르게 되고 그분 등에 업혀 협곡을 건너지. 그런 광경을 내 눈으로 직접 봤네. 하지만 어떤 것을 정의할 때는 그것의 완전한 모습을 상정하는 법. 파구스의 문제점은 그곳에 완벽한 이교도, 다시 말해 '전형'적인 이교도가 너무 드물다는 걸세. 그럴 수밖에 없지 않나? 그 그림들, 즉 문맹 상태이자 끝없는 갈망은 다른 욕망들과 너무나 쉽사리 혼동되는 탓에, 적어도 자기가 원하지 않는 것이 무엇인지 정도는 알고 있어야 본래 상태를 유지할 수 있다네. 이 갈망에서 출발해 집에 이르는 길은 하나뿐이네. 천 가지 다른 길은 광야로 이끌 뿐이지."

"하지만 목자들도 완전하지 않았습니다. 사실 그들은 아량 없고, 편협하고, 고집불통이지 않았습니까?"

"그들은 편협했네. 그들이 맡은 것 자체가 좁았어. 그건 길이었지. 그들은 그것을 발견하고 표지판을 붙이고 깨끗하게 유지하면서 보수도 했네. 하지만 나는 그들과 이교도들이 대립 관계라고 보지 않네. 그렇게 생각하면 곤란해. 진실은 따로 있네. 목자도 반쪽이고 이교도도 반쪽짜리에 불과하네. 서로가 없이는 어느 쪽도 온전하지 않고, 지주님의 아드님이 이 땅에 들어오시기 전에는 치료받을 수 없었어.

게다가, 젊은이, 자네는 어젯밤 여기서 자고 간 자네 길동무를 따라잡기 전에는 온전해지지 못할 걸세."

"미덕 말씀입니까?" 존이 물었다.

"그게 그 친구 이름이었군. 본인이 말해 주지 않았지만 난 그 친구가 누군지 알고 있었어. 그의 가문을 알거든. 그가 모르는 그의 아버지 이름은 노모스Nomos[4]인데 목자들 사이에서 살았지. 자네는 그와 피로 맺은 의형제가 되기 전까지 아무것도 못할 걸세. 그도 자네 없이는 아무것도 못할 테고."

존이 말했다. "저는 기꺼이 따라잡고 싶습니다. 하지만 제게 잔뜩 화가 나 있어서 가까이 가기가 겁이 납니다. 설령 화해한다 해도 다시 사이가 틀어질 것만 같습니다. 어찌된 일인지 우리 둘은 조금만 같이 있으면 금세 불편해집니다."

"두 사람만 있으면 늘 그럴 걸세. 둘을 화해시킬 수 있는 세 번째 사람이 있어야 하네."

"그게 누굽니까?"

"목자들과 이교도들을 화해시킨 바로 그분이네. 하지만 그분을 찾으려면 마더 커크에게 가야 해."

"비가 더 많이 내리는군요." 존이 동굴 입구에서 말했다.

"오늘밤에는 안 그칠 걸세. 아침까지 여기 머물러야겠군." 역사가 말했다.

4 그리스어로 '율법νομος'이라는 뜻.

달콤한 갈망을 환영하는 것은 위험한 일이지만
거부하는 것은 치명적인 일이다.

9
진상

곧 존이 말했다. "이 문제는 똑똑한 이들과 창백한 이들이 생각하는 것보다 훨씬 어렵군요. 하지만 섬을 믿지 않았다는 점에서는 그들이 옳았습니다. 어르신의 말씀에 따르면, 섬은 대단히 위험한 것이네요."

역사가 말했다. "이 땅에서 위험을 피할 수는 없네. 스케이트를 배우겠다면서 절대 안 넘어지겠다고 마음먹으면 어떤 일이 벌어지는지 아나? 누구 못지않게 많이 넘어지면서도 끝내 스케이트 타는 법은 배우지 못한다네."

"하지만 위험한 것뿐만이 아니라 출발점이 잘못되었다고 하셨잖아요. 목자 민족은 시작을 제대로 했다고 하셨고요."

"맞네. 하지만 출생이나 본성상 이교도라면 선택의 여지가 없네. 아예 출발하지 않는 것보다는 어디서건 출발하는 게 낫지. 그리고 대부분의 사람은 이교도일세. 그들의 첫 걸음은 언제나 그림에서 생겨난 갈망이라네. 그 갈망에는 천 가지 잘못된 오솔길이 숨겨져 있지만 한 가지 올바른 길도 있지. 스토아 철학, 금욕주의, 엄숙주의, 사실주의, 고전주의 등 어떤 구실로건 그 갈망을 깎아내리는 이들은 본인이 알든 모르든 원수의 편이라네."

"그럼 섬은 언제나 필요합니까?"

"앞에서도 말했지만, 지주님의 그림이 언제나 섬의 형태로 나타나진 않네. 그분은 다양한 그림을 보내시지. 공통적인 사항은 그림의 특정한 형태가 아니라 모종의 메시지라네. 완전히 이해할 수 없다 해도 그 메시지가 이 욕망을 일깨워 사람들이 세상의 동쪽이나 서쪽의 무엇인가를 갈망하게 만드네. 그리고 그것을 갈망하는 순간에만 그것을 갖게 되지. 하지만 그나마 금세 잃어버려 그것에 대한 갈망 자체가 갈망의 대상이 되어 버리지. 이것은 흔한 만족이나 저속한 만족과 혼동되는 경향이 있지만, 그것의 생성과 소멸의 변증법을 계속 겪으면 누구라도 참된 기쁨을 찾을 수 있는 곳까지 이를 수 있다네. 나는 여행을 다니면서 그림이 여러 모양으로 나타나는 것을 보았네. 아까 말했듯이 파구스에서는 섬으로도 나타났지. 하지만 보통은 우리보다 더 강하고 아름다운 사람들의 그림일 때가 많지. 때로는 이야기를 들려주는 그림이 나타나기도 했지. 가장 이상한 그림은 메디움 아이붐[5]에 있었네. 지주님이 탁월한 외교력을 발휘하신 덕분이었지. 원수가 이 나라에 있었기 때문에, 지주님은 정치가가 되셔야 했다네. 메디움 아이붐의 첫 번째 거주민은 파구스에서 온 식민지 개척자들이었어. 그들이 그곳에 왔던 때는 파구스 역사상 최악의 시기였지. 당시 원수는 지주님이 불러일으키는 모든 갈망을 고스란히 욕정으로 바꿔 놓는 데 완전히 성공한 듯 보였거든. 그 가엾은 식민지 개척자들의 상태가 어느 정도였는가 하면, 잠시만 공상에 잠기면 금세 검은 이미지들, 갈구하는 눈, 유방, 격렬한 키스 같은 모습들을 보게 되었

5 *Medium Aevum*. 중세.

어. 그들에게는 도저히 소망이 없어 보였네. 그때 지주님이 더없이 과감한 일을 벌이셨지. 다음 번 그림으로 숙녀Lady의 이미지를 보내신 거야! 이전에는 숙녀라는 개념 자체가 없었네. 그러나 숙녀도 여자이지. 이것은 전혀 새로운 것이었기에 원수는 무방비 상태로 허를 찔렸지. 하지만 예전부터 원수가 가장 강력한 거점이라고 자부한 것이기도 했네. 그자는 큰 충격을 받았네. 사람들은 새 그림에 열광했고 노래를 지어 불렀네. 지금까지도 그 노래들이 전해진다네. 그 그림에서 시선을 거두고 주위의 진짜 여자들을 바라보면 이전과는 전혀 다르게 보였네. 그래서 여자에 대한 평범한 사랑 자체가 거짓 만족의 또 다른 출처가 아닌 진정한 갈망의 한 형태가 되었네. 물론 지주님은 위험한 수를 쓰셨고(그분의 수는 거의 언제나 위험하다네) 원수는 늘 그랬듯 새 메시지를 뒤죽박죽으로 만들고 훼손시켰지. 하지만 그자가 바란 만큼, 또는 후대 사람들이 말한 것만큼의 성과를 거두지는 못했어. 그리고 원수가 정신을 차리기 전에, 소작인 중 적어도 한 명[6]이 그 새로운 형태의 욕망을 자연스러운 결론까지 죽 밀어붙인 끝에 자신이 진정으로 원했던 것을 발견했네. 그는 그 내용을 다 적은 뒤《신곡*Comedy*》[7]이라는 이름을 붙였지."

존이 물었다. "그럼 하프웨이스 씨는 어떤가요? 그분의 노래는 어디서 시작되었나요?"

역사가 말했다. "그때는 새로운 메시지들이 대거 도착한 마지막

6 단테-저자.

7 원문은 *La Divina Comedia.*

시기였네. 내가 세상에서 은퇴하기 직전에 벌어진 일이었어. 양식 씨의 땅이었지. 당시만 해도 양식 씨는 아주 딴판이었어. 세월이 가면서 그렇게 많이 타락한 사람은 처음 봤네. 당시에는 클랩트랩이 건설되지 않았어. 원수는 그 지역에 첩자들을 두고 있었지만 본인이 직접 오는 경우는 아주 드물었네. 맘몬이 그곳을 장악하고 새로운 도시를 건설하고 들에서 일하던 사람들을 공장 안으로 몰아넣은 것이 바로 그 무렵이었을 거네. 그로 인해 빈혈—물론 빈혈의 원인은 그 외에도 여러 가지가 있었네—과 심장 기능 약화가 엄청나게 많아졌지. 그때 지주님이 특이한 일을 하셨네. 그들에게 그 지역의 그림들을 보내신 거야. 수많은 거울을 보내신 셈이었지. 있잖나, 그분은 언제나 원수가 전혀 예상하지 못하는 일을 하시거든. 메디움 아이붐에서 숙녀의 그림들 덕분에 진짜 여자들이 달라 보였던 것처럼, 지역의 그림들을 보고 난 사람들이 진짜 경치를 보니 전혀 다르게 보였네. 그들 머릿속에 새로운 개념이 태어났고, 모든 숲과 개울과 들판에 감추어져 있으면서도 어느 정도 드러난 그 무엇, 앞으로 모습을 더 감추면서도 드러낼 그 무엇인가를 보았다네. 세상 서쪽의 섬이나 숙녀, 마음의 갈망처럼 예전부터 있던 오래된 그 무엇을 본 거야. 땅이 살아나는 듯 보였고, 이교도들의 온갖 옛 이야기들이 떠올랐고, 예전보다 훨씬 의미 있게 다가왔네. 지역의 경치 속에는 여자들도 있었기 때문에, 숙녀에 대한 옛 개념도 돌아왔지. 하나의 메시지가 죽으면 그것을 다음 번 메시지를 통해 되살려 내는 것도 지주님의 특기거든. 사람들은 소위 낭만주의Romantic라 불리는 이 세 번째 계시를 가지고 다 기억할 수도 없을 만큼 많은 노래를 지었고 많은 행위도 이루어 냈지. 많은 이들이 흔히 그렇듯 잘못된 지점에서 출발했지만 환멸에 사로잡혔다가 갈망이 다시 시작되는 과정을 거치면서 집으로 가는 길을 찾았다네. 자네가 아는 하프웨이스 씨는 그 유파의 추종자 중에서도 후대의 시원찮은 사람이지."

"낭만적 그림들의 역사는 다른 것들에 비해 명확하지가 않네요. 지주님이 정확히 무슨 일을 하신 겁니까? 원수는 또 무슨 일을 했고요?"

"이해한 줄 알았는데 아니었나 보군. 이 세 번째 방책은 어떤 면에서 가장 위대한 것이었다네. 이전의 모든 그림은 이 세상에서 볼 수 없는 것들이었지. 그래서 원수는 그것이 그림 속에만 있지 다른 곳에는 없다고, 즉 그림 자체가 사람이 원한 대상이라고 거짓말을 했지. 자네도 알다시피 그것이 우상숭배 아닌가. 그 우상에 실망하게 되면 (그럴 수밖에 없지) 다시 온갖 그럴싸한 거짓 만족에 빠져들기 십상이지. 그러나 그림 속 대상이 주변 경치가 되자, 원수는 졸지에 이 무기를 쓸 수 없게 되어 버렸네. 경치를 완전히 소유하고 있는데도 (경치를 감상하는 것 외에 달리 어떻게 소유할 수 있단 말인가) 여전히 뭔가 원하는 마음이 남아 있으니, 자신이 경치를 원했던 것이 아님을 알게 되는 거라네. 아무리 어리석은 소작인이라도 다 알 수 있었지. 우상숭배가 불가능해진 거야. 물론 원수는 정신을 차린 후 새로운 방어법을 고안해 냈네. 새로운 메시지는 우상화할 수 없었기 때문에 반대로 쉽게 과소평가할 수 있었지. 그림과 실제 풍경 사이에서 일깨워진 갈망은 야외에서 움직일 때 느끼는 평범한 쾌감과 혼동하기 쉬웠네. 원수는 그렇게 혼동하는 사람들을 가리키며 낭만주의자들이 아무것도 아닌 일로 괜히 소란을 피운다고 둘러 댔지. 자네도 예상할 수 있겠지만, 지주님이 보내 주시는 그림을 받지 못한 사람들, 따라서 그런 갈망을 느껴 보지 못하고 질투로 몸이 근질거리던 사람들은 그런 설명을 환영했다네."

존이 말했다. "알겠습니다. 그래도, 어르신께서 말씀하신 것처럼, 모든 메시지는 결국 흐릿해지고 훼손됩니다. 그렇게 되면 새로운 메시지를 찾아 나서야 하지요. 옛 계시의 쓰레기를 치우는 일에 전념하는 창백한 이들이 옳을지도 모르겠네요. 그것이 다음 계시를 준비하는 길이 될 테니까요."

"조금만 여행을 다녀 보면 금세 산산조각 날 생각이지. 그들은 지주님이 클랩트랩의 공장처럼 일하신다고 생각하네. 매일 옛 기계를 대체하는 새 기계를 발명하신다는 거지. 그들이 안다고 할 만한 게 기계뿐이다 보니 모든 것이 기계와 같다고 생각할 수밖에 없는 걸세. 그러나 이런 생각은 두 가지 오류로 이어지네. 첫째, 지주님이 얼마나 천천히 행동하시는지, 그림 유형의 큰 변화가 얼마나 엄청난 간격을 두고 이루어지는지 그들은 전혀 모른다네. 둘째, 그들은 새 것이 옛 것을 부인하고 무효화한다고 생각하네. 하지만 실제로 새 것은 옛 것을 더욱 온전히 회생시키지. 옛 메시지를 조롱하고 거부하는 일에 전념하던 사람이 새로운 메시지를 받아들이는 경우를 난 본 적이 없네. 무엇보다, 하나의 메시지가 버려지기까지 너무 오랜 시간이 걸리

거든. 세상에나, 파구스의 호메로스가 이야기 그림 중 일부를 조롱하던 기억이 나는군. 하지만 그 그림들은 이후 수천 년 동안 통용되었고 수많은 영혼들이 거기에서 양분을 얻었다네. 메디움 아이붐의 클로피넬[8]이 생각나는군. 그는 숙녀의 그림들이 그 나라에 절반도 퍼지기 전에 그것들을 조롱했네. 하지만 그의 조롱에는 새로운 메시지를 불러일으키는 힘이 없었지. 원수의 활동만 도운 꼴이었네."

10
원형과 모형

빗소리가 들리는 가운데 동굴에는 긴 침묵이 흘렀다. 존이 다시 입을 열었다.

"하지만……하지만 어르신, 저는 너무 두렵습니다. 지주님이 제게 실제로 원하시는 것이 제게 갈망하도록 가르치신 것과 완전히 다를까 봐 두렵습니다."

"지주님의 의도는 자네 생각과 아주 다를 걸세. 하지만 자네도 알다시피, 자네의 갈망이 짐작하는 갈망의 대상은 언제나 그 갈망에 부적당하네. 손에 넣기 전에는 자네가 원했던 것이 무엇인지 모를 걸세."

"지혜 어른도 똑같은 말씀을 하셨습니다. 그 부분은 이해합니다.

8 장 드 묑Jean de Meung.(1250~1305. 프랑스의 시인. 《장미 이야기》 속편의 저자. 여자와 성애에 대해 냉소적이고 풍자적인 글을 많이 썼다-옮긴이)-저자.

어르신 말씀을 다 듣고 보니, 제가 마음에 걸려 하는 건 저의 갈망들이 지주님으로부터 온 것이 아닐지도 모른다는 두려움인 것 같습니다. 세상에는 지주님이 허락하지 않으실 더 오래된 아름다움이 있지 않을까요? 그 섬이 지주님이 보내신 거라고 어떻게 입증할 수 있습니까? 앵귤러는 그렇지 않다고 할 겁니다."

"자네가 그것을 입증했네. 자네의 삶이 그 증거일세. 공상과 감각이 내놓은 후보는 모두 그 갈망의 대상이 아님이 밝혀졌고, 시험해 보니 자네가 원했던 것이 아니라고 실토하지 않던가? 자네는 아닌 것을 하나하나 제거하는 방식으로 그 갈망이 오직 한 분만 앉을 수 있는 '위험한 자리'[9]임을 발견하지 않았나?"

존이 말했다. "하지만 그 갈망은 우리가 생각하는 지주님의 모습과 너무나 다릅니다. 사실 비밀로 해두고 싶었는데, 그것은 제게 거의 육욕과 같았습니다. 여러 번 그랬어요……달콤함이 영혼에서 몸으로 흘러넘쳐……머리끝에서 발끝까지 흘러가는 것을 느꼈습니다. 똑똑한 이들의 말이 정말 옳습니다. 그건 스릴이에요. 물리적 감각이에요."

"그건 오래된 이야기지. 스릴 무서운 줄 알아야 하지만 그렇다고 너무 무서워해서는 안 되네. 스릴은 진정한 갈망의 대상을 발견했을 때의 느낌을 미리 살짝 느껴 보는 것에 불과하니까. 메디움 아이붐의 오랜 친구가 했던 말이 또렷이 기억나는군. '영혼의 환희가 육체로 흘러들어갈 것이다.'"

9 perilous siege. 아서 왕의 원탁에서 성배聖杯를 찾아낼 운명인 기사만이 앉을 수 있으며, 그 외의 사람이 앉으면 죽었다는 이야기에서 나온 표현.

"그분이 그런 말씀을 하셨어요? 저는 똑똑한 이들만 그것을 아는 줄 알았습니다. 저를 비웃지 마세요, 어르신. 아니, 원하시면 비웃으셔도 됩니다. 저는 정말 무지하고 저보다 더 무지한 사람들의 말에 귀를 기울였으니까요."

비 때문에 협곡에 황혼이 빨리 깃들어 동굴 속이 상당히 어두웠다. 존은 노인이 이리저리 움직이는 소리를 들었고, 곧 작은 등의 불빛이 새를 연상케 하는 노인의 창백한 얼굴을 비추며 나타났다. 노인은 손님 앞에 음식을 내놓고 먹고 좀 자라고 했다.

존이 말했다. "반가운 말씀입니다, 어르신. 정말 피곤하네요. 섬에 대한 질문들로 괜히 어르신을 괴롭힌 것 같습니다. 전부 오래전의 일이거든요. 처음 본 이후 섬의 모습을 보는 일은 드물어졌고 그것에 대한 갈망도 희미해졌습니다. 지금도 그것을 바라는 것처럼 이야기했지만, 이제 제 마음속에는 어떤 갈망도 없습니다."

노인은 가만히 앉아서 이전처럼 고개를 살짝 끄덕였다.

갑자기 존이 다시 입을 열었다.

"지주님이 보내신 갈망이라면 왜 시간이 가면서 없어질까요? 아시다시피, 그것은 지속되지 않습니다. 그것만 봐도 지주님이 보내신 것이 아님을 알 수 있지 않습니까?"

"그것이 인간의 사랑과 같다는 말 못 들어 봤나? 아니면 잊어버린 건가?" 은자가 물었다.

"둘이 무슨 상관이 있습니까?"

"자네가 결혼을 했다면, 하다못해 동물들의 생식만 연구해 봤어도 그런 질문은 안 할 걸세. 사랑이 어떻게 흘러가는지 모르나? 처음엔 기쁨이 오고, 그다음에 고통, 그리고 결실이 오지. 그리고 이어서 결실의 기쁨이 있지만, 첫 번째 기쁨과는 다르네. 필멸의 연인들은 첫 단계에 머물러 있으려고 해서는 안 되네. 한결같은 열정은 창녀의 꿈일 뿐, 깨어나면 절망밖에 남지 않아. 황홀감을 유지하려 해서는 안 되네. 그것은 이미 제 역할을 다 했네. 만나를 쌓아 두면 벌레가 생기지. 하지만 자네 눈에 졸음이 가득하니 얘기는 그만하는 게 낫겠네."

나는 꿈속에서 존이 동굴 안의 딱딱한 침대에 눕는 모습을 보았다. 그는 은자가 동굴 안쪽 제단의 양초 둘에 불을 붙이고 이리저리 움직이는 것을 잠결에 보았다. 예배 의식을 진행하는 것 같았다. 그리고 잠이 들려는 찰나, 존은 은자의 노랫소리를 들었다.

내 마음은 비었습니다. 갈망으로 흘러야 할
내 안의 모든 샘이 말라 버렸습니다.
내 마음의 어느 지역에도 물이 나와
바다로 흘러가는 샘이 보이지 않습니다.
나는 당신의 사랑이 허락하는 대상엔 관심이 없습니다.
헛되고 눈에 띄지도 않는 당장의 결핍을 채우고
당장의 고통에서 벗어나는 일에만 관심이 있습니다.
오, 지치지 않는 분이시여, 주무시지도 않고
졸지도 않으시는 분, 태평하게 무덤 속에
누운 나사로를 온전히 보살피신 분.

오, 제가 깨어날 때까지
저를 지켜 주소서.
제가 생각할 수 없는 것을 대신 생각하시고
제가 바랄 수 없는 것을 대신 바라신다면
내 영혼의 저급한 형상이, 지금은 비록 깊이 묻혀 있으나
죽지 않을 것입니다.
감각 없이 땅에 떨어진 씨앗도
겨우내 자라 태어날 시기가 무르익지 않습니까.
그 씨앗은 잊을지라도
하늘은 기억하여 여전히 땅에
선한 영향력을 미치기 때문입니다.
하늘이 당신의 아름다움에 이끌려 나방처럼
땅 주위를 빙글빙글 돌아가기 때문입니다.

9권

협곡을 건너

한 알의 밀이 먼저 죽지 않으면 자라나지 못할 것이다.
다른 씨앗들도 마찬가지.
땅속에 묻혀 그대로 있으면 그것으로 끝이지만
하나님의 크신 은혜로
마침내 뚫고 올라오면 우리가 그것을 먹고 산다.

랭글란드

당신이 거기 천 년을 누워 있어도
손을 펴서 당신 소유가 아닌 것을 내놓기 전까지는 잠들지 못할 거예요.
당신이 죽었다는 생각이 들어도 그건 꿈일 뿐이에요.
깨어났다는 생각이 들어도 역시 꿈이에요.
손을 펴세요. 그러면 정말 잠이 들 거예요. 그리고 참으로 깨어나게 될 거예요.

조지 맥도널드

조용히 따라오는 게 낫습니다.

경찰 금언

1
내면의 빛으로 협곡을 건너

존은 눈을 떴다. 날이 새려면 아직 한참 멀었는데 동굴 안은 촛불 백 개는 켜놓은 것처럼 밝았다. 은자는 동굴 한쪽에서 곤히 잠들어 있었고 존은 반대쪽에 누워 있었는데, 둘 사이에 한 여자가 서 있었다. 이성과 생김새가 비슷하고 마더 커크와도 닮은 그녀를 굉장히 밝은 빛이 둘러싸고 있었다.

그녀가 말했다 "난 명상이에요. 일어나서 함께 가요."

"제가 아는 명상님과 다르시군요." 존이 말했다.

그녀가 말했다. "당신이 만난 건 내 그림자 중 하나예요. 그다지 도움이 되진 않지만 해롭지도 않지요. 자, 가요."

존이 일어나자 그녀가 그의 손을 잡고 동굴 앞 바윗길로 이끌었다. 바깥은 어둡고 천둥이 치고 비가 쏟아지고 있었다. 하지만 그들은 빛의 구球 안에 있었기 때문에 바깥 어둠에서 구의 중심부로 떨어지는 빗방울이 다이아몬드처럼 환하게 빛났다. 또 구의 둘레로 떨어지는 빗방울들은 무지개 색으로 반짝였다. 존은 숙녀의 손에 이끌려 절벽 아래 갈라진 틈을 넘어 건너편 산의 골짜기를 올라갔다. 그들은 한참을 가서 (그들이 지나는 곳을 제외하면 여전히 암흑 천지였다) 바다에 이르렀다. 바다 바로 위를 미끄러지듯 날았는데, 캄캄하던 바다가 그들의 빛 안에 들어오면 지중해의 햇빛을 받는 것처럼 푸르게 변했다. 그러나 곧 주위의 어둠이 사라졌고, 거대한 빛의 바다가 그들을 에워쌌던 빛의 방울을 삼켰다. 그들 위로 하늘이 보였다. 날이 선선하고 이슬이 발을 적시는 것으로 보아 이른 아침이 된 것 같았다. 존은 앞을 보았다. 들판이 오르막을 이루고 있고 빛이 그 한복판을 강처럼 흘러가면서 강물 소리 비슷한, 그러나 더 크고 또렷한 소리를 내고 있었다. 빛은 너무 밝아서 쳐다보고 있을 수가 없었다. 그들 외에도 많은 사람이 있었다. 존은 주위를 둘러보았다. 사람들이 높은 담과 거대한 문들을 향해 다가가고 있었다. 위로 탑처럼 모여 있는 그 모양을 보자 존의 마음속 깊숙이 묻혀 있던 옛 기억이 되살아났다. 달콤하게 떠오른 기억은 살짝 불안이 섞이더니 낭패감으로 변해 파문을 이루며 그의 머릿속으로 퍼져 나갔다. 그러다 마침내 불가피하고 견딜 수 없는 확신과 함께, 오래전 퓨리타니아에서 동쪽 산 정상을 바라보았을 때의 광경이 나타났다. 삐죽삐죽 솟은 바위들. 존은 자신이 어디에 있는지 알았다. 개울 너머, 조지 외삼촌이 사라졌던 곳, 지주님의 성이었다. 검은 구덩이를 만드신 선하고 친절한 지주님의 성. 존은 숙녀의 손에 붙들린 손을 빼내려 했다. 그러나 손을 뺄 수 없었다. 그녀는 존을 이끌고 성의 문 쪽으로 갔다. 많은 사람들이 모두 같은 방향으로 이동하고 있었다. 그들의 표정에는 불길한 행복이 깃들어 있었다. 그는 명상의 손아귀에서 벗어나려 몸부림치다 비명을 질렀다. 그렇게 비명을 지르고 몸부림치면서 잠에서 깨어났다.

2
번갯불 아래 협곡 이쪽에서

동굴 안은 칠흑처럼 어두웠다. 은자의 평온한 숨소리만이 존이 어디에 있는지 알려 주었다. 기억이 돌아왔을 때 그는 벌써 동굴 밖으로 기어 나오고 있었다. 그는 어둔 바깥, 좁다랗게 돌출된 바위 위로 나왔다. 무슨 일이 있어도 돌아갈 참이었다. 두 손과 무릎이 까지도록 기더라도 상관없었다. 어떤 고생도 감수할 참이었다. 돌아갈 수만 있으면 되었다. 이대로 계속 갈 수는 없었다. 계속 가다가는 다음 번 모퉁이를 돌자마자 적의 권력 심장부로 떨어질지도 모를 일이었다. 비는 억수같이 쏟아졌고 절벽 사이로 우렛소리가 메아리쳤지만, 등의 차가운 물기가 이마의 뜨끈한 물기보다 나았다. 그는 제대로 일어나 걷지도 못했다. 새로운 공포가 이전의 공포를 몰아내지 못하고 한데 뒤엉켰기 때문이다. 그리하여 한순간 여러 환상이 주마등처럼 떠올랐다. 거미와 전갈이 가득한 검은 구덩이, 잘못된 방향으로 무시무시하게 기울어지는 좁디좁은 바윗길, 어둠 속으로 추락하면서 바위에 튕겨 내려가는 그의 몸, 가면이 벗겨진 조지 외삼촌의 끔찍한 얼굴. 번갯불의 간격이 짧아지고 뒤따르는 우렛소리도 덩달아 빨라

지면서 두려움의 춤판에 새로운 두려움이 더해졌다. 번개가 번뜩일 때마다 그가 영원히 기억할 절벽의 광경이 일시에 모습을 드러냈고, 올라오면서 느꼈던 두려움이 다시 그의 목을 조였다. 조지 외삼촌의 얼굴에 어렸던 두려움도 (협곡 바닥에 떨어져 으스러지면 자기 얼굴도 그런 모습일 거라는 생각과 함께) 다시 떠올랐다. 그렇게 덩치를 키운 두려움이 감당할 수 없을 만큼 커졌을 때, 어둠 속에서 날카로운 명령조의 목소리가 들렸다.

"돌아가요!" 존은 기절할 듯 놀랐다.

그는 온갖 두려움에 동시에 사로잡힌 채 꼼짝도 못하고 웅크렸다. 이렇게 좁은 바윗길에서 몸을 돌릴 수 있을지도 자신이 없었다.

"돌아가요. 아니면 자신이 더 나은 사람이란 걸 증명해 보시던가."

번갯불이 어둠을 열어 젖혔다가 다시 어둠 속으로 사라졌다. 존은 적수가 누구인지 보았다. 이성이었다. 이번에는 맨발이지만 여전히 갑옷 차림이었고 칼을 빼들고 있었다.

"싸우고 싶어요?" 그녀가 어둠 속에서 말했다.

존은 엎드린 자리에서 쇠사슬 갑옷을 두른 그녀의 발목을 붙잡으면 어떻게 될까 상상했다. 그러나 이성이 협곡으로 떨어지는 영상을 떠올리자 자기도 함께 떨어지는 또 다른 영상이 따라왔다.

"여기선 몸을 돌릴 수가 없어요." 말은 그렇게 했지만 칼끝이 목에 와 닿자 그는 몸을 돌렸다. 그리고 엎드린 자세로 놀랄 만큼 빠른 속도로 기어가 다시 동굴을 지나갔다. 이제 더 이상 계획이나 궁극적인 도피 같은 것은 없었다. 쫓기는 동물이 된 그는 조금이라도 추격을 따돌리려는 마음에서 이리저리 계속 사납게 움직였다. 번개 치는 횟수가 점점 뜸해지는가 싶더니 머리 위로 별이 한두 개 보이기 시작했다. 갑자기 바람이 불어 그의 얼굴에 흐르는 마지막 빗물을 훔쳐냈고, 이윽고 사방에 달빛이 비쳤다. 그러나 그 순간 존은 신음소리를 내며 뒷걸음질 쳤다.

3
암흑 속의 협곡 이쪽

그의 코앞에 얼굴 하나가 있었다. 금세 구름이 달을 가려 시야에서 사라졌지만, 존은 그것이 여전히 자신을 쳐다보고 있음을 알았다. 늙고 무시무시한 모습에 일그러지고 흉흉한 얼굴은 인간의 얼굴보다 컸다. 그것이 말하기 시작했다.

"아직도 네놈이 두려워하는 게 검은 구덩이라고 생각하느냐? 검은 구덩이는 위장막에 불과하고, 그 배후에 더 깊은 두려움이 있다는 것을 아직도 모르느냐? 사람들이 개울 너머에는 아무것도 없고 사람의 소작 기간이 끝나면 그의 이야기도 끝난다고 하는 이유를 모르겠느냐? 그 이유는, 그 말이 사실이라면 내가 아무것도 아닌 존재가 되어 무섭지 않을 거라고 생각하기 때문이다. 내가 있는 곳에는 그들이 없고, 그들이 있는 한 나는 없다고 할 수 있겠지. 그들은 네게 듣기 좋은 예언만 했다. 그러나 나는 존재한다. 네 마음 깊은 곳에서는 그 사실을 인정하지. 그렇지 않다면 왜 네 외삼촌의 얼굴에 대한 기억을 그렇게 꼭꼭 묻었겠느냐? 그것을 끄집어내기 위해 이 모든 일이 필요했던 것 아니냐? 날 피할 수 있다고 생각 마라. 날 무無라고 부를 생각 마라. 너에게 나는 무가 아니다. 나는 눈이 가려지는 것이요, 모든 방어력의 상실이요, 항복이다. 반대 급부가 있는 조건부 항복이 아니라, 저항할 힘이 사라진 무조건적인 항복이다. 어둠 속으로의 한 걸음, 모든 예방책의 실패, 완전한 위험 요소로 바뀐 완전한 무력함, 자유의 완전한 상실이다. 아무것도 두려워하지 않았던 지주님의 아드님도 나만은 두려워했지."

"나는 어떻게 해야 합니까?" 존이 물었다.

목소리가 말했다. "선택하라. 뛰어들지, 던져질지. 눈을 감을지, 눈이 가려질지. 항복할지 버틸지."

"할 수 있다면 앞쪽을 선택하겠습니다."

"그렇다면 나는 더 이상 네 주인이 아니다. 나는 너의 하인이다. 죽음의 치료법은 죽는 것. 죽는 행위로 자유를 포기하는 자는 자유를 돌려 받는다. 마더 커크에게 내려가라."

다시 달빛이 비쳤다. 존은 주위를 둘러보았다. 절벽 아래쪽에 틈의 바닥이 보였고 어두운 형체들이 거기 무리지어 있었다. 그들 한복판에 트인 공간이 남겨져 있었는데, 뭔가 물처럼 반짝거렸다. 그리고 그 옆에 누군가가 서 있었다. 존의 눈에는 그가 자기를 기다리는 것처럼 보였다. 존은 아래쪽 절벽의 표면을 살폈다. 놀랍게도 그곳은 전처럼 가파르거나 매끄럽지 않았다. 그는 두어 군데 발판을 짚어 가며 바윗길 아래로 1.5미터쯤 내려왔다. 그러다 속이 메슥거려 다시 주저앉았다. 그러나 지금 그를 괴롭히는 두려움은 차갑고 묵직한 것으로, 공포는 아니었다. 그는 곧 다시 내려가기 시작했다.

4
두려움 없이 자신을 던지라

'페카툼 아다에'[1] 바닥 중앙은 달빛을 받아 환했다. 사람들이 말없이 둥그렇게 비워 놓은 그 한복판에 왕관을 쓴 마더 커크가 홀笏을 잡고 서 있었다. 사람들은 모두 그녀를 바라보았고, 그녀는 존이 천천히 절벽을 내려오는 동쪽을 바라보았다. 그녀로부터 멀지 않은 곳에 미덕이 벌거벗은 채로 앉아 있었다. 두 사람 다 서쪽 절벽 맞은편에 반원형으로 자리 잡은 커다란 연못의 가장자리에 있었다. 연못 반대쪽에 있는 절벽은 협곡 가장자리까지 깎아지른 듯 솟아올랐다. 삼십 분 정도 깊은 침묵이 흘렀다.

마침내 어깨를 축 늘어뜨린 사람이 바위산 그림자에서 벗어나 환한 달빛을 받으며 그들 쪽으로 오는 모습이 보였다. 존이었다.

"항복하러 왔습니다." 그가 말했다.

"잘했어요. 참 멀리도 돌아서 여기까지 왔군요. 내게 맡겼더라면 몇 분 만에 건너게 해주었을 텐데. 그래도 잘 왔어요." 마더 커크

1 '아담의 죄'라는 뜻으로 '거대한 협곡'을 청함. 106쪽 참조.

가 말했다.

"제가 무엇을 해야 합니까?"

"걸치고 있는 누더기를 벗어야 해요. 당신 친구는 벌써 벗었어요. 그리고 이 물 속으로 다이빙을 해야 해요."

"맙소사. 저는 다이빙을 배운 적이 없습니다."

"배울 게 없어요. 다이빙 기술이란 새로운 동작을 하는 게 아니라 하던 동작을 멈추는 거니까요. 그냥 몸을 던지기만 하면 돼요."

미덕이 미소를 머금고 말했다. "자기를 보존하려는 발버둥을 그만두기만 하면 돼요."

존이 말했다. "물속으로 들어가는 게 전부라면, 그냥 뛰어들겠습니다."

"물속으로 들어가는 게 전부가 아니에요. 뛰어들면 목숨을 건지려다 다칠 수도 있어요. 게다가, 충분히 깊이 내려가지도 못할 거예요. 머리부터 다이빙을 해야 해요. 그래야 연못 바닥까지 곧장 닿을 수 있어요. 이쪽 면으로 다시 나오지 않을 거거든요. 물속 깊은 곳, 절벽 아래에 터널이 있어요. 그 터널을 통과해 건너편으로 나가야 해요."

'알겠다. 나를 죽이려고 이곳으로 데려왔구나.' 존은 혼잣말을 하면서도 옷을 벗기 시작했다. 옷 벗는 일이 그리 아쉽지는 않았다. 너덜너덜한데다가 퓨리타니아에서 협곡에 이를 때까지 거친 모든 곳에서 묻은 때와 피가 범벅이 되어 있었기 때문이다. 하지만 몸에 딱 달라붙어 있었기에 벗을 때 아팠고 살갗이 약간 벗겨지기도 했다. 그가 발가벗자 마더 커크는 연못 가장자리로 가라고 손짓했다. 미덕은 이미 거기 서 있었다. 물은 저 아래에 있었고, 연못에 비친 달그림자가 깊은 탄갱에서 그를 올려다보는 것 같았다. 존은 가장자리에 이르자마자 두려운 마음이 들기도 전에, 별안간 몸을 던져 넣어야겠다고 생각했다. 그런 결심 자체가 죽음의 쓴맛처럼 느껴졌기에, 최악의 상황이 이미 지나갔고 지금은 물속에 들어와 있다고 믿을 뻔했다. 그러나 아! 그는 여전히 연못가에 서 있었고 여전히 협곡 이편에 있었다. 그때, 이상한 일이 벌어졌다. 수많은 구경꾼 무리 중에서 어슴푸레한 형체들이 슬그머니 그의 옆으로 다가와 그의 팔을 붙잡고 속삭였다. 모두 예전에 알던 누군가의 유령이었다.

먼저 늙은 계몽의 유령이 다가와 말했다. "아직 시간이 있네. 여길 벗어나 내게로 돌아오게. 그러면 이 모든 것이 한낱 악몽처럼 사라져 버릴 걸세."

그다음 메디아 하프웨이스의 유령이 와서 말했다. "날 영원히 잃어도 정말 괜찮겠어요? 지금 당장은 날 원하지 않는다는 거 알아요. 하지만 영원히 그럴까요? 잘 생각해요. 배를 불태우지 말아요."

그리고 늙은 하프웨이스의 유령이 말했다. "글쎄, 이것이 자네가 늘 상상하던 섬과 무슨 관련이 있나? 돌아와서 내 노래를 들으시게. 그 노래가 어떤지 자네도 알잖아."

젊은 하프웨이스의 유령이 말했다. "부끄럽지도 않아? 남자답게 굴라고. 시대의 조류를 따라야지, 할망구의 시답잖은 이야기에 인생을 내던지면 안 돼."

지기스문트의 유령이 말했다. "너도 이게 뭔지 잘 알고 있어. 종교적 우울증이라구. 아직 시간이 있을 때 멈춰. 다이빙을 하면 광기의 한복판으로 가게 된다구."

양식의 유령이 말했다. "안전제일일세. 약간의 합리적인 경건은 인생에 보탬이 되지만 이런 구세군 사업은……원! 그 끝이 어디일지 누가 알겠나? 무한책임은 절대로 받아들이면 안 되네."

휴머니스트의 유령이 말했다. "퇴행일 뿐이오. 의무에서 벗어나려는 수작이지. 이 모든 감상주의는 처음 뛰어들 때만 어렵지, 고전적 의미의 미덕보다 훨씬 쉽소."

관대의 유령이 말했다. "젊은이, 자넨 지금 너무 흥분하고 있네. 이런 식의 갑작스런 회심과 과격한 투쟁으로는 얻을 게 없다네. 우리는 선조들이 필요하다고 생각했던 많은 것을 버려야 했지. 그것은 그들이 생각했던 것보다 훨씬 쉽고 우아하고 아름답다네."

바로 그 순간 미덕의 목소리가 끼어들었다.

"이봐요, 존. 그렇게 오래 들여다볼수록 뛰어들 마음은 더 안 들 거예요." 그 말과 함께 미덕은 머리부터 연못으로 뛰어들었고 더 이상 보이지 않았다. 그다음 존이 어떻게 다이빙을 했는지, 그때 어떤 기분이었는지 나는 모른다. 하지만 존도 양손을 비비고 눈을 감고 될 대로 돼라는 심정으로 뛰어들었다. 근사한 다이빙은 아니었지만 그래도 머리부터 들어갔다.

5
협곡을 건너

이후 꿈은 어두워졌다. 존이 연못 속, 큰 동굴 속에서 겪은 일들은 느낌으로만 남아 있을 뿐, 명확하게 기억나는 부분은 별로 없다. 존과 미덕은 물이 고여 있는 동굴과 돌바닥이 드러난 동굴들을 지나고 바위 위로 꼬불꼬불 이어진 계단을 올라갔다. 그렇게 산 내부를 통해 페카툼 아다에 너머의 땅으로 들어갔다. 존은 땅속에서 많은 신비를 배웠고, 많은 곳을 통과했고, 여러 번 죽었다. 꿈에서 깨어난 뒤에도 내 기억에 남아 있는 것이 하나 있다. 존이 여행 도중 만난 여러 사람 가운데 동굴에 나타난 이는 지혜뿐이었다. 지혜는 존이 이른 곳까지 실제로 이를 수 있는 사람은 없고 그의 모든 모험은 비유적인 것에 불과하다는 말로 그를 괴롭혔다. 그러면서 그런 장소들을 체험했다는 이야기 중에서 신화 아닌 것이 있더냐고 물었다. 그러나 그 순간 뒤쪽에서 또 다른 목소리가 들려왔다.

"얘야, 말하자면 그건 나의 신화다. 사실이 아니라 진실을 담고 있지. 현실과 거리가 있어 보이는 이미지다. 그러나 그것은 나의 신화다. 지혜의 말도 신화이자 비유지만 지혜의 추종자들은 그 실체를 모르기에, 그것이 활용해야 할 신화인 줄 모른 채 그 말의 지배를 받는다. 인간이 만든 신화에 불과한 줄 모르는 것이다. 그러나 나의 신화는 내가 만든 것이요, 나는 이것을 베일처럼 덮어 쓰고 나타나기로 처음부터 선택했다. 나는 네가 나의 얼굴을 보고 살게 하고자 네게 감각을 주었고 상상력을 주었다. 무엇을 갖기 원하느냐? 이교도들 사이에서 세멜레[2] 이야기를 듣지 못했느냐? 아니, 어느 땅을 막론하고, 곡물과 포도주가 죽었다가 살아나는 신의 피와 살임을 사람들이 몰랐던 시대가 있느냐?"

얼마 후 나팔소리 같은 것이 들리는가 싶더니 빛과 색깔이 불현듯 돌아왔고 새소리와 나뭇잎의 바스락거림이 사방에 가득했다. 존과 미덕이 땅 밖으로 나와 협곡 너머 푸른 숲으로 들어선 것이다. 그들은 수많은 순례자들의 무리에 합류했다. 두 사람처럼 물속과 땅속으로 들어갔다가 올라온 다른 이들도 맑은 물이 흐르는 강둑을 따라 서쪽으로 행진했다. 거기엔 온갖 사람들이 모여 있었다. 그들이 걷는 내내 이성이 줄곧 옆에서 말을 몰며 자연스럽게 말을 걸었고, 갑자기 나타나 놀라게 하거나 홀연히 사라지지 않았다. 그렇게 많은 길동무를 만나게 된 존은 놀라웠다. 이전에는 어떻게 그들과 마주치지 않았는지 알 수 없었다.

나는 꿈속에서 그들을 오랫동안 지켜보았다. 처음에는 그들의 목적지가 아주 멀리 떨어진 어느 장소라는 소문만 들려왔다. 그리고 한참 후, 험준한 지역과 구불구불한 골짜기를 지나온 그들이 어느 만灣의 바닷가 하얀 모래밭으로 내려오는 광경이 보였다. 그곳은 세상의 서쪽 끝이자 아주 오래된 땅이었고, 고요한 숲속 깊숙이 자리

2 제우스와 관계하여 임신한 세멜레는 헤라의 꾐에 넘어가 제우스에게 정체를 드러내라고 졸랐다가 결국 제우스의 빛나는 번개와 우레의 열로 타 죽는다. 제우스는 재가 된 세멜레를 헤집고 세멜레의 뱃속에 있던 아기 디오니소스를 키운다.

잡고 있었다. 마치 세상이 시작될 때부터 그 자리에 있어서 세상 사람 모두가 거기서 태어나 떠나온 듯한 느낌이었다. 도착한 사람들이 그곳에서 파도 소리를 들은 때는 이른 아침이었다. 아직은 시야가 흐렸지만, 수천 명의 사람이 바다를 바라보며 꼼짝 않고 서 있었다. 다른 사람들은 무엇을 보았는지 모르지만 존은 그 섬을 보았다. 그곳에서 불어오는 아침 바람에 과일 향내가 묻어났다. 향기는 이른 아침의 맑고 시원한 공기와 섞이면서 곧 희미해졌고 톡 쏘는 바다 냄새와 어우러졌다. 그러나 수많은 사람들과 함께 바라보아서인지, 존의 아픔과 갈망에 예전과는 달리 겸손이 깃들었다. 예전에는 갈망과 함께 특별한 것을 소유한 자부심, 시인의 고독한 꿈, 비밀을 간직한 데서 오는 매력 같은 달콤함이 있었다면, 이제는 옛날이야기의 교훈, 죽음 앞에서 느끼는 슬픔, 신선한 아침 들판처럼 평범하고 보편적인 것이 자아내는 달콤함으로 바뀌었다. 그 안에는 두려움도 있고 희망도 있었다. 섬은 존의 갈망과 달랐다. 그 사실을 미리 알았더라면 섬을 찾아 나서지 않았을 거라고 생각할 정도로 달랐지만, 그래도 괜찮다는 생각이 들기 시작했다.

6
그분의 뜻 안에

다른 순례자들은 어떻게 되었는지 모르겠는데, 얼마 후 잘생긴 사람이 존과 미덕 사이에 끼어들어 그들의 안내자로 임명받았다고 했다. 그의 이름은 슬리키스타인사우가[3]였다. 산에서 태어난 사람이고 시력이 매우 날카로워 그와 함께 여행하는 사람도 덩달아 시력이 날카로워지기 때문에 붙은 이름이었다.

존이 말했다. "고맙습니다. 저, 여기서부터 배를 탑니까?"

슬리키스타인사우가는 고개를 저었다. 그는 섬을 다시 한 번 보라고, 특히 섬 가장 높은 곳에 솟아 있는 바위산이나 성(그 거리에서는 잘 구별되지 않았으므로)의 모습을 잘 보라고 했다.

"보입니다." 존이 곧 말했다.

"'무엇이 보입니까?" 안내자가 물었다.

"퓨리타니아에 있을 때 지주님의 성이라 불렀던 동쪽 산 정상과 모양이 같습니다."

"모양만 같은 것이 아닙니다. 바로 그것이에요."

존은 가슴이 철렁 내려앉는 것을 느끼며 물었다. "어떻게 그럴 수가 있지요? 그 산은 극동에 있고, 우리는 집을 떠난 이후 줄곧 서쪽으로 여행했는걸요."

안내자가 말했다. "세상은 둥글어요. 게다가 당신은 세상을 거의 반 바퀴 돌았어요. 저 섬이 산이에요. 말하자면 산 반대쪽 면이고, 실제로는 섬이 아니지요."

"그럼 여기서 어떻게 갑니까?"

안내자는 피치 못하게 동물을 아프게 해야 하는 자비로운 사람

3 *Slikisteinsauga.* 숫돌눈. 고대노르드어 단어, 혹은 루이스가 만들어 낸 고대노르드어 단어일 수도 있다.

의 눈길로 그를 바라보았다.

그리고 말했다. "되돌아가야 해요. 그게 앞으로 가는 길이에요. 유일한 경로는 다시 동쪽으로 가서 개울을 건너는 거예요."

존이 말했다. "피할 수 없다면 부딪쳐야죠. 뭘 더 바라겠어요. 내가 지금까지 헛수고를 했다는 말씀이군요. 세상 절반을 돌아서 도착한 곳이 조지 외삼촌이 2~3킬로미터 걸어서 간 곳이라니."

"당신 외삼촌이 어디 도달했는지 지주님 외에 누가 압니까? 당신이 집을 떠나지 않고 개울을 건넜다면 어디 이르렀을지 누가 알까요? 내 말을 믿어요. 지주님은 당신을 가장 빠른 길로 인도하셨어요. 지도상으로 보면 우습게 보이겠지만요."

"어떻게 생각해요, 친구?" 존이 미덕에게 물었다.

미덕이 말했다. "할 수 없네요. 하지만 우린 물도 지났고 땅속도 건넜잖아요. 어떤 의미에선 우리가 이미 개울을 건넜다는 생각이 들어요."

안내자가 말했다. "언제나 그렇게 생각하게 될 겁니다. 산의 언어로 그것을 죽음이라 하지요. 죽음은 너무 질겨서 한입에 다 먹을 수가 없어요. 앞으로 생각보다 그 개울을 자주 만나게 될 거예요. 그때마다 그 개울을 영원히 건넜다고 생각할 거고요. 하지만 언젠가는 진짜 그럴 날이 올 겁니다."

모두들 한동안 말이 없었다.

마침내 안내자가 말했다. "자, 준비가 되셨으면 동쪽으로 떠납시다. 하지만 한 가지 미리 경고하겠습니다. 돌아가는 길에는 땅이 전혀 다르게 보일 거예요."

10권

~

귀향

그가 동굴로 돌아와 늘 거기 갇혀 있던 사람들과 그림자 알아보기
내기를 한다면, 그들은 그를 조롱하지 않겠는가?
동굴 밖으로 나갔다가 시력이 망가져서 돌아왔으니
밖으로 나가는 일이 무슨 가치가 있느냐고 하지 않겠는가?

플라톤

나는 인간의 영혼을 이끌고 하늘의 모든 영역을 누벼야 한다.
그리하면 영혼은 알게 되리라.
변화의 바퀴가 굴러가는 것이 얼마나 다행한 일인지.
운명은 결코 돌이킬 수 없다는 것도.

베르나르두스 실베스트리

우리가 오감을 통해 갖고 있는 지식이 없는 사람이 있다고 해보자.
……그는 목이 마르다고 금가루를 눈에 넣고, 눈이 따끔거리자 포도주를 귀에 붓는다. 배가 고프다고 입속에 자갈을 넣는다. 아프니까 쇠사슬로 몸을 감는다. 추우니까 발을 물속에 넣는다. 그러면서도 불을 보고는 겁을 먹고 멀찍이 물러난다. 녹초가 되자 빵을 깔고 앉는다. ……어떤 선한 존재가 그에게 와서 그의 주위에 있는 모든 것들의 본질과 용도를 알려 준다고 해보자.

윌리엄 로

1
같지만 다른

꿈속에서 나는 안내자가 존과 미덕을 빈틈없이 무장시키고 다시 협곡을 지나 이 땅으로 돌아오는 모습을 보았다. 그들은 협곡 이편으로 올라와 마더 커크의 의자가 있는 큰길로 나왔다. 나는 그들이 보고 있는 방향을 바라보았다. 왼편에는 황량한 고원 지대가 북쪽으로 오르막을 이루며 펼쳐지고, 좀 떨어진 곳에 양식 씨의 집이 보이고, 오른쪽에는 관대 씨의 집과 남쪽으로 쾌적한 골짜기들이 보일 거라고 생각했다. 그러나 그런 것들은 전혀 없었다. 아주 좁고 곧은 길 하나만 길게 뻗어 있었는데, 그 왼쪽으로 얼음과 안개 속에 솟아 있는 바위산들이 보이고 그 너머에는 먹구름이 있었다. 길 오른쪽에는 늪과 정글이 보이는가 싶다가 이내 먹구름에 가려 나머지는 보이지 않았다. 그러나 꿈속에선 늘 그렇듯이 나는 그곳이 전에 보았던 땅이라는 것을 알 수 있었다. 존과 미덕은 깜짝 놀라 멈춰 섰다.

슬리키스타인사우가가 말했다. "용기를 내세요. 여러분은 지금이 땅의 진짜 모습을 보고 있는 겁니다. 저 길은 좁지만 아주 길어요. 북쪽의 바위산들과 구름 너머에는 북극해가 있어요. 그 너머에는 원수의 땅이 있구요. 원수의 땅은 '사디스트 지협'*Isthmus Sadisticus*이라는 육교陸橋로 우리 땅의 북쪽과 연결되어 있고, 그 지협 한복판에는 차가운 용이 버티고 앉아 있어요. 차가운 그 갑각류 놈은 욕심이 많아 몸으로 감을 수 있는 모든 것을 감싼 다음 그것들을 다 품에 둘 요량으로 더 꽉 죄고 싶어 해요. 존, 우리가 그 지협을 통과할 때 당신이 올라가서 그놈과 싸워야 해요. 그러고 나면 당신은 강해질 거예요. 남쪽으로는 저 늪지대와 구름을 지나자마자 바로 남쪽 바다로 연결돼요. 그 바다를 건너면 '마조히스트 지협'*Isthmus Mazochisticus*이라는 육교가 나오는데, 거기에는 뜨거운 용이 기어 다녀요. 이 거대한 무척추동물이 내뿜는 불에 닿으면 모든 것이 녹아 버리고 손상됩니다. 미덕, 당신은 그놈에게 다가가 놈의 열기를 훔치고 유연해져야 해요."

존이 말했다. "이거야 원, 마더 커크가 우리에게 너무하시는군요. 그분을 따라오고 그분의 음식을 먹은 뒤부터 길은 절반으로 좁아지고 두 배나 위험해진 것 같아요."

안내자가 말했다. "아시잖습니까. 인간에게 최악의 적은 안전입니다."

미덕이 말했다. "잘될 겁니다. 출발하지요."

그들은 길을 떠났다. 미덕이 노래를 불렀다.

너는 하나님에게 맞서는 유일한 세력
오, 영들 사이에서 어둡게 타오르는 섬, 십품 타락 천사,
쑥, 불멸의 사탄, 아흐리만[1]
너는 비길 바 없는 분 다음가는 유일한 자요
그분의 불에서 튀어나온 본질적인 불.
그러나 자아라는 빛 없는 용광로에 갇혔다.
너를 에워싼 일곱 차단 벽, 그 안에서 되튀는 열기 속에서 맹렬히 타오른다.
하늘에 맞서는 너의 힘은 바로 거기서 나오는 것.
그러므로 영원한 사랑의 절제 아니면
생각할 만한 것은 무제한의 음욕뿐.
다른 모든 것은 욕망의 초라한 변장.
땅으로 보여도 결국 지옥 아니면 천국. 하나님은 존재하시고 그대도 존재하지만
나머지는 환상이다. 인간의 올바른 삶은 오직
불길 없는 하얀 빛이신 아버지를 투명하게 비추는 유리가 되는 것.
그것 외에는 모두 너의 욕망에 녹아 불투명해진 비너스,
거센 불 속에서 굶주리는 지옥의 비너스!
"주여, 제 약한 눈이 이것을 너무 자주 보지 않게 하소서."

1 조로아스터교의 선한 신神 아흐라 마즈다에게 맞서는 악마. 전악全惡의 원리.

2
합성 인간

길을 가면서 미덕은 양식 씨 집의 흔적이 남아 있을까 하여 길가를 살폈지만 아무것도 없었다.

안내자가 말했다. "이 땅은 두 분이 지난번 이곳을 지날 때와 똑같아요. 하지만 이제는 두 분의 눈이 달라졌어요. 이제 두 분은 실재가 아닌 것은 보지 못해요. 양식 씨는 존재가 거의 없는 것이나 마찬가지고 겉모습도 희미하기 그지없어 이제 여러분에게 보이지 않아요. 그런 티끌은 두 분의 눈을 성가시게 하지 않을 거예요."

미덕이 말했다. "놀라운데요. 그 사람, 나쁜 사람일지는 모르지만 그래도 내용과 원칙이 있는 악이라고 생각했거든요."

안내자가 말했다. "그가 가진 모든 것은 이전에 그 집에 살던 선임자들 것이었어요. 양식 씨에게는 절제의 모양이 있었지만 그 출처는 에피쿠로스였고, 시詩의 외양의 출처는 호라티우스였어요. 그의 집에는 옛 이교도의 위엄이 좀 남아 있었지만 그것은 몽테뉴의 것이었지요. 그의 마음이 한동안 따뜻하게 느껴진 것은 라블레에게서 열기를 빌려왔기 때문이었어요. 그는 조각조각을 기워 붙인 사람이었어요. 그의 것이 아닌 것을 빼버리면 아무것도 남지 않지요."

미덕이 말했다. "하지만 다른 사람들에게 배운 것이라 해서 자기 것이 안 되는 건 아니지 않습니까."

"그는 배우지 않았어요. 구호만 따온 거예요. 에피쿠로스처럼 절식에 대해 말했지만 실은 대식가였어요. 몽테뉴에게서 우정에 대한 말을 가져왔지만 친구는 없었어요. 그는 선임자들이 실제로 무슨 말을 했는지도 몰랐어요. 평생 호라티우스의 송시頌詩 한 편 진지하게 읽지 않았어요. 양식 씨는 '네 뜻대로 하라'는 라블레의 말을 인용했지요. 하지만 그는 명예를 지켜야 한다는 조건 하에 라블레가 텔레마의 수사들에게 그런 자유를 주었고, 그런 조건 하에서만 법으로부터 자유롭다고 말했다는 사실을 몰라요. 라블레의 그 말이 옛 시대의 한 위대한 집사가 한 말 "사랑하라, 그리고 뜻대로 하라"[2]에서 따왔다는 것도 모르지요. 게다가 그 집사는 "모든 율법과 예언자들의 말씀이 이 두 계명에서 나온 것이다"[3]라는 그의 주인의 말씀을 줄여 말한 것뿐인데, 양식 씨가 그 사실을 알 리가 없지요."

3
림보

내 꿈은 계속되었다. 존은 길 오른쪽을 둘러보다 늪지대 한복판에 버드나무가 있는 작은 섬을 보았다. 섬에는 검은 옷을 입은 노인들이 앉아 있었고, 그들이 내는 한숨 소리가 그의 귀에까지 들렸다.

안내자가 말했다. "저곳은 전에 당신이 지혜의 골짜기라 불렀던 곳입니다. 하지만 지금 우린 동쪽으로 가고 있으니 저곳을 '림보'라

2 *Habe caritatem et fac quod vis.*
3 마태복음 22:40, 우리말성경. 두 계명은 하나님을 사랑하고 이웃을 사랑하라는 계명을 말한다.

불러도 되겠군요. 검은 구덩이의 어슴푸레한 현관이라고 해도 좋구요."

존이 물었다. "저기엔 누가 삽니까? 그들은 어떤 고통을 당하나요?"

"극소수의 사람들만 살아요. 모두 나이 든 지혜 씨 같은 사람들이에요. 영혼의 깊은 갈망을 생생하고 순수하게 유지했지만 교만이나 나태, 소심함 같은 치명적 결함 때문에 그것을 채울 수 있는 유일한 수단을 끝까지 거절했어요. 갈망을 채우는 일은 불가능하다고 스스로를 설득하기 위해 엄청난 수고를 했지요. 그 수가 극소수에 불과한 것은 늙은 지혜에게 충실한 아들이 별로 없기 때문이지요. 그를 찾아온 대다수 사람들은 더 나아가 협곡을 건너거나, 명목상의 아들로 남아 있으면서 지혜가 먹는 것보다 훨씬 못한 음식을 몰래 다시 먹지요. 저들이 사는 곳에서 오래 머물려면 이상한 힘과 이상한 약점이 다 있어야 해요. 이루어질 가망 없는 열망 속에서 영원히 사는 것이 저들의 운명이자 고통입니다."

"그런 고통을 겪게 하시다니, 지주님이 좀 가혹하신 거 아닌가요?"

안내자가 대답했다. "전해 들은 말로 대답할 수밖에 없네요. 고통은 지주님이 당신 종족과만 공유하신 비밀이니까요. 내 종족과는 공유하지 않으셨지요. 당신이 고통을 내게 설명하려면 내가 산山 사람들의 비밀을 여러분에게 설명하는 것만큼이나 어려울 거예요. 이 부분에 대해 가장 잘 아는 사람들은 이러더군요. 자유로운 사람이라면 이 갈망의 고통이 영원할지언정 그것을 더 이상 느끼지 않는 평안을 선택하진 않을 거라고. 가지는 것이 최선이라면 원하는 것은 차선이고 원하지 않는 것은 최악이라고."

존이 말했다. "알겠습니다. 원하는 것은 고통스럽지만 우리가 경험하는 다른 어떤 것보다 귀하지요."

"음, 예상대로 당신은 나보다 더 잘 이해하고 있군요. 하지만 그것이 전부는 아니에요. 지주님은 저들을 희망 없는 상태로 살아가도록 저주하지 않으셨어요. 희망을 버린 건 그들이에요. 지주님은 그와 반대쪽에서 개입하십니다. 이루어질 가망 없는 갈망을 그냥 내버려 두면 곧 거짓 만족에 빠져들 테고, 저 영혼들은 자유의지를 발휘해 그 갈망을 따라가다 검은 구덩이의 밑바닥, 훨씬 더 어두운 영역으로 떨어질 겁니다. 지주님이 하신 일은 그것을 그 자리에 영원히 고정시켜 놓으신 겁니다. 그분의 솜씨로, 그 갈망은 채워지지도 않지만 변질되지도 않습니다. 그분의 사랑과 진노가 하나라고들 하지요. 검은 구덩이 속 일부 장소의 경우에는 과연 그런지 확인할 길이 없습니다. 그냥 그렇다고 믿을 따름이지요. 하지만 버드나무가 드리운 저기 저 섬의 경우엔 당신이 그것을 눈으로 직접 볼 수 있지요."

"아주 잘 보입니다." 존이 말했다.

그러자 안내자가 노래를 불렀다.

자비로우신 하나님은
지옥의 정해진 고통을 만드셨네.
불행이 거기 머물게 하셨네.

자비로우신 하나님은
영원한 경계를 정하시고
불행의 물결이 더 이상 굽이치지 못하게 하셨네.
자비로우신 하나님은
지옥의 정해진 고통을 만드셨네.

4
검은 구덩이

존이 말했다. "그럼 결국 오래전에 집사가 말했던 검은 구덩이가 진짜 있는 거군요."

"그쪽 집사가 뭐라고 말했는지는 모릅니다만, 검은 구덩이는 있습니다."

"그래도 지주님은 '더없이 친절하고 선하신' 분이라는 건가요!"

"당신은 원수의 사람들 속에 있었어요. 근래 원수가 지주님을 비난하는 근거로 자주 들먹이는 말이 바로 잔인하다는 거죠. 원수다운 모습이에요. 사실 그자는 머리가 둔하거든요. 그자는 지주님에 대해 정말 그럴 듯한 비방을 내놓은 적이 한 번도 없어요. 잔인하다는 비난은 누구라도 반박할 수 있습니다. 지주님의 인품에 정말 흠을 내고 싶다면 그보다 훨씬 강력한 주장이 있지요. 그분이 상습적인 도박꾼이라고 말하는 쪽을 택해야죠. 그것도 사실은 아니지만 그럴듯하기는 해요. 지주님이 위험을 감수하시는 건 부인할 수 없으니까요."

"그분이 잔인하다는 비난에는 뭐라고 답하는 겁니까?"

"막 그 이야기를 하려고 했어요. 지주님은 쇠사슬로 묶인 노예들이 아닌, 자유로운 소작인들과 함께 이 땅을 운영하는 위험을 감수하셨어요. 그들은 자유로운 존재이기 때문에 금지된 장소에 들어가거나 금단의 열매를 먹는 것을 막을 방법은 없어요. 그들이 그렇게 해도 어느 정도까지는 지주님이 손을 쓰시고 잘못된 습관을 끊게 하실 수 있어요. 그건 당신이 잘 알 거예요. 하지만 산山사과를 너무 오래 먹으면 어떤 것으로도 그것에 대한 갈망을 치유할 수 없게 돼요. 그리고 산사과가 뱃속에 낳는 벌레들 때문에 자꾸만 더 먹게 됩니다. 어디라고 꼭 집어 말하기는 어렵지만, 넘어가면 돌아올 수 없는 지점이 있다는 것은 알 수 있어요."

"하지만 지주님이 하실 수 있는 일이 있지 않나요?"

"지주님은 모순된 일은 하실 수 없어요. 무의미한 문장 뒤에다 '지주님이 하실 수 있다'는 말을 갖다 붙인다고 해서 그 문장에 의미가 생기지는 않아요. 그리고 사람이 자기 자유의지를 발휘해 어떤 일을 할 수 없게 만들었는데, 그 일을 자유롭게 하게 만든다는 말은 무의미해요."

"알겠습니다. 하지만 그 불쌍한 사람들은 충분히 불행하잖아요. 거기다 검은 구덩이를 추가할 필요는 없어요."

"지주님이 검은 상태를 만드시는 게 아니에요. 검은 상태는 산사과 맛이 벌레 먹은 의지를 만들어 낸 모든 곳에 이미 존재해요. 구덩이는 뭘 의미할까요? 뭔가가 끝나는 지점이지요. 검은 구덩이는 에워싸이고 한계 지어진 검은 상태입니다. 지주님은 바로 그것을 위해 검은 구덩이를 만드셨어요. 이 세상에 최악의 것을 주신 거예요. 하지만 악 그 자체는 결코 최악의 것이 되지 못해요. 악은 계속 분열하고 번식하니까요. 영겁의 세월이 지나도 자기 번식을 막을 길을 찾지 못할 테니까요. 그럴 수 있다면 더 이상 악이 아니겠지요. 형식과 한계는 선에 속하는 것이거든요. 검은 구덩이의 벽은 지혈대에요. 죽지도 못하고 피만 흘릴 잃어버린 영혼의 상처에 덧댈 지혈대. 그것은 지주님이 어떤 조처를 취하는 것도 허락하지 않는 이들에게 베푸시는 마지막 배려입니다."

안내자는 그렇게 말한 다음 노래를 불렀다.

쓰러진 자들은 간발의 차이로 서지 못한 자들.
뒤돌아보면
언제나 눈에 밟히는
잘못된 그 한 걸음.
아직 사로잡히지 않았던 발이
아주 조금만 달리 움직였다면,
가장 작은 발 근육이 아주 조금만 움직였다면,
그 길에서 구원받을 수 있었을 것을.
서 있는 자들은 거의 쓰러질 뻔한 자들.
뒤돌아보고 알게 된다네. 두렵고 가슴 서늘하게.

자신이 사이렌의 땅을 참으로
아슬아슬하게 스치고 지나갔다는 것을.
거미줄처럼 가느다란 차이로
운명이 갈렸다는 것을.
너무나 작은 선택으로 따라온
너무나 큰 사건.
그러므로 오, 인간이여 두려워하라.
오래된 두려움이 사실이 아닌지.
너무나 분명해 보이는 길을 너무 멀리 쫓아가
한번 건너면 영원히 돌아올 수 없는
머리카락 굵기만큼의 경계를
자기도 모르게 넘지 않았는지.
머리카락 굵기만큼 확실히 넘어 버리지 않았는지.

5
수페르비아

그들은 더 나아가다가 왼쪽에 있는 바위들 가운데 사람의 뼈대처럼 보이는 것을 보았다. 가까이 다가가서 보니 뼈대 위에는 살갗이 덮여 있고 해골의 눈구멍에는 눈이 이글거리고 있었다. 해골은 거울처럼 보이는 물체를 이리저리 긁어 대고 야단법석을 떨었는데, 잘 보니 바위였다. 굶주린 생물의 반복된 동작으로 바위는 먼지 한 점, 이끼 하나 없이 반질반질했다.

안내자가 말했다. "원수의 딸이에요. 이름은 수페르비아[4]. 여러분이 지난번에 봤을 때는 아마 창백한 세 사람의 모습을 하고 있었을 거예요."

그들이 곁을 지나가자 여자는 쉰 목소리로 이런 노래를 불렀다.

고원을 깨끗이 긁어냈다. 더러운 땅에서
부정한 땅, 다산의 땅, 크디 큰 어머니 땅,
제멋대로 늘어진 채 나른하게 팔다리를 벌린 생물이여,
넓적한 얼굴의 방탕한 노예, 노예 아내마냥
추잡하게 몸이 달아 부끄러운 줄도 모르고
음탕한 태양에게 천 개나 되는 자궁을 무방비로 여는구나.
그 더러운 땅에서 이제 내 바위를 깨끗하게 씻었다.
여기서는 어떤 것도 뿌리내리지 못하고 어떤 풀도 자라지 못해.
그러나 굶어죽을지언정
비속한 것, 불결한 것은 하나도 먹지 않았다.

나는 굶어서 더러운 살을 제거했다.
내 고상한 뼈에 붙은 뜨거운 살, 눅눅한 살, 기생하는 피부병을.
젖통 달린 짐승이었던 나는 가슴에서

4 *Superbia*. '교만'

아이도 떼어냈다. 그 아이도 살덩이였기에.
몸의 하수구를 통해 불순한 대를 잇고
감염이 이루어지듯 품게 된 살.
이제 나는 아이를 가질 수 없는 몸. 그러나 누구도 의심 못하리.
내가 깨끗하다는 사실, 내 부정이 지워졌다는 사실을.

내 영혼(한때 더러웠지만) 이제 단단하고 순결하고 밝은
강철 거울. 거기엔 어떤 눅눅한 숨도 불지 않으니 데워질 일 흐
려질 일 없다. 누구든 거기 손대면
손가락이 얼어 버리리라. 내 영혼은 광물의 영혼.
광물은 아무것도 먹지 않고 배설물도 내놓지 않지.
그래서 나는, 아무것도 빌리지도 갚지도 않고
자라나지도 썩지도 않은 채
나에게 나는 필멸의 하나님, 모든 것을 갖춘
창문 없는 모나드[5]. 빛진 것도 없고 얼룩도 없다.

존과 안내자는 황급히 지나갔지만 미덕은 주저했다.

그가 말했다. "저 여자의 방법은 잘못되었을지 몰라도, 추구하는 목적은 일리가 있습니다."

5 '1'(하나) 또는 '단위'를 뜻하는 그리스어 모나스μονάς에서 유래한 말. 플라톤은 형이상학적으로 실재성의 측면에서 하나이고 자기 자신과 동일하며 부식하지 않는 이데아를 가리키기 위하여 이 용어를 사용함.

"무슨 목적 말입니까?" 안내자가 물었다.

"자급자족, 떳떳함. 남에게 기대지 않는 자세 말이에요. 이것저것 다 따져 보면, 모든 생리 작용에는 분명 더러운 부분이 있어요."

안내자가 말했다. "생각을 잘 하셔야 해요. 회개와 혐오감을 혼동하지 마세요. 회개는 지주님이 주시는 거지만 혐오감은 원수로부터 오는 거예요."

"하지만 혐오감 때문에 많은 사람이 더 심한 악에서 벗어났습니다."

"지주님의 능력으로 가끔씩 그런 일이 일어나기도 합니다. 하지만 그런 결과를 기대하고 일을 벌이지는 마세요. 한 가지 악덕으로 다른 악덕에 맞서 싸우는 것은 더없이 위험한 전략입니다. 외국인 용병을 쓰는 나라에 어떤 일이 벌어지는지 아시지요."

미덕이 말했다. "그 말씀이 옳은 것 같군요. 하지만 이 느낌은 아주 뿌리가 깊어요. 육체를 수치스럽게 여기는 것이 완전히 잘못된 건가요?"

"지주님의 아드님은 수치스러워하지 않으셨습니다. 이런 구절 아시지요. '당신은 인간을 구원하고자 친히 몸을 입으셨나이다.'"

"그건 특별한 사례잖아요."

"원형적인 사례라서 특별해진 거예요. 아무도 말해 주지 않던가요? 그 귀부인Lady은 모든 아비 된 자들 앞에서 모든 출산하는 이들을 대표하여 말하고 행동했다는 것을? 그녀는 동쪽의 성이나 서쪽의 섬이 아니라 이 땅을, 형상이 아니라 질료를, 능동성이 아니라

수동성을 대표해서 말하고 행한 거예요. Mother(어머니)라는 단어가 Matter(질료)와 비슷하지 않은가요? 그분이 자신의 여종의 비천을 돌아보셨다[6]고 그녀가 말했을 때, 당신이 영 거북하게 여기는 따뜻함과 축축함과 생식력, 온갖 어두운 것들, 무거운 것들, 무수한 것들을 아우르는 이 땅의 전부가 그녀의 입술을 통해 말한 거예요. 그 귀부인이 어머니면서도 지주님의 여종이었다면, 자연이 인간의 감각에 불결하게 느껴질지 몰라도 실제로는 깨끗하다는 것을 의심할 필요가 없어요."

미덕이 수페르비아로부터 고개를 돌리며 말했다. "음. 잘 생각해 보겠습니다."

안내자가 말했다. "한 가지는 알고 있는 게 좋겠네요. 지주님은 여러 가지 미덕을 주시지만, 체통을 지키는 건 거기 포함되지 않습니다. 당신네 나라에서 통용되는 농담들이 우리나라에서 거의 통하지 않는 것도 그 때문이에요."

그들은 다시 여행을 계속했다. 미덕은 노래를 불렀다.

계속되는 오류로 끝없이 다시 태어나는
교만 때문에
매시간 나는 비밀 거울을
들여다보며

6 누가복음 1:48.

온갖 자세를 잡습니다.

근사한 모습으로 보이려고.
당신은 포도를 주십니다. 그런데 나는
굶주렸으면서도
내 하얀 손 위에 놓인
차가운 포도 알들이 더럽다고 생각합니다.
그리고 싱싱한 송이가 시들 때까지
그저 바라만 봅니다.

이런 식이라면 나는 나르키소스 같은 결핍으로
금세 죽어야 할 겁니다.
그러나 거울 속에 비친 내 모습은
악몽 속에서 마주칠 법한 형상입니다.
그 모습을 보니 교만이 설 자리가 없어집니다.

그제야, 그제서야 나는 뻣뻣한 목을 돌리고
불타 녹아내립니다.
그리고 알게 됩니다.
누가 그 거울을 만들었는지. 거기 비친 희미한 내 모습은
그분의 빛에 감히 견줄 수 없을 만큼 어둡고
그분의 아름다움에 비하면 추하디 추하다는 것을.

그리하여 자기 사랑이 죽고
절망 가운데 사랑이 태어납니다.

6
이그노란티아

나는 계속 꿈을 꾸었다. 세 사람은 길고 좁은 길을 따라 여행을 계속했다. 길 왼쪽에는 바위들이, 오른쪽에는 늪이 있었다. 그들은 많은 이야기를 나누었는데 잠에서 깨어 보니 그중 일부밖에 기억나지 않았다. 기억나는 부분만 말해 보면, 그들이 수페르비아를 떠나 몇 킬로미터 정도 갔을 즈음 그녀의 자매 이그노란티아 곁을 지나가게 되었다. 그녀를 본 순례자들은 강인한 자들과 똑똑한 자들의 무지가 과연 치료될지 안내자에게 물었다. 그는 그럴 가능성이 어느 때보다 낮다고 대답했다. 그리고 최근까지 북쪽 사람들이 파구스의 언어를 배운 일의 의미를 이렇게 설명했다. "적어도 그들은 옛 이교도들이 받았던 빛에서 그리 멀지 않은 지점에서 출발했고, 마더 커크에게 이를 가능성이 있었지요. 하지만 이제는 그런 우회로조차 차단해 버리고 있어요."

"왜 그렇게 달라진 겁니까?" 순례자 중 한 사람이 물었다.

"여러분이 양식이라 부르는 허깨비가 옛 집을 떠나 호텔에서 자족[7]을 실천하게 된 이유가 뭐였죠? 드러지가 들고 일어났기 때문이죠. 같은 일이 고원 지대와 맘몬의 땅에서도 벌어지고 있어요. 그들의 노예들이 북쪽으로 달아나 난쟁이가 되고 있고, 주인들은 모든 관심을 기계 장치로 돌리고 있어요. 기계 장치에 기대어 노예 없이도 이전의 생활을 이어 갈 수 있기를 바라는 거죠. 그들은 그 일을 너무나 중요하게 여긴 나머지 기계에 관한 지식을 제외한 모든 지식을 억누르고 있어요. 제가 말하는 건 밑에서 땅을 부쳐 먹는 소작인들 얘기예요. 큰 땅을 차지하고 배후에 있는 자들은 나름의 꿍꿍이가 있어서 이런 흐름을 부추기지요."

미덕이 말했다. "이 혁명에는 뭔가 좋은 면이 있을 거예요. 그냥 악이라고 말해 버리기엔 너무 견고하고 오래 지속되잖아요. 좋은 점이 하나도 없는데 지주님이 자연의 모습과 생명의 구조 전체가 이토록 영구적이고 근본적으로 바뀌도록 허락하실 리가 없지 않아요?"

안내자가 웃었다. "당신은 그들과 같은 오류에 걸려들었어요. 이 변화는 근본적이지 않고 영구적이지도 않을 거예요. 그런 생각의 진원지는 그들 모두가 걸린 희한한 질병입니다. '광고 불신능력 결핍증'이지요. 물론 기계가 약속한 결과를 내놓는다면 정말 근본적인 변화가 일어날 겁니다. 다음번 전쟁으로 그들 나라의 상태가 질병에서 죽음으로 바뀌는 식으로 말이에요. 그들도 이것을 두려워하지요. 하지만 그들 대부분은 나이가 들 만큼 들어 치약이나 화장품이 그렇듯

7 αὐτάρκεια. 퀴닉 학파와 스토아 학파에게 자족自足은 현자賢者의 이상理想이다.

총도 제작자들이 장담하는 성과를 내지 못하리라는 것을 경험적으로 압니다. 그들이 만든 모든 기계도 마찬가지예요. 노동력 절감 장치들은 허드렛일을 몇 배로 늘려 놓았고, 최음제는 그들을 발기불능으로 만들었고, 오락은 일상을 더욱 지루하게 만들었고, 신속한 식품 생산으로 인구의 절반이 굶주리게 되었고, 시간 절약 장치들로 여가가 사라져 버렸어요. 근본적인 변화는 없을 거예요. 변화의 영속성에 대해 말하자면, 모든 기계가 얼마나 빨리 망가지고 사라지는지 보세요. 검은 고독은 언젠가 다시 초록이 될 거예요. 제가 본 모든 도시 중에서 이런 강철 도시들이 가장 먼저 급속히 무너질 겁니다."

그리고 안내자는 노래를 불렀다.

철이 세상의 오래된 아름다움을 집어 삼키리라.
대들보와 격자판과 지지대가 일어나고
엔진들로 이루어진 강철 숲이 일어나
쇠갈고리 망을 이루리라. 아무리 찾아도
초록과 성장은 없으리. 하늘의 이 끝에서 저 끝까지
허풍과 거짓만이 가득할 테니.
(아담이 돌이킬 수 없는 그날의 사과를 먹었을 때, 당신은
죽음 너머로 죽은 자들의 부활을 보셨습니다.)

아우성이 지혜의 음성을 깨끗이 잠재우고
인쇄기들이 날개를 퍼덕거려

마음의 양식을 더럽히리. 하피[8]의 날갯짓으로
어리석은 것들이 하루 종일 사람들의 머리를 채우면
독수리 같은 고고한 생각도 맥없이 길들여지리.
새장 속에서 앵무새처럼 노래해
어둠의 왕들을 기쁘게 하리.
(이스라엘이 이집트로 내려가 당한 속박도
거기서 나옴도 모두 하나님의 뜻이었습니다.)

새 시대, 새 기술, 새로운 윤리와 사상
그리고 이어지는 바보들의 부르짖음. 새로운 것이 시작되었으니
멈추지 않고 계속 이어질 것이다!
바퀴가 빠르게 굴러가니 앞으로도 영원히
더 빠르게 굴러갈 것이다. 옛 시대는 끝났고,
우리에겐 새 빛이 있다. 해 없이도 세상을 본다.
(그들은 산을 깎고 바다를 말려 버립니다만
당신은 참 신이시니 어찌 변하시겠습니까?)

8 Harpy. 그리스 로마 신화에 나오는 괴물. 여자의 머리와 몸에 새의 날개와 발톱이 있다.

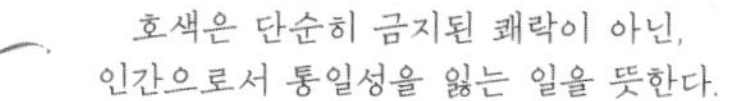

7
룩수리아

그 후 존이 고개를 들어 보니 저 앞 길가에 어떤 생물체들이 모여 있었다. 길이 너무 길고 황량했던 터라 (게다가 발도 아파서) 관심을 끌 만한 것은 무엇이라도 반가웠다. 존은 새로운 광경에 흥미를 느끼고 눈길을 보냈다. 가까이 다가가 보니 그것은 사람의 무리였다. 여기저기 누운 자세가 하도 희한하고 형체가 훼손되어 사람으로 알아보지 못했던 것이었다. 더욱이 장소가 길 남쪽인지라 지면이 질척거리는 탓에 몸이 반쯤 물에 잠긴 이들도 있고 갈대에 가려진 이들도 있었다. 그들 모두 몸이 부스러져 해체되는 병을 앓고 있는 듯했다. 그들의 몸속에서 펄떡거리는 물체들이 정말 한 몸인 게 맞는지 의심스러웠다. 그러나 얼마 후 존은 확신할 수 있었다. 어떤 사람의 팔에서 혹처럼 자란 덩어리가 그의 눈앞에서 서서히 별개의 덩어리로 커졌다. 금방 분리되지는 않았지만 모체로부터 분리 가능한 상태의 통통하고 불그레한 생물이 되었다. 그 광경을 보고 나자 그의 눈이 열리면서 주위에서 똑같은 일이 벌어지는 것이 시야에 들어오기 시작했다. 거기 모인 무리 전체는 몸에서 파충류 같은 생명체들이 솟아나 빠르게 터져 나오는 분수였다. 그러나 각 사람의 고뇌에 찬 눈은 살아 있었고, 벌레들을 키워 내는 분수에 불과하면서도 여전히 자의식을 갖고 살아 있는 생명들이 존에게 말로 표현할 수 없는 메시지를 보내고 있었다. 얼굴이 거의 사라지고 입과 눈만 남은 한 늙은

불구자는 허리를 세우고 앉아 한 여자가 입술에 대 주는 잔에서 뭔가를 받아 마시고 있었다. 그녀는 그가 충분히 먹었다고 생각했는지 그의 손에서 잔을 낚아채어 다음 환자에게로 갔다. 피부는 검었지만 그녀는 아름다웠다.

안내자가 말했다. "꾸물대지 말아요. 여기는 대단히 위험한 곳입니다. 빨리 벗어나는 게 나아요. 이곳은 룩수리아[9]입니다."

그러나 존의 눈은 마녀가 방금 음료수를 건네러 간 젊은이에게 머물렀다. 겉으로 볼 때 젊은이는 병에 걸린 것 같지 않았다. 그의 손가락이 뭔가 불쾌하고 의심스러웠다. 손가락은 관절 부위가 지나치게 유연한 데다 몸의 움직임과 따로 노는 것 같았다. 그 부분을 빼면 그는 대체로 잘생긴 청년이었다. 마녀가 다가오자 그의 두 손이 잔을 향해 뻗어 나갔고 남자는 그 손을 다시 뒤로 물렸다. 그러나 두 손은 다시 잔을 향해 살금살금 뻗어 갔고, 남자는 그 손을 확 거두면서 고개를 돌리고 이렇게 부르짖었다.

서두르소서. 꺼질 줄 모르는 검은 유황불,
오래되어 지긋지긋한 불이
속에서 다시 타오릅니다. 보소서! 나는 완력으로
내 손을 가차없이 잡아 뺐습니다.

9 *Luxuria*. '정욕'

서두르소서, 주여! 고문틀에 팔다리가 묶인 채
본성이 잘못됐는지 온 신경이 비명을 지릅니다.
속살까지 검게 그을리고 채찍질에 피부가 벗겨집니다.
주여, 보소서. 이런 곤경에서 오래 버틸 자 없나이다.

서두르소서, 주여! 새로운 전갈이 새로운 독을 가져오기 전에,
악마들이 두 번째 화공火攻을 개시하기 전에.
서두르소서. 내가 모든 것보다 더 깊이 갈망하는
그 달콤한 것을 보여 주소서.

그동안 마녀는 아무 말 없이 서서 잔을 내민 채 검은 눈과 검붉은 입으로 그에게 다정한 미소를 지을 뿐이었다. 그러다 그가 마시지 않을 것 같자 그녀는 다음 사람에게 넘어가려 했다. 그러나 그녀가 첫발을 내딛는 순간, 젊은이는 흐느꼈고 그의 두 손이 날아가 잔을 붙잡았다. 그는 잔속에 머리를 파묻었다. 그녀가 잔을 빼앗자 그의 입술은 물에 빠진 사람이 나뭇조각을 움켜쥐듯 잔에 매달렸다. 그러나 결국 그는 끙 소리를 내며 늪에 주저앉았다. 손가락이 있어야 할 자리에 매달린 것은 분명 벌레들이었다.

"가요." 미덕이 말했다.

그들은 여행을 계속했고 존은 다소 뒤처졌다. 꿈속에서 나는 마녀가 길가의 습지를 밟으며 존에게 다가와 잔을 내미는 것을 보았다. 그가 걸음을 빨리하자 그녀도 보조를 맞추었다.

마녀가 말했다. "난 당신을 속이지 않아요. 허위 주장 같은 건 없어요. 이 잔의 음료가 당신을 섬에 데려다 줄 거라고 말할 생각도 없어요. 당신의 갈증을 오랫동안 잠재워 줄 거라고 말하지도 않겠어요. 하지만 한번 맛을 봐요. 지금 목이 많이 마르잖아요."

그러나 존은 말없이 앞으로 걸어갔다.

마녀가 말했다. "돌아올 수 없는 지점이 어디인지 결코 알 수 없다는 건 사실이에요. 하지만 그 말은 양날 검과 같아요. 한 모금 더 마시는 것이 안전하다는 보장이 없다면, 한 모금 더 마시는 것이 치명적이라는 보장도 없는 거니까. 하지만 지금 끔찍하게 목마르다는 것은 확실하잖아요."

존은 그저 걷기만 했다.

마녀가 말했다. "한 모금만 마셔 봐요. 그러고 영원히 안 마시면 되잖아요. 내게 저항하기에는 때가 안 좋아요. 당신은 지쳤고 몸도 안 좋은데다가 내 말에 너무 오래 귀를 기울였어. 한 모금만 맛봐요. 그럼 떠나 줄게. 다시 돌아오지 않겠다고 약속하진 않아요. 하지만 내가 다시 올 때 당신은 튼튼하고 행복하고 건강할 테니 내게 저항할 수 있지 않겠어요? 지금과는 다를 거라고요."

존은 여전히 걷기만 했다.

마녀가 말했다. "자, 시간만 낭비하고 있군요. 당신도 알아요. 결국에는 굴복할 거예요. 저 앞에 놓인 단단한 도로와 회색빛 하늘을 봐요. 저기에 어떤 즐거움이 있나요?"

그렇게 그녀는 아주 멀리까지 따라왔다. 그러다 보니 적극적인 욕망이 생겨서라기보다는 너무나 끈질기게 졸라 대는 그녀가 지겨워 다 포기해 버리고 싶은 마음이 들었다. 그러나 존은 억지로 다른 것들에 관심을 돌렸고, 정신을 집중해 다음의 시를 읊으며 1.6킬로미터 정도를 버텼다.

릴리스[10]가 나를
은밀한 침실로 끌어들이려 할 때는
화려하고 강력한 아름다움으로
압도하지 않는다.
천사같이 우아하게 예의를 갖추거나
물 위를 미끄러지는 배처럼 조용히 오는데,
저녁에 베일을 쓰지도 않는다.
맨얼굴의 그녀는 상심과 허기로 괴로워질 때까지
참으로 집요하게 머무른다.
보석으로 장식한 뜨겁고 메마른 손가락을
죽 뻗는다. 문 옆에서 끊임없이 재촉하며
잔을 내민다. 그 잔을 마신 자는
더한 갈증을 느끼게 된다(그녀는 더 나은 것을 약속하지 않는다).
무엇 때문인가? 왜 그것이 마시고 싶어지는가?
그녀의 주문이 대지를 뒤바꾸기 때문이다.

10 유대, 바빌로니아, 메소포타미아 문헌에 등장하는 여성. 문헌마다 다르게 묘사되지만 남성을 유혹하는 마녀의 이미지가 강함.

진부한 이야기 같은 바람 소리 요란하고
머리 위론 늘 구름이 몰려 있지만
비는 내리지 않는 곳,
광막한 불모의 땅으로.
헐벗은 언덕이 하나둘
단조롭게 되풀이되고
긴 도로는 구불구불
하염없이 이어진다. 마녀의 포도주는
아무것도 약속하지 않지만
시내가 흐르지 않는 땅에서는
가장 그럴싸해 보이는 엉터리 진통제.

존이 '진통제'라는 단어를 말했을 때, 마녀는 사라졌다. 그러나 그는 이제껏 그렇게 지친 적이 없었고, 한동안은 순례의 목적을 생각해도 아무 의욕이 생기지 않았다.

8
북쪽의 용

"자, 시간이 되었어요." 안내자가 말했다.

두 사람은 무슨 말인가 싶어 그를 쳐다보았다.

"전에 말했던 두 지협의 중간 지점에 도착했어요. 차가운 용은 왼쪽에 있고, 뜨거운 용은 오른쪽에 있어요. 이제 여러분의 실력을 보여 줄 시간이에요. 남쪽 숲에는 늑대가 기다리고 있고, 북쪽 바위산에는 까마귀가 썩은 고기를 기대하며 선회하고 있지요. 두 분 다 마음을 놓지 마세요. 하나님이 지켜 주시길."

"음." 미덕이 말했다. 그는 칼을 빼들고 등에 걸쳤던 방패를 앞으로 돌려 맸다. 그러고는 먼저 안내자에게 악수를 청하고 존에게도 손을 내밀었다. "가겠습니다."

안내자가 말했다. "푸른 색이 가장 덜한 곳으로 가세요. 그런 땅이 가장 단단하거든요. 행운을 빌어요."

미덕은 길에서 벗어나 늪지에 난 길을 더듬으며 조심스럽게 남쪽으로 나아갔다. 안내자가 존을 바라보며 물었다.

"칼을 써본 적이 있나요?"

"없습니다." 존이 대답했다.

"어설픈 실력보다는 그 쪽이 나아요. 상식을 믿으세요. 놈의 배를 노려요. 아래에서 위로 찌르는 거예요. 베려고 하면 안돼요. 그만한 기술은 안 되니까."

"최선을 다하겠습니다." 존은 그렇게 말하고 잠시 멈췄다가 다시 말을 이었다. "용은 한 마리밖에 없잖습니까. 등을 지킬 필요는 없겠군요."

"물론 한 마리뿐입니다. 다른 놈들을 다 먹어 버렸으니까요. 그렇지 않으면 용이 아니겠지요. 격언도 있잖습니까. 뱀이 다른 뱀들을 잡아먹지 않으면[11]……."

그리고 나는 존이 장비를 갖추고 길에서 벗어나 왼쪽으로 출발하는 것을 보았다. 바로 오르막이 시작되었고, 10미터도 채 못 갔을 때 높이는 벌써 2미터로 높아져 있었다. 바위산의 형태가 그런 식이었기에 산을 오르는 것이 마치 거대한 계단을 오르는 것 같았다. 어렵다기보다는 힘이 많이 들었다. 존이 이마의 땀을 닦아 내려고 멈추었을 때는 안개가 너무 짙어서 아래쪽 길이 거의 보이지 않았다. 그런데 눈앞에 드리운 회색의 어둠에 그늘이 지는가 싶더니 갑자기 칠흑같이 변했다. 문득 존은 앞쪽 조금 위에서 뭔가 딱딱한 것이 달그락거리는 소리를 들었다. 그는 칼을 단단히 쥐고 그 소리에 잔뜩 귀를 기울이며 한 걸음 앞으로 나아갔다. 그때 그 소리가 다시 들렸다. 그 다음에는 거대한 개구리가 우는 것 같은 소리가 들려왔다. 용이 혼자 노래를 부르고 있었다.

뱀이 낳은 알이 숲에서 깨어지자
나는 빛을 내며 튀어나왔지. 세상은 벌벌 떨었지.
내 비늘에 햇살이 비치고 풀에는 이슬이 맺혔어.
차갑고 향긋한 풀과 싹이 트는 나뭇잎.
나는 반점이 있는 짝에게 구애했지. 우리는 사랑을 나누었고
염소들의 젖에서 떨어지는 따끈한 우유를 빨았지.

11 285쪽에 나오는 용의 노래 셋째 연 첫 행 참조.

이제 나는 돌로 된 나라, 내 바위 동굴 안에서
황금을 지킨다. 애처로운 늙은 용이
쌓아 둔 보물을 지킨다. 겨울밤에는 억센 비늘을 타고 전해지는
황금의 냉기에 내 차가운 배가 얼어붙는다.
뾰족뾰족한 왕관들, 뒤틀린 잔인한 반지 때문에
늙은 용의 잠자리는 울퉁불퉁한 얼음장이다.

뱀이 뱀을 잡아먹지 않으면 용이 되지 못하지만
마누라는 잡아먹는 게 아니었어.
그럼 둘이서 함께 살피고 경계를 서고
쌓아 놓은 보물을 지켰을 텐데. 그럼 황금이 더 안전했을 텐데.
그녀가 경계를 서는 동안
나도 가끔 지친 몸을 풀고 토막잠이라도 잤을 텐데.

어젯밤 달이 질 때 여우 우는 소리에 문득
잠이 깨었다. 깜빡 잠이 들었던 거지.
돌의 나라 상공을 날아가는 올빼미 소리에 자주
소스라치게 놀란다. 잠이 들었던 게 틀림없어.
짧은 순간이지만, 그 순간 어떤 인간이
도시를 빠져나와 내 황금을 훔치러 올지도 모르는 일.

인간들은 내 황금을 훔치려고 시내에서 음모를 꾸미지.

낮은 목소리로 내 이름을 속삭이며 계획을 짠다.
무자비한 인간들. 그들은 자리에 앉아 맥주를 마시고
따스한 아내와 함께 침대에 눕고, 노래 부르고, 밤잠도 푹 자지 않는가?
하지만 나는 겨울철에 딱 한 번 동굴에서 나와
바위 웅덩이에서 물을 마신다. 여름에는 두 번.

그놈들은 애처로운 늙은 용을 가엾게 여기지 않는다.
오, 용을 만드신 주여, 내게 당신의 평화를 주소서!
그러나 황금을 포기하라는 말씀은 마십시오.
죽는 것은 더더구나 안 됩니다. 그럼 다른 놈들이 황금을 차지할 거 아닙니까.
그보다는 차라리 인간들, 다른 용들을 죽이소서.
그러면 나는 잠을 자고, 내킬 때 물을 마시러 갈 수 있을 겁니다.

용의 노래를 듣다 보니 존은 두려움을 잊어버렸다. 처음에는 혐오감이, 그다음엔 연민이 찾아와 그의 마음에서 두려움을 몰아냈다. 그러고 나서는 용과 대화를 나누고 모종의 조건을 내놓은 뒤 약탈물을 나누자고 해볼까 하는 이상한 욕망이 들었다. 금이 탐나서가 아니라 그렇게 많은 것을 혼자서만 에워싸고 있는 것이 좋아 보이지 않았기 때문이었다. 그러나 머릿속에서 이런 생각들이 지나가는 동안에도 그의 몸은 알아서 제 몫을 하고 있었다. 손은 칼자루를 단단히 쥐었고 눈은 어둠 속을 뚫어져라 응시하고 발은 튀어오를 준비를 했다. 따라서 그는 피어오르는 안개 속에서 머리 위로 뭔가가 둥그렇게 말리며 자신을 에워싸는 것을 보았을 때도 놀라지 않았다. 그리고 여전히 움직이지 않았다. 용은 존 바로 위에 있는 동굴에서 밧줄을 풀 듯 몸을 풀어 냈다. 처음에 녀석이 몸을 흔들면서 큰 머리를 위아래로 움직일 때는 애벌레가 몸의 절반을 나뭇잎에 붙인 채 새로 움켜잡을 곳을 찾아 나머지 절반의 몸을 흔드는 장면이 연상되었다. 그러다 머리가 홱 움직이며 존의 뒤쪽으로 돌아가자, 존은 계속 몸을 돌리며 놈의 머리에서 눈을 떼지 않았다. 머리를 따라 육중한 용의 몸이 빙그르르 원을 이루나 싶더니 마침내 머리는 다시 동굴 속으로 들어가고, 그의 주위로 용의 몸이 고리를 이루었다. 존은 그 고리가 조여 들면서 그의 가슴께로 올라올 때까지 기다렸다. 그러다 재빨리 움직여 짐승의 아래쪽으로 칼을 푹 찔러 넣었다. 칼은 자루까지 꽂혔지만 피는 나오지 않았다. 곧장 놈의 머리가 이리저리 비틀리며 동굴 밖으로 나왔다. 분노의 불꽃 대신 차가운 잔인함이 가득한 눈이 존의 얼굴을 응시했다. 놈이 입을 쩍 벌렸는데, 입속이 납처럼 잿빛이었고 입김은 얼음장처럼 차가웠다. 놈의 입김이 존의 얼굴에 닿자마자 모든 것이 달라졌다. 얼음 갑옷이 그의 몸을 감싸는 듯하더니 그 냉기가 존의 심장까지 파고드는 듯했다. 그 심장은 다시는 공포나 탐욕으로 두근거리지 않을 것 같았다. 존의 힘은 몇 배로 커졌다. 팔이 강철처럼 느껴졌다. 그는 웃으면서 짐승의 목을 거듭거듭 찔렀다. 싸움은 이미 끝나 있었다. 몇 시간 전에 끝났는지도 몰랐다. 그는 아무도 없는 곳,

흩어진 바위 사이에서 피로를 모른 채 서 있었고, 그의 발밑에 죽은 파충류가 쓰러져 있었다. 그는 자신이 그놈을 죽였다는 사실이 기억났다. 아주 오래 전에 일어난 일 같았다.

9
남쪽의 용

존은 휘파람을 불면서 바위산을 뛰어내려와 길로 들어섰다. 안내자가 와서 그를 맞아 주었는데, 두 사람이 미처 이야기를 나누기도 전에 남쪽에서 큰 소리가 들리는 바람에 무슨 일인가 싶어 그쪽으로 몸을 돌렸다. 태양빛을 받은 습지 전체가 더러운 구리처럼 반짝였고, 불꽃처럼 빛나는 미덕이 펄쩍펄쩍 춤을 추면서 달려오고 있었다. 처음에 그들은 미덕의 무기에 해가 비친 거라고 생각했다. 그러나 가까이 다가온 그를 보니 말 그대로 불타고 있었다. 몸에서는 연기가 피어올랐고 습지에 찍힌 깊숙한 발자국들에서도 증기가 조금씩 피어올랐다. 무해한 불꽃이 그의 칼을 타고 오르내리다 그의 손을 핥았다. 그의 가슴이 들썩거렸고 술 취한 사람처럼 비틀거렸다. 두 사람이 그에게 다가가자 그는 이렇게 외쳤다.

승리를 거두고 돌아왔도다.
하지만 물러서라. 날 만지지 마라.
옷으로 건드려도 안 된다. 나는 빨갛게 타오르고 있으니.

용은 지독했다. 덤불 옆에서 반짝이는
내 방패를 보더니
황금 아가리로 불꽃을 토해 냈다.

그놈이 토해 낸 것이 내 칼에 뿌려지자
칼날에 불이 붙었다. 칼자루에 박힌
에메랄드는 금이 갔고 황금에서는 거품이 일었다.

짐승에게서 나온 열기로
내 칼과 오른팔이 불길에 휩싸이자
나는 매질로 놈에게 본때를 보였다.

용은 토해 낸 불길 속에서 죽었다.
나는 놈을 옆으로 굴려 길게 살을 찢고
펄펄 끓는 옆구리에서 심장을 꺼냈다.

내 이로 그 심장을 깨물었을 때 나는 느꼈다.
내 안의 박동이 시작되는 것을.
그 박동에 가슴이 터질 것만 같았다.

그 박동에 언덕이 흔들리며 동요했고
숲이 바퀴처럼 빙빙 돌았다.

내가 발을 딛고 선 곳에서는 풀이 노래했다.

베헤못[12]은 내 머슴!
파우누스의 정복된 군대 앞에서
길들인 리워야단[13]을 타고
최대한 멋지게 노래를 부른다.
나 다시 일어서리라. 주를 찬양!
야호, 야호, 야호, 주를 찬양!

이제는 안다. 내가 무엇을 얻기 위해 싸웠는지!
이제는 안다. 용이 왜 만들어졌는지!

10
개울

꿈은 빛과 소음으로 가득했다. 그들은 학생들처럼 노래하고 웃으면서 길을 갔다. 미덕은 체면에 신경 쓰지 않았고 존은 지칠 줄 몰랐다. 그들은 나이 든 바이올린 연주자와 16킬로미터 정도 동행했는데, 그는 지그 춤곡을 신나게 연주했고 일행은 춤추듯 가뿐하게 걸었다. 미덕은 바이올린 곡조에 우스꽝스러운 가사를 지어 붙여 그가 어릴

12 욥기 40:15-24에 나오는 거대한 짐승.
13 성경에 나오는 꼬불꼬불한 바다 괴물. 욥기 3:8; 41장; 시편 74:14; 이사야 27:1 참조.

적부터 배운 옛 이교의 미덕을 조롱했다.

그런데 흥겨운 분위기 속에서 걷던 존이 갑자기 멈춰 섰다. 그러더니 눈에 눈물이 가득 차올랐다. 그들이 이른 곳은 강 옆의 작은 오두막이었는데, 아무도 살지 않는 그곳은 폐가에 가까웠다. 일행은 존에게 무슨 일이냐고 물었다.

"우리는 퓨리타니아로 돌아왔어요. 이곳은 제 아버지 집이었어요. 아버지와 어머니는 진작 개울을 건너가신 것 같네요. 부모님께 드리고 싶은 말씀이 많았는데. 하지만 이제 다 끝난 일이에요."

안내자가 말했다. "다 끝난 일 맞아요. 오늘 해 지기 전에 당신도 개울을 건너게 될 테니까."

"이번이 마지막인가요?" 미덕이 물었다.

"마지막이 될 겁니다. 모든 일이 예상대로 잘되기만 한다면."

해가 기울고 있었고 동쪽 산이 크고 검은 모습을 드러냈다. 그들이 개울 쪽으로 내려가는 동안 그림자가 길게 늘어졌다.

미덕이 말했다. "스토아 철학자 행세하던 증세는 다 나았습니다. 솔직히 말해 내려가자니 두렵고 슬퍼지네요. 나 역시 말을 걸어 봤으면 좋았을 사람들이 많아요. 아쉽네요. 되돌리고 싶은 시간도 많구요. 개울 너머에 뭐가 있건, 이곳과 똑같을 수는 없겠지요. 정말로 끝나 가고 있어요. 이건 진짜 개울이에요."

나는 죽음이 아무 의미 없다고 생각하고
저 불길한 시내를 가뿐하게 건너는 사람이 아닙니다.

당신의 단 한 마디 말씀으로
몸과 호흡이 합쳐져 생겨난 나는
영원히 분해될 것입니다. 그리고 시간이 지나도(시간이 헛된 것이 아니라면) 나는 원래대로 되돌아오지 않을 것입니다.
그러므로 '죽었다가 살아 계신 분'이라는 당신의 역설은
어떤 이도 풀지 못한 수수께끼 중의 수수께끼입니다.
당신이 통일체로 만드신 사람,
그 결합을 푸시는 날에는 정말 영원히 풀려 버릴 것입니다.
애곡하는 자들 누구도 떠나보낸 사람의
얼굴과 목소리를 특정한 때와 장소에서
돌려받을 거라는 헛된 기대로 위로받지 않게 하소서.
당신의 분명한 퇴장 신호를 받고 무대에서 내려간 사람은
종결부가 아무리 오래 이어져도
조명 비치는 무대로 돌아오지 못합니다.
막이 내릴 때 햄릿 왕자는 어디에 있습니까?
새벽녘이 밝아올 때 꿈은 어디로 달아납니까?
빛이 지나가면 색깔은 어디로 사라집니까?
우리는 당신의 색깔이요 도망자입니다. 결코 회복되지 못하고 다시 되풀이되지도 못합니다. 당신만이 주님이십니다.
당신만이 거룩하십니다. 당신이 거대한

오시리스[14] 같은 날개로 감싸고 계신 것은 과거.
거기 보좌에 태고의 잔인한 왕들이 앉아 있고
거기, 아직 타락하지 않은 루시퍼가 동류들 사이에 있습니다.

당신은 죽은 자들의 신, 무덤의 신이기도 하시며
능력의 지팡이로 그들을 불러내실 수 있습니다.
당신은 들이쉴 수 없는 초멸超滅의 공기의 주인이시니
그 공기 속에서 필멸必滅의 사고방식은 무너집니다. 밤의 성혼成婚
의 어둠, 그 속에서 놓쳤던 포옹들이 한데 섞이고 복을 받습니다.
모두가 죽지만, 당신이 계시는 한 모두가 존재합니다.

어느덧 황혼이 많이 기울었고 그들의 눈앞에 개울이 보였다. 존이 말했다. "지혜의 집에 있을 때 그런 생각 다 해봤습니다. 하지만 이제 나는 더 나은 것들을 생각합니다. 지주님이 우리 마음을 시간과 공간에—다른 누가 아니라 한 친구, 모든 땅이 아니라 한 지역에—긴밀하게 엮어 두신 데는 깊은 뜻이 있습니다."

오늘 오두막 곁을 지나는데 그곳에서
살던 시절이 떠오르며 눈물이 흐른다.
거기서 같이 살던 친구들은 죽었다.

14 이집트 신화에 나오는 명계冥界의 신, 죽음의 심판자.

그때 생긴 상처는 세월이 지나도 나을 줄 모른다.

나가라, 마음을 찌르는 작은 창이여. 나는 바보다.
이제 다 자라서 특정 지역과 대상에서 받는 상처는 넘어섰다고
특정한 사랑의 대상에서 벗어나 보편적인 사랑을
하게 되었다고 믿었다(나는 속았다).

그러나 주여, 당신은 당신의 계획을 확실히 아십니다.
천사들은 치우치지 않으며
공정하고 보편적인 사랑을 하지만 당신은 인간에게
구체적인 것의 한계와 고통을 주셨습니다.

맑은 물에 떨어져 전체를 바꿔 놓는
작디작은 한 방울 약물처럼
그 한계와 고통은 영靈의 달콤한 물에 온통 퍼져
쓴맛을 더하고 영혼을 쓰라리게 만듭니다.

그래서 우리는, 비록 작으나 당신처럼
불을 내뿜으며 떨게 됩니다.
달처럼 차가운 불꽃을 반사하는 천사와 다르지요.
당신은 우리를 가리켜 신이라 하셨나이다. 그리고 우리는 비싼
대가를 치릅니다.

이제 그들은 개울가에 이르렀다. 사방이 너무 어두워 나는 그들이 개울을 건너는 광경을 보지 못했다. 다만 꿈이 끝나 가면서 내 창가에서 들리는 새소리들이 귀에 닿았고 (여름의 아침이었으니), 새소리와 섞여 잘 구별되지 않는 안내자의 목소리가 노래하는 것을 들었다.

나는 모른다, 나는,
저 두 사람이 뭐라고 말하는지.
연인들이, 연인들이 어떻게 죽고
젊음이 어떻게 사라지는지.

이해할 수 없다.
필멸의 인간들이
고향 땅, 고향 땅에 대해 느끼는 사랑을.
모든 땅이 저들의 것 아닌가.

그들은 왜 무덤 앞에서
한 목소리와 얼굴의 죽음을 애도하는가?
왜 그 대신 다른 사람을
담담히 받아들이지 못하는가?

선회하는 밤의 원추 위로
날아오르는 나,

내게 주어진 빛보다
더도 덜도 알지 못했다.

그들은 이 잔을 슬픔이라 부른다.
화로다, 나여. 끝없는 나날을 살아도
내 입술이 이 잔을
홀짝일 일은 결코 없으리라.

저자의 말[1]

책을 쓴 지 10년 만에 다시 읽어 보니 두 가지 주요 결점이 눈에 들어옵니다. 다른 사람들의 책에서 눈에 띄면 제가 좀처럼 용납하지 못하는, 불필요한 모호함과 무자비한 노기怒氣입니다.

지금 보니 모호함에는 두 가지 원인이 있었습니다. 지적인 면에서 저는 '대중적 실재론'에서 철학적 관념론으로, 관념론에서 범신론으로, 범신론에서 유신론으로, 유신론에서 기독교로 진행해 왔습니다. 지금도 저는 이것이 대단히 자연스러운 행보라고 생각하지만, 이런 길을 밟는 사람이 거의 없다는 것을 이제는 압니다. 삼십 대 초반에는 그 사실을 몰랐습니다. 그 길이 저만의 것이었다는 걸 조금이라도 알았다면, 그 여정에 대해 아예 침묵했거나 이해하는 데 어려움을 겪을 독자를 위해 좀더 친절하게 설명하려고 노력했을 것입니다. 그런데 저는 고비 사막의 여행 경로가 유스턴 역에서 크루 역으로 이어지는 노선만큼이나 영국의 대중에게 친숙할 것이라고 가정하고 사막 횡단기를 들려주는 사람과 같은 실수를 저질렀습니다. 그리고 이 실수와 맞물려 우리 시대의 철학적 사조가 크게 달라지면서 상황이 매우 복잡해지고 말았습니다. 우선 관념론 자체가 한물갔습니다. 그

1　원래는《*The Pilgrim's Regress*》제3판의 본문 앞에 있던 저자 서문이다.

린, 브래들리, 보장케[2]의 왕조는 무너졌고, 저와 같은 세대의 철학도들이 살던 세계는 다음 세대들에게는 낯선 것이 되었습니다. 둘 사이에 몇 년이 아니라 몇 세기가 끼어 든 것 같았습니다.

모호함의 두 번째 원인은 제가 '로맨티시즘Romanticism'[3]이라는 단어에 (고의는 아니었지만) '사적인' 의미를 부여한 데 있었습니다. 지금 같으면 이 책의 중심에 자리 잡고 있는 경험을 묘사하기 위해 이 단어를 쓰지 않을 것입니다. 아니, 어떤 것을 묘사하더라도 이 단어는 쓰지 않을 것입니다. 제가 볼 때 이 단어는 의미가 너무나 다양하여 쓸모가 없어져 버렸고, 차라리 영어 어휘에서 추방하는 게 낫지 않을까 싶습니다. '로맨틱'하다고 불리는 것은 그냥 '연애 사건'(또래 간 로맨스, 영화배우 로맨스)을 뜻하는 통속적 의미를 배제한다 해도 적어도 일곱 가지는 됩니다.

1. 위험한 모험 이야기, 특히 과거나 먼 장소에서 벌어지는 위험한 모험 이야기는 '로맨틱'합니다. 이런 의미에서 뒤마[4]는 전형적인 '로맨틱' 작가이고, 항해선, 외인부대, 1745년 반란[5]에 대한 이야기들도 대체로 '로맨틱'합니다.

2 Thomas H. Green, 1836~1882, Francis H. Bradley, 1846~1924, Bernard Bosanquet, 1848~1923, 이 세 사람은 신新헤겔주의 관념론 철학의 대표자였다.

3 저자의 말에서는 romantic이라는 영단어에 대한 자세한 분석이 이어지므로 그대로 '로맨틱'이라고 썼다. 본문에서는 '낭만적, 낭만주의, 낭만파' 등의 번역어를 썼다.

4 Alexandre Dumas, 1802~1870. 프랑스의 소설가. 대표작 《몬테크리스토 백작》.

5 잉글랜드의 통치에 반대하는 스코틀랜드의 마지막 시도. 이후 스코틀랜드는 영국 역사의 한 부분이 되었다.

2. 놀라운 일이 기성 종교의 테두리 바깥에서 일어나는 경우 '로맨틱'합니다. 따라서 마법사, 유령, 요정, 마녀, 용, 님프, 난쟁이는 '로맨틱'한 반면, 천사는 덜 로맨틱합니다. 그리스의 신들이 제임스 스티븐스[6], 모리스 휴렛[7]의 책에 나올 때는 '로맨틱'하지만, 호메로스[8]와 소포클레스[9]의 글에 나오면 그다지 로맨틱하지 않습니다. 이런 의미에서 맬러리[10], 보이아르도[11], 아리오스토[12], 스펜서[13], 타소[14], 래드클리프[15], 셸리[16], 코울리지[17], 윌리엄 모리스[18], 에디슨[19]은 '로맨틱'한 작가들입니다.

3. '거인 같은' 등장인물, 평범한 수위를 넘어서는 감정, 거창한 감상이나 행동 강령을 다루는 예술은 '로맨틱'합니다.(이런 유형의 작품을 묘사하기 위해 '로마네스크Romanesque'라는 단어를 많이 쓰고 있는데, 저는 개인적으로 환영합니다.) 이런 의미에서 로스탕[20]과 시드니[21]

6 James Stephens. 1882~1952. 아일랜드 작가, 시인.
7 Maurice H. Hewlett. 1861~1923. 영국의 소설가, 시인.
8 Homer. B.C. 800년경. 고대 그리스 시인. 대표작《일리아스》.
9 Sophocles. B.C. 496~406. 고대 그리스 비극 작가.
10 Thomas Malory. 1400~1470. 영국의 작가. 대표작《아서왕의 죽음*Morte d'Arthur*》.
11 Matteo Boiardo. 1434~1494. 이탈리아의 시인. 대표작《사랑에 빠진 오를란도*Orlando innamorato*》.
12 Ludovico Ariosto. 1454~1533. 이탈리아의 시인. 대표작《광란의 오를란도》.
13 Edmund Spenser. 1552~1599. 영국의 시인. 대표작《선녀여왕*The Faerie Queene*》.
14 Torquato Tasso. 1544~1595. 이탈리아의 시인.
15 Ann Radcliffe. 1764~1823. 영국의 대표적인 고딕 소설가.
16 Percy Bysshe Shelley. 1792~1822. 영국의 시인.
17 Samuel Taylor Coleridge. 1772~1834. 영국의 시인, 철학자.
18 William Morris. 1834~1896. 영국의 시인, 화가.
19 E. R. Eddison. 1882~1945. 영국의 판타지 작가.
20 Edmond Rostand. 1868~1918. 프랑스의 시인, 극작가.
21 Philip Sidney. 1554~1586. 엘리자베스 시대의 궁정신하, 정치가, 군인, 시인.

는 '로맨틱'하고(성공적인 작품은 아니었지만) 드라이든[22]의 영웅극도 그렇습니다. 코르네유[23]의 작품에도 '로맨티시즘'이 상당히 많았습니다. 저는 미켈란젤로가 이런 의미에 걸맞은 '로맨틱' 예술가라고 생각합니다.

4. '로맨티시즘'은 비정상적인 정서, 끝내는 자연 질서를 거스르는 정서에 탐닉하는 것을 뜻하기도 합니다. 소름끼치는 것은 '로맨틱'하고, 고문에 대한 관심과 죽음에 대한 사랑도 로맨틱합니다. 제가 제대로 이해했다면 프라츠[24]와 루즈몽[25]이 이런 의미로 로맨틱이라는 단어를 썼습니다. 이런 의미에서 볼 때 〈트리스탄〉은 바그너의 가장 '로맨틱한' 오페라이고, 포우[26], 보들레르[27], 플로베르[28]도 '로맨틱' 작가들입니다. 초현실주의 역시 '로맨틱'합니다.

5. 자기중심주의와 주관주의는 '로맨틱'합니다. 이런 의미에서 전형적으로 '로맨틱한' 책은 《젊은 베르테르의 슬픔》과 루소[29]의 《고백록》, 바이런[30]과 프루스트[31]의 작품들입니다.

22 John Dryden. 1631~1700. 영국의 시인, 극작가.
23 Pierre Corneille. 1606~1684. 프랑스 극작가.
24 Mario Praz. 1896~1982. 이탈리아의 수필가, 문학평론가.
25 Denis de Rougemont. 1906~1985. 스위스 작가.
26 Edgar Allen Poe. 1809~1849. 미국의 단편소설가.
27 Charles Baudelaire. 1821~1867. 프랑스의 시인.
28 Gustave Flaubert. 1821~1880. 프랑스의 소설가. 대표작 《마담 보바리》.
29 Jean-Jacques Rousseau. 1712~1778. 프랑스의 작가, 철학자.
30 George Gordon Byron. 1788~1824. 영국의 시인.
31 Marcel Proust. 1871~1922. 프랑스의 작가. 대표작 《잃어버린 시간을 찾아서》.

6. 일부에서는 혁명을 고대하거나 '원시' 시대를 그리워하는 등 기존 문명과 관습에 맞서는 모든 반란을 '로맨틱'하다고 표현합니다. 이런 의미에서는 오시안[32], 엡스타인[33], 로렌스[34], 휘트먼[35], 바그너[36]가 '로맨틱'합니다.

7. 자연물에 대한 감수성이 엄숙함과 열정으로 나타날 때 '로맨틱'합니다. 이런 의미에서 〈서곡〉[37]은 세상에서 가장 '로맨틱한' 시입니다. 키츠[38], 셸리, 드 비니[39], 드 뮈세[40], 괴테의 작품에 '로맨티시즘'이 두드러진다고 할 수 있습니다.

물론 많은 작가들은 두 가지 이상의 의미에서 '로맨틱'합니다. 모리스는 제가 말한 첫 번째와 두 번째 의미에서 로맨틱하고, 에디슨은 두 번째와 세 번째 의미에서, 루소는 다섯 번째와 여섯 번째 의미에서, 셸리도 다섯 번째와 여섯 번째 의미에서 로맨틱합니다. 이것을 보면 일곱 가지 의미 모두에 존재하는 역사적·심리적인 공통의 뿌리가 있지 않을까 생각할 수 있습니다. 그러나 어느 하나가 마음에 든다고 해서 다른 것들도 마음에 드는 것은 아니라는 사실만 봐도 이

32 pseudo-Ossian. 3세기경 고대 켈트족의 전설적 시인이자 용사. 1765년 맥퍼슨James Macpherson의 시집을 통해 이름이 알려졌다. 하지만 이후 낭만파 시인들에게 많은 영향을 끼친 우울한 낭만적 정서를 담은 그의 시는 맥퍼슨의 자작시라는 것이 정설이다.

33 Jacob Epstein. 1880~1959. 영국의 조각가.

34 D. H. Lawrence. 1885~1930. 영국의 소설가, 시인.

35 Walter Whitman. 1819~1892. 미국의 시인.

36 Wilhelm Richard Wagner. 1813~1883. 독일의 작곡가, 지휘자, 수필가. 오페라 〈니벨룽의 반지〉로 유명함.

37 The Prelude. 영국의 시인 윌리엄 워즈워스의 대표작.

38 John Keats. 1795~1821. 영국의 시인.

39 Alfred de Vigny. 1797~1863. 프랑스의 시인, 소설가, 극작가.

40 Alfred de Musset. 1810~1857. 프랑스의 시인, 소설가.

것들 사이에 질적 차이가 있다는 것은 알 수 있습니다. 서로 다른 의미에서 '로맨틱'한 사람들이 같은 책을 찾을 수 있지만 그 책을 찾는 이유는 각기 다르고, 윌리엄 모리스 책의 독자 절반은 나머지 절반의 삶을 이해하지 못합니다. 같이 셸리를 좋아해도 이유는 전혀 다를 수 있습니다. 누구는 그가 신화를 제공하기 때문에, 누구는 그가 혁명을 약속하기 때문에 좋아합니다. 둘은 전혀 다르지요. 저는 언제나 두 번째 의미의 로맨티시즘을 좋아했고 네 번째와 다섯 번째 분류의 로맨티시즘은 질색이었습니다. 첫 번째 의미는 썩 마음에 들지 않았고 세 번째는 어른이 되어서야 맛을 알고 좋아하게 되었습니다.

그런데 제가 《순례자의 귀향》을 쓸 때 표현하고자 했던 '로맨티시즘', 그리고 이 책 표제지에 실린 부제에 나오는 그 단어의 의미는 앞의 일곱 가지 의미 중 어느 것도 아니었습니다.[41] 제가 표현하려 했던 것은 거듭거듭 되풀이되며 나타나 제 유년과 사춘기를 지배했던 특정한 경험이었습니다. 제가 경솔하게도 그것을 '낭만적'이라고 부른 이유는 무생물계와 놀라운 문학 작품이 그 경험을 불러일으킨 계기가 되었기 때문입니다. 여전히 저는 그 경험이 공통적이고, 흔히 다른 것으로 오인되기는 하지만 대단히 중요하다고 믿습니다. 하지만 이제는 다른 사람들의 경우 그것이 다른 자극을 받아 생길 수 있고 다른 엉뚱한 것들과 뒤섞이며 그것을 의식의 전면에 불러내는 일이 생각만큼 쉽지 않다는 것을 압니다. 이제 저는 이 책의 이해를 돕기 위해 충분한 설명을 시도하려 합니다.

41 이 대목부터는 본문에 준해 romanticism을 '낭만주의'로, romantic을 '낭만적'이라고 번역했다.

이 경험은 일종의 강렬한 갈망입니다. 이것은 다른 갈망과 두 가지로 구별됩니다. 우선, 원하는 정도가 강렬하고 심지어 고통스럽기까지 하지만, 그 원함이 어찌된 일인지 즐거움으로 느껴집니다. 다른 욕망들은 가까운 미래에 채워질 거라고 예상될 때만 즐거움으로 느껴집니다. 허기가 유쾌하게 느껴지는 때는 이제 곧 먹게 된다는 것을 알 때(그렇게 믿을 때)뿐입니다. 그러나 이 갈망은 채워질 가망이 없어도 여전히 귀하게 여겨지고, 한번 그것을 느끼면 세상의 다른 어떤 것보다 더 원하게 됩니다. 이 허기가 다른 어떤 배부름보다 낫습니다. 이 가난이 다른 모든 부富보다 낫습니다. 따라서 이 갈망이 오랫동안 부재하게 되면 이것 자체가 갈망의 대상이 되고 새로운 갈망이 원래의 갈망을 새롭게 맛보는 일이 됩니다. 하지만 당사자는 그 사실을 당장 파악하지 못한 채 영혼이 도로 젊어지는 바로 그 순간 잃어버린 영혼의 젊음을 돌려 달라고 요구합니다. 이렇게 말하면 복잡하게 들리지만, 겪어 보면 간단합니다. "그때처럼 느낄 수만 있다면!" 하고 부르짖지만, 그 말을 하는 동안 우리가 잃어버렸다고 탄식하는 그 느낌이 옛날 그대로 달콤씁쓸하게 재현되고 있음을 눈치 채지 못합니다. 이 달콤한 갈망은 원함과 보유를 구분하는 우리의 통상적인 방식을 훌쩍 뛰어넘습니다. 이 갈망을 갖는 것이 원하는 것입니다. 정의상 그렇습니다. 이 갈망은 원함으로써 얻게 됩니다.

둘째, 이 갈망의 대상에 얽힌 고유의 미스터리가 있습니다. 미숙한 사람들(일부 사람들은 부주의로 인해 평생 미숙한 상태로 남습니다)은 이것을 느낄 때 자신이 무엇을 갈망하는지 안다고 생각합니다. 저 멀리 떨어진 산비탈을 바라볼 때 이 갈망이 찾아오면 아이는 단박에 이렇게 생각합니다. '저기 갈 수만 있다면.' 과거의 어떤 사건을 떠올릴 때 이 갈망이 찾아오면 아이는 이렇게 생각합니다. '그 시절로 돌아갈 수만 있다면.' (세월이 좀더 지나서) '낭만적인' 이야기나 '쓸쓸한 요정나라와 위험한 바다'의 시를 읽을 때 이 갈망이 찾아오면 그런 장소들이 실제로 존재하며 거기 이를 수 있기를 자신이 바라고 있다고 생각합니다. (더 지나서) 관능적 암시가 있는 상황에서 이 갈망이 찾아오면 자신이 완벽한 연인을 원하고 있다고 믿습니다. 정령 등을 진지하게 믿는 내용을 다루는 글(메테를링크[42]나 초기의 예이츠[43] 같은 작가의 글)을 접하면 자신이 진짜 마법과 오컬티즘을 갈망하고 있다고 생각할 수도 있습니다. 역사나 과학을 공부하다가 이 갈망이 휙 찾아오면 지식을 향한 지적 열망과 혼동하기도 합니다.

그러나 그 모두가 잘못된 생각입니다. 제가 이 책에 대해 내세울 수 있는 유일한 장점은 그 모두가 잘못임을 증명한 사람이 썼다는 사실입니다. 이 주장에는 허영이 들어설 자리가 없습니다. 저는 그 모두가 틀렸음을 지성이 아닌 경험으로 파악했기 때문입니다. 젊은 시절에 제가 더 지혜롭고, 미덕이 있고, 자기중심성이 덜했다면 그런 경험들을 피할 수 있었을 것입니다. 그러나 저는 잘못된 생각 하나하나에 차례로 속아 넘어갔고, 각각을 열심히 숙고한 끝에 그것이 속임수임을 알아냈습니다. 그렇게 많은 거짓 플로리멜[44]을 받아들인 것은 자

42 Maurice Maeterlinck. 1862~1959. 벨기에의 시인, 극작가, 상징시로 유명.

43 William Butler Yeats. 1865~1939. 아일랜드의 시인, 극작가, 1923년 노벨 문학상 수상.

44 에드먼드 스펜서의 장시 《선녀여왕》의 주인공 플로리멜은 정숙하고 아름다운 여성이다. 그녀에게 불순한 의도를 품은 남자들 중 한 명의 어머니가 아들에게 진짜와 똑같이 닮은 '거짓 플로리멜'을 만들어 주는데, 나중에 진짜 플로리멜과 정면으로 만나게 되자 가짜 플로리멜은 사라져 버린다.

랑할 만한 일이 아닙니다. 흔히들 말하는 대로, 경험으로 배우는 사람은 바보입니다. 그러나 바보들도 결국에는 배우기 마련이니, 바보가 자신의 경험을 공통의 자산으로 내놓아 그보다 지혜로운 사람들이 유익을 얻게 합시다.

이 갈망의 대상으로 사람들이 생각한 것들 하나하나가 다 부적절합니다. 간단한 실험을 해봅시다. 이 갈망에 이끌려 멀리 떨어진 산비탈로 직접 가보면 아무것도 얻지 못하거나, 똑같은 갈망이 다시 일어날 것입니다. 자신의 기억을 살피는 일은 좀더 어렵긴 해도 가능합니다. 그렇게 해서 과거로 돌아가 보면 어떻게 될까요? 과거의 어떤 일이 문득 떠오르면서 지금 갈망하는 황홀경을 그때도 간직하고 있지 않았음을 알게 될 것입니다. 우리가 기억하는 순간들은 아주 평범한 일상(그리고 그 모든 매력은 기억에서 나온 것)이거나 무엇인가 갈망하는 때입니다. 시인이나 감탄스러운 로맨스 작가들이 묘사한 것들도 마찬가지입니다. 그것들이 실제라면 어떨까 진지하게 생각해 보는 순간, 우리는 그 사실을 깨닫게 됩니다. 아서 코난 도일 경[45]이 요정의 사진을 찍었다고 주장했을 때, 사실 저는 그 말을 믿지 않았습니다. 그러나 그런 주장을 접하는 것만으로도, 그 주장을 통해 요정이 우리 가까이로 다가오는 것만으로도 저는 알 수 있었습니다. 그런 주장이 사실로 밝혀진다면 요정 문학이 이제껏 불러일으켰던 갈망을 싸늘하게 식히게 될 것임을 말입니다. 요정, 마법의 숲, 사티로스, 파우누스, 숲의 요정, 불멸의 샘이 실재한다고 해봅시다. 그렇

45 Sir Arthur Conan Doyle. 1859~1930. 셜록 홈즈의 작가로 유명하다. 아들이 제1차 세계대전에 참전해 전사한 후, 심령주의spiritualism에 점차 깊이 몰두했다.

게 되면 그 발견과 함께 시작되는 온갖 과학적·사회적·실용적 관심사 한복판에서 달콤한 갈망은 재빨리 사라지고 뻐꾸기 소리나 무지개의 끝이 그렇듯 자리를 바꾸어 다시 저 너머의 언덕에서 우리를 부르게 될 겁니다. 더 어두운 마법(예전에도 그랬고 지금도 실제로 이루어지고 있다)의 경우에는 상황이 더욱 심각할 것입니다. 그 길로 가서 정말로 뭔가를 불렀는데 그것이 와버리면 어떻게 하지요? 어떤 기분이 들까요? 공포, 교만, 죄책감, 저릿저릿한 흥분……. 하지만 그 모든 것이 우리의 달콤한 갈망과 무슨 관련이 있겠습니까? 파란꽃[46]은 악마 숭배 의식이나 강령회降靈會에서 자라지 않습니다. 이 갈망이 성적인 것이라는 대답에 대해서는, 저는 성욕이 가장 뻔히 보이는 가짜 플로리멜이라고 생각합니다. 어떻게 보더라도 성욕은 우리가 찾던 것이 아닙니다. 정욕은 채울 수 있습니다. 또 다른 누군가가 "우리의 아메리카, 새로 발견한 땅"이 될 수 있습니다. 행복한 결혼생활도 이룰 수 있습니다. 그러나 이 셋 중 어느 하나가, 아니 셋 모두를 한데 섞는다 해도, 이름 붙일 수 없는 이 갈망을 채워 줄 수 있습니까? 모닥불 냄새에, 머리 위로 날아가는 들오리 소리에, 《세상 끝의 우물》[47]의 제목이나 〈쿠블라 칸〉[48]의 첫 구절에, 늦여름 아침의 거미줄에, 부서지는 파도 소리에 양날 검처럼 우리 마음을 찌르는 갈망과 무슨 관계가 있습니까?

이 갈망을 계속 추구하면서 거짓 대상들을 하나하나 밝히고 거

46 낭만적인 갈망의 상징. 독일 작가 프리드리히 폰 하르덴베르크(Friedrich von Hardenberg. 1772~1801. 필명 노발리스)의 소설《하인리히 폰 오프테르딩엔》에 등장했다.

47 *The Well at the World's End*. 윌리엄 모리스의 판타지.

48 Kubla Khan. 코울리지의 시.

짓임이 드러나면 단호히 내버리는 과정을 통해 갈망의 정체를 마침내 알게 되리라 저는 생각합니다. 인간의 영혼은 지금 우리에게 주어진 주관적이고 시공간적인 배경 안에서는 결코 온전히 경험할 수 없는, 경험할 수 있다고 상상조차 할 수 없는 어떤 대상을 누리도록 만들어졌다는 것을 말입니다. 영혼 속의 이 갈망은 아서 왕의 궁전에 있던 '위험한 자리'[49]처럼 오직 한 사람만 앉을 수 있는 자리였던 것입니다. 그리고 세상에 헛되이 만들어진 것이 없다면, 이 의자에 앉을 수 있는 분은 분명 존재할 것입니다. 이 갈망이 거짓 대상들을 얼마나 쉽게 받아들이는지, 그 대상들을 좇아가다 보면 어떤 어두운 길들을 통과하게 되는지 저는 너무나 잘 압니다. 그러나 이 갈망 안에 그 모든 오류를 바로잡을 수 있는 방책이 담겨 있는 것도 보았습니다. 치명적인 오류는 단 하나뿐입니다. 아무것도 발견하지 못했거나 갈망만 발견했거나 다른 욕구의 충족만 경험해 놓고는, 갈망에서 결실로 넘어간 척 가장하는 일입니다. 갈망의 변증법을 충실히 따라가면 모든 실수를 수습하고 모든 잘못된 길에서 벗어나게 될 것입니다. 그리고 바른 길을 직접 찾게 될 것입니다. 이렇게 삶으로 겪은 변증법과 제가 논증을 통해 도달한 철학적 진전의 변증법은 한 지점에서 만났습니다. 그래서 저는 그 둘 모두를 알레고리에 담아내려 했고, 그 결과물이 이와 같이 이성과 기독교, 낭만주의(제 고유의 의미에서)를 옹호하는 책이 되었습니다.

여기까지 설명을 들은 독자는 이 책에 담긴 부분적인 불쾌감

49 233쪽의 주 9 참조.

을 좀더 쉽게 이해할(용납해 달라고 청하는 건 아닙니다) 수 있을 것입니다. 독자는 저와 같은 길을 걸어온 사람에게 전후戰後 시기가 어떻게 보였을지 알 수 있을 것입니다. 당시의 다양한 지적 운동들은 서로 적대적이었지만, '불멸의 갈망'에 공통의 적대감을 갖는다는 점에서는 일치하는 듯했습니다. 프로이트나 D. H. 로렌스를 따르는 사람들이 아래에서 치고 올라오는 직접적인 공격이야 화는 나지만 참을 수 있었습니다. 제가 참을 수 없었던 것은 소위 위에서 오는 멸시였는데, 그 목소리의 주인공은 미국의 '휴머니스트', 신新스콜라주의자, 그리고 〈크라이티어리언Criterion〉[50]의 일부 필자였습니다. 제가 볼 때 그들은 자신이 이해하지도 못한 것을 비난하고 있었습니다. 그들이 낭만주의를 '향수nostalgia'라 부르는 것을 들었을 때, 갈망의 대상이 과거에 있다는 착각을 오래 전에 버린 저로서는 그들이 가장 기본적인 것도 이해하지 못했다는 생각이 들었습니다. 결국 저는 발끈하고 말았지요.

지금 제가 책을 쓴다면 그 사상가들과 저 사이의 쟁점을 좀더 정교하게 다룰 것입니다. 그들 중 한 사람은 낭만주의를 '엎지른 종교'라고 했습니다. 저는 그 묘사를 받아들입니다. 종교인이 종교를 엎질러서는 안 된다는 데도 동의합니다. 하지만 거기에서 엎질러진 종교를 보면 시선을 돌려야 한다는 결론이 따라 나옵니까? 바닥에 떨어진 투명한 액체 몇 방울을 보고 그 자국을 따라가다 결국 잔에 든 것을 맛보게 될 사람이 있지 않을까요? 그것이 인간에게 허락된 유일

50 T. S. 엘리엇이 편집한 영문학 저널(1922~1939).

한 자극이라면 어떻게 될까요? 이런 맥락에서, 제가 반反낭만파, 그리고 하급 낭만파(본능과 허튼소리의 사도들)와 십 년 동안 벌인 싸움에는 지속적인 관심을 가질 만한 요소가 있다고 봅니다. 이런 이중의 싸움에서 제 알레고리의 주된 이미지가 나왔습니다. 황폐하고 딱딱한 '북쪽'의 바위들과 '남쪽'의 악취 나는 늪, 그리고 그 사이의 길. 인간은 이 길을 따라갈 때만 안전하게 갈 수 있습니다.

제가 북쪽과 남쪽이라는 이름을 붙인 것들은 정반대의 동등한 악을 상징하며, 서로를 비판함으로써 계속 힘과 설득력을 얻습니다. 우리는 이 둘을 다양한 영역에서 경험합니다. 농업에서는 척박한 토양과 주체할 수 없을 만큼 기름진 토양을 모두 염려해야 합니다. 동물의 왕국에서 갑각류와 해파리는 생존의 문제에 대처하는 두 가지 저급한 모습입니다. 우리의 미각은 지나친 쓴맛과 지나친 단맛에 모두 거부감을 느낍니다. 예술의 한편에 자리 잡은 순수주의자와 교조주의자들은 (스칼리게르[51]처럼) 한 가지 결점을 받아들일 바에는 차라리 백 가지 아름다움을 잃어버리는 쪽을 택하고, 무지한 자들이 자발적으로 즐기는 것은 무엇이건 간에 좋은 것일 리 없다고 믿습니다. 정반대쪽에 있는 무비판적이고 느슨한 예술가들은 감상이나 유머나 선정주의를 줄이기보다는 작품 전체를 망치는 쪽을 택합니다. 우리 주위에는 북쪽 유형과 남쪽 유형이 다 있습니다. 높은 콧대, 굳게 다문 입술, 창백한 피부, 메마름과 과묵함은 북쪽 유형, 벌어진 입, 헤픈 웃음과 눈물, 수다, (소위) 자르르 흐르는 기름기는 남쪽 유형입니

51 Julius Caesar Scaliger, 1484~1558. 이탈리아의 인문학자, 의사.

다. 북쪽 사람들은 회의적이건 독단적이건 엄격한 체계를 갖추고 있고, 귀족주의자, 스토아 철학자, 바리새파, 엄수주의자, 그리고 대단히 조직화된 '파당'에 서명 가입하여 공인받은 회원들로 이루어져 있습니다. 남쪽 사람들은 본성상 딱 부러지게 정의가 잘 안 되고 밤이고 낮이고 거의 모든 방문자에게 문을 열어 놓는데, 바쿠스의 여사제Maenad나 신비 체험 전수자Mystagogue처럼 모종의 도취 상태를 제공하는 사람들이라면 더욱 환영합니다. 금지된 일과 미지의 세계가 주는 기분 좋은 알싸함은 그들에게 치명적 매력으로 다가옵니다. 모든 경계의 흐려짐, 모든 저항의 완화, 꿈, 아편, 어둠, 죽음과 자궁으로의 회귀가 그렇습니다. 그들에게는 느껴진다는 사실만으로 모든 느낌이 정당화됩니다. 반면 북쪽 사람에게는 느껴진다는 이유로 모든 느낌이 의심의 대상이 됩니다. 편협한 선험적 근거 위에서 이루어지는 오만하고 성급한 취사선택은 그들을 생명의 근원에서 끊어 냅니다. 신학에도 북쪽과 남쪽이 있습니다. 북쪽은 "여종의 아들을 내쫓으라"[52] 고 부르짖고, 남쪽은 "꺼져 가는 등불을 끄지 말라"[53]고 외칩니다. 북쪽은 은혜와 자연을 완전한 적대관계로 과장하고 자연의 좀더 높은 차원들(기독교에 조금 못 미치는 경험들 안에 내재된 진정한 '복음의 준비 *praeparatio evangelica*')을 비방하여 막 신앙으로 발을 들이려 하는 사람들을 어렵게 만듭니다. 남쪽은 그 구분을 통째로 흐려 놓고 단순한 친절을 추켜올려 사랑이라고 생각하게 만듭니다. 모호한 낙관주의나 범신론을 신앙이라고 생각하게 만들고, 배교의 싹을 품은 사

52 창세기 21:10 참조.
53 이사야 42:3 참조.

람이 너무나 쉽사리, 자기도 모르게 신앙에서 떠나게 만듭니다. 두 가지 극단은 북쪽의 로마가톨릭, 남쪽의 개신교, 이런 식으로 대응하지 않습니다. 바르트는 창백한 이들 중에 둘 수 있고, 에라스무스는 관대 씨와 편안하게 어울렸을 것입니다.

저는 우리 시대가 주로 북쪽 성향이라고 생각합니다. 이 글을 쓰는 지금 두 개의 거대한 '북쪽' 세력이 돈 강江에서 서로를 갈가리 찢어 놓고 있습니다.[54] 하지만 이 문제는 복잡합니다. 나치스는 엄격하고 가차 없는 체계이지만 그 중심에 '남쪽'스럽고 늪 같은 요소들이 있습니다. 그리고 우리 시대에 존재하는 '남쪽' 성향은 그 정도가 지나칩니다. D. H. 로렌스와 초현실주의자들이 추구하는 것을 보면 인류가 지금까지 도달한 것보다 '남쪽'으로 한참 더 멀리 갔다고 할 수 있습니다. 이것은 예상할 만한 일입니다. 정반대의 악들은 서로 균형을 잡아 주는 것이 아니라 악화시킵니다. "사람은 자기가 버린 이단을 가장 증오한다" 했지요. 너도나도 술에 취하자 금주법이 나왔고, 금주법이 나오자 너도나도 취하게 되었습니다. 자연은 한 가지 극단에 격분하면 다짜고짜 다른 쪽 극단으로 달려가는 것으로 복수를 꾀합니다. 자신의 철학이 '반동'에서 나왔다고 떳떳하게 말하면서도 그렇게 되면 그 철학의 신빙성이 없어지는 줄 모르는 성인 남자들이 있습니다.

'남쪽'과 '서쪽'에 대해 우리가 관심을 가져야 할 부분은 그 둘을 피하고 큰길로만 가야 한다는 것뿐입니다. "지나치게 지혜로운 거인

54 러시아 남부를 침공했던 독일군이 소련군의 반격에 밀려 서서히 퇴각하며 큰 피해를 입어야 했던 스탈린그라드 전투(1942년 8월~1943년 2월)를 두고 하는 말이다.

에게도, 지나치게 어리석은 거인에게도 귀 기울이지" 말아야 합니다. 우리는 지적인 인간도 본능적인 인간도 아닌 통합적인 인간으로 만들어졌습니다. 짐승도 천사도 아닌 인간으로, 이성적인 동시에 동물적인 존재로 말입니다.

제가 제 북쪽과 남쪽을 설명하기 위해 이렇게 많은 말을 해야 한다는 사실은 상징에 대한 중요한 진실을 보여 줍니다. 이번 판에서 저는 면주面註를 달아 책을 좀더 쉽게 만들려고 시도했습니다. 하지만 저로서는 전혀 내키지 않는 일이었습니다. 알레고리에 '열쇠'를 제공하는 것은 제가 문학평론가로서 다른 곳에서 성토한 바 있는, 알레고리에 대한 특정한 오해를 조장할 수 있기 때문입니다. 자칫하면 알레고리는 변장이라는 생각, 더 분명하게 말할 수 있는 것을 모호하게 말하는 방식이라는 생각을 조장할 수 있다는 것입니다. 그러나 사실 좋은 알레고리는 가리기 위해서가 아니라 드러내기 위해 존재합니다. 내면세계에 (가상의) 구체적인 몸을 부여하여 생생하게 다가오게 만드는 것이지요. 제가 면주를 싣는 이유는 오로지 제 알레고리가 실패했기 때문입니다. 제 잘못도 있고(138쪽에 나오는 터무니없는 알레고리 설정은 제가 보아도 부끄럽습니다) 현대 독자들이 알레고리 기법에 친숙하지 않기 때문이기도 합니다. 그러나 상징이 잘 구현된 곳일수록 열쇠가 불필요해진다는 것은 여전히 사실입니다. 알레고리가 잘 만들어졌을 때는 신화에 근접하게 되는데, 신화는 지성이 아니라 상상력으로 포착해야 하는 법입니다. 제가 지금도 바라듯 제 북쪽과 남쪽과 양식 씨가 신화적인 생명력의 기운을 조금이라도 갖고 있다면, 아무리 많은 '설명'을 갖다 붙여도 그 의미를 다 따라잡지 못할 것입니다. 그것은 정의定義를 통해 배울 수 없습니다. 그보다는 냄새나 맛, 어떤 가족이나 시골 마을의 '분위기', 한 개인의 개성을 알게 되는 것처럼 알아 가야 합니다.

세 가지 당부를 더 드리고 싶습니다. 첫째, 책의 본문 앞에 실린 지도를 보고 어리둥절해하는 독자들이 있었습니다. 그들의 말을 빌리면 '본문에 언급되지 않은 온갖 장소들이 나와 있기' 때문이었습니다. 그러나 여행서에 실린 모든 지도가 다 그렇지 않습니까? 존의 경로는 점선으로 표시했습니다. 그 경로에서 벗어난 지역들에 관심이 없는 독자는 전혀 신경 쓸 필요가 없습니다. 그것들은 세계의 '북쪽' 반구와 '남쪽' 반구에 적절한 영적 현상을 채워 넣으려는 부담 없는 시도로 보면 됩니다. 지명은 대부분 쉽사리 의미를 파악할 수 있습니다. 완호프*Wanhope*는 '절망'에 해당하는 중세 영어입니다. 우디*Woodey*와 리사네소스*Lysanesos*는 '광기의 섬'을 뜻합니다. 베멘하임*Behmenheim*은 야콥 뵈메Jacob Boehme 또는 베멘Behmen[55]의 이름에서 제멋대로 따온 것입니다. 골네셔*Golnesshire*(앵글로색슨어 '골*Gál*')는 색욕의 땅이라는 뜻입니다. 트라인랜드*Trineland*에 가면 사람이 '무한과 조화를 이루는' 느낌을 받습니다.[56] 차이트가이스트하임*Zeitgeistheim*은 물론 차이트가이스트*Zeitgeist*, 즉 시대정신의 거처입니다. 놋스토*Naughtstow*는 '쓸모없는 곳'입니다. 두 개의 군용 철도는 우리 본성의 두 측면에 대한 지옥의 이중 공격을 상징하는 장치입니다. 적의 철

55 1575~1624. 독일의 신비주의 작가.

56 미국의 대중적인 신비주의 작가 랄프 왈도 트라인Ralph Waldo Trine(1866~1952)과 그의 베스트셀러 《무한과 조화를 이루어*In Tune with the Infinite*》에서 따온 것.

로 끝 부분에서 뻗어 나온 도로들은 인간 영혼의 땅으로 침투하려고 뻗어 가는 발톱이나 촉수처럼 보이기를 바랐습니다. 일곱 개의 북쪽 도로에 남쪽을 가리키는 검은색의 작은 화살표들을 그려 넣고(신문의 전투 지도에 나오는 것처럼), 여섯 개의 남쪽 도로에 북쪽을 가리키는 화살표를 그려 넣으면, 제가 생각하는 거룩한 전쟁의 명확한 그림을 얻게 될 것입니다. 화살표를 어디에 표시할지 독자가 자유롭게 정해 보는 것도 재미있을 것입니다. 예를 들어, 저 같으면 북쪽 전선에서 적이 잔인한 이들의 땅Cruelsland과 수페르비아를 점령하여 창백한 이들을 협공할 조짐을 보이는 것으로 표시하겠습니다. 하지만 저는 안다고 우길 생각이 없고, 적의 위치는 매일 달라지는 것이 분명합니다. 둘째, '기독교'가 썩 설득력 있게 다가오는 이름이 아니라서 대신 '마더 커크'*Mother Kirk*라는 이름을 골랐는데 안 좋은 점이 있었습니다. 자연스럽게 독자가 제 의도를 뛰어넘어 그것이 특정 교파에 속한 것이라고 여기게 된다는 것이었습니다. 이 책의 관심사는 오로지 불신에 맞서 기독교를 제시하는 일에 있습니다. '교파적인' 질문은 다루지 않습니다. 셋째, 이 책을 소개할 때 존에 관한 자전적인 요소를 강조해야 했습니다. 이 책의 난해함이 거기서 비롯하기 때문입니다. 그러나 이 책의 모든 내용이 자전적인 것이라고 생각하면 곤란합니다. 저는 제 인생이 아니라 일반적으로 통용되는 이야기를 하려 했습니다.

옮긴이의 말

1

본문 번역을 다 마치고, 서문을 퇴고하던 파트너가 새삼스럽게 물었다.

"루이스가 말하는 이 갈망이 뭘까?"

아니, 책 전체가 그 얘기였는데 번역 다 끝내고 웬 말인가 싶었다. 그런데 그 질문을 시작으로 한참 이야기를 나누다 보니, 파트너도 그러한 갈망에 이끌려 신앙을 갖게 되었음이 드러났다.

그는 대학 시절 이야기를 꺼냈다. 소심하고 위축된 모습으로 고등학교까지 마친 후 아는 이 없는 지역의 대학으로 내려가 새로운 사람들을 만나고 새로운 자신을 찾아가는 시간은 정말 그의 인생에서 꽃다운 시절이었다 한다. 1~2학년 대학 시절의 꽃은 풍물패였다는데, 풍물패 모임의 꽃은 역시 뒤풀이 술자리였다. 같이 술 먹고 노는 자리가 즐거워서 참석했다. 그런데 원래 모든 일이 그렇듯, 즐거우려고 참석하지만 늘 기대와 같지는 않았다. 열 번 참석하면 즐거운 건 두세 번 정도?

그런데 정말 모임이 즐겁고 유쾌하게 펼쳐진 그 두세 번의 경우에도 '이거다' 하는 건 아니었다. 정체를 콕 집어 말하기는 어렵지만, 그가 그 모임에 참석하면서 바랐던 그 어떤 갈망은 늘 채워지지 않았고 허전하고 아쉬웠다고 했다. 그리고 뭔가 채워지지 않는 그 갈망, 어머니나 동생에게 이야기를 꺼내면 무슨 소리를 하는 건지 이해해 주지 못했던 그 갈망에 이끌려 그는 신앙의 길에 이르게 되었다.

《순례자의 귀향》은 바로 이런 갈망에 대한 책이다. 루이스는 나중에 이 갈망에다 기쁨joy이라는 이름을 붙인다. 루이스가 후년에 가서 쓴 영적 자서전의 제목은 그래서 《예기치 못한 기쁨*Surprised by Joy*》이었다.(노년에 만났다가 짧은 결혼생활 후에 보내야 했던 아내 이름도 조이Joy였다는 거, 아무리 생각해도 참 신비로운 일이다.) 그래서 《순례자의 귀향》의 이해를 돕는 가장 좋은 안내서는 역시 《예기치 못한 기쁨》이라 하겠다. 장르의 차이도 있고 강조점의 차이도 있지만, 자매편으로 읽으면 훨씬 생생하게 다가오리라.

2

《순례자의 귀향》을 읽고 번역하면서 가장 먼저 눈길을 끌었던 점은 이 책에 루이스가 평생에 걸쳐 두고두고 이야기하는 주제와 논리, 비유들이 대거 등장한다는 사실이었다. 나도 모르게 이런 생각이 스치고 지나갔다. '야, 이 사람 이때 정말 정리가 다 끝났나 봐!'

두 번째 느낌은 《순례자의 귀향》은 논지와 비유와 다루는 주제까지 모두 분명히 루이스의 작품인데 내가 그동안 읽고 번역해 온 루이스의 글과 어딘가 다르다는 점이었다. 그냥 막연히 다르다는 느낌만 받고 있다가 얼마 전 한 오디션 프로그램을 보고서 차이점을 명확하게 알게 되었다.

내가 본 프로그램은 〈보이스코리아〉였다. 지원자가 무대에서 노래를 부르는 동안 심사위원 네 명은 등을 돌리고 앉아 있다. 지원자의 노래가 마음에 든 심사위원이 단추를 누르면 그의 의자는 빙그르르 180도 돌아서 지원자를 마주보게 된다. 모든 지원자의 꿈은 물론 '올 턴'이다. 그런데 내가 본 그날 프로그램에서 꽤 실력 있는 지원자가 노래를 열심히, 열정적으로 불렀다. 목소리도 좋고 고음도 잘 올라가고 힘도 있는데 뭔가가 부족했다. 심사위원들은 아무도 의자를 돌리지 않았다. 탈락이었다. 심사위원 중 한 명이던 가수 백지영이 그 지원자에게 이런 조언을 했다.

"노래에서도 연애처럼 밀당(밀고 당기기)이 중요하거든요. 밀기만 하면 안 돼요."

가수는 노래 기계가 아닌데, 사람의 감정을 담아내고 사람에게 감동을 줘야 하는데, 그러기 위해서는 밀기만 해선 안 된다는 거였다. 그리고 밀당을 제대로 하려면 연습을 많이 해봐야 한다고, 노래를 많이 불러 보라고 조언했다.

그 말을 듣고 보니 《순례자의 귀향》이 준 이질감과 빽빽함은 이후의 다른 작품들에 비해 처음부터 끝까지 '죽 밀기만' 한 데서 오는 피로감이 아닐까 싶었다.

루이스의 회심은 어떤 입장들을 하나씩 그 논리적 귀결까지 밀어붙여 보고 막다른 골목에 이르면 거부하는 방식으로 진행되었다. 따라서 회심했을 무렵, 그는 이미 관련된 주제들에 대해 생각이 다 정리되어 있었던 것이다. 《순례자의 귀향》은 회심의 감격과 젊은 날의 혈기와 솟아오르는 영감이 뒤엉켜 2주 만에 써내려간 작품이다. 이후 그가 쓴 많은 소설과 에세이는 그때 정리된 생각들을 숙성시켜 가며 무엇보다 독자들의 눈높이에 맞게 전달하려 노력한 결과물이었다. 그의 남은 평생은《순례자의 귀향》에서 하려던 말을 좀더 효율적으로 전달하고자 풀어쓰고 돌려쓰고 입장을 바꿔 쓰고, 뒤집어 쓰고 이야기로 극화해서 쓰는 등 온갖 시도가 이루어진 세월이라 할 수 있겠다. 그리고 그 모든 노력은 엄청난 영향력을 남긴 풍부한 결실로 보상을 받았다.

3

《순례자의 귀향》에서 빠뜨릴 수 없는 매력이 시詩다. 지금까지 내가 접한 루이스 책 중에서 가장 시가 많이 등장하는 책이 아닌가 싶은데, 작품의 깊이와 생동감을 더하는 효과가 있는 것 같다. 개인적으로 가장 인상 깊은 노래를 지어 불러 내 마음을 사로잡은 캐릭터가 용이다.(용의 노래를 들어 보시면 내 말이 이해가 될 것이다.) 파트너도 비슷한 느낌이었나 보다. 아니, 훨씬 긍정적이었다. 이 용이 너무 귀엽다며, 본인이 받은 그 느낌이 더 잘 살아나게 문장을 다듬는 것이었다.

탐욕에 사로잡힌 자의 처절한 절망과 몸부림을 보여 주는 늙은 용을 보노라니 또 다른 작가의 불멸의 캐릭터가 떠올랐다. 셰익스피어의《햄릿》에 나오는 클로디어스 왕이다. 그는 권력욕에 사로잡혀 형을 죽이고 왕위에 오르고 형수를 아내로 삼은 악당 중의 악당이다. 그러나 어설픈 자기 합리화로 현실을 외면하거나 자기기만에 빠지지 않는다. 자신의 잘못과 문제가 무엇인지 정확히 안다. 하지만 자신이 무죄한 피를 흘려 얻게 된 권력과 그에 따른 모든 이득을 움켜쥔 손을 놓을 마음이 전혀 없다. 용의 '사람 버전'이라고 할까? 그런 상황에서도 그는 종교적 노력을 포기하지 않는다. 무릎을 꿇고 공허한 기도를 올리는 것이다. 그러나 기도를 마친 그의 독백은 그것이 얼마나 허탈한 일인지 잘 말해 준다.

> 말은 하늘로 날아갔지만, 마음은 그대로 지상에 남아 있구나.
> 마음이 담기지 않은 빈말이 어찌 하늘에 닿을 수 있으랴.

4

원래 번역 일은 절반은 검색이라 할 만큼 끊임없는 찾아보기와 참고 작업으로 이루어진다. 《순례자의 귀향》처럼 온갖 시구와 명언과 인용구 및 라틴어 문구들로 가득한 책이라면 더 말할 나위도 없다. 내가 번역했던 대부분의 책이 그렇지만, 이 책은 정말 인터넷의 도움이 없었다면 진작 손을 놓고 포기했을 것이다. 특히 각주, 인용문의 출처 및 다른 번역문들까지 상세히 조사해 놓은 자료를 공개해 놓은 아렌트 스밀데Arend Smilde(Utrecht, The Netherlands) 씨의 노고에 큰 빚을 졌음을 밝히며 감사를 전한다. 앞선 여러 사람들의 어깨 위에서 이루어진 역자의 수고가 독자들이 루이스의 역작에 쉽게 다가가는 데 도움이 되기를 바란다.

홍종락

순례자의 귀향

The Pilgrim's Regress

지은이 C. S. 루이스
지은이 홍종락
펴낸곳 주식회사 홍성사
펴낸이 정애주
국효숙 김의연 박혜란 송민규 오민택 임영주 차길환

2013. 11. 10. 양장 1쇄 발행
2020. 5. 22. 무선 1쇄 발행 2025. 1. 15. 무선 3쇄 발행

등록번호 제1-499호 1977. 8. 1.
주소 (04084) 서울시 마포구 양화진4길 3
전화 02) 333-5161 팩스 02) 333-5165
홈페이지 hongsungsa.com 이메일 hsbooks@hongsungsa.com
페이스북 facebook.com/hongsungsa
양화진책방 02) 333-5161

•잘못된 책은 바꿔 드립니다. •책값은 뒤표지에 있습니다.

ISBN 978-89-365-1453-2 (03190)